사고와 표현

사고와 표현

초판 1쇄 발행 2014년 2월 14일
초판 2쇄 발행 2015년 3월 10일
초판 3쇄 발행 2018년 2월 28일
초판 4쇄 발행 2019년 8월 14일
초판 5쇄 발행 2021년 1월 28일
초판 6쇄 발행 2022년 8월 18일

지은이 상명대학교 사고와 표현 편찬위원회
펴낸이 이대현
편　집 이태곤 권분옥 임애정 강윤경
디자인 안혜진 최선주 이경진 | **마케팅** 박태훈 안현진
펴낸곳 도서출판 역락
주소 서울시 서초구 동광로 46길 6-6 문창빌딩 2층(우06589)
전화 02-3409-2058(영업부), 2060(편집부)
FAX 02-3409-2059
이메일 youkrack@hanmail.net
홈페이지 www.youkrackbooks.com
등록 1999년 4월 19일 제303-2002-000014호

ISBN 979-11-85530-77-2 03800
정　가 15,000원

* 파본은 구입처에서 교환해 드립니다.

사고와 표현

상명대학교 사고와 표현 편찬위원회

역락

책머리에

우리의 일상은 듣고 말하고 읽고 쓰는 행위로 이루어진다. 편안한 가정의 대화에서 복잡한 행정 절차에 이르기까지 인간 활동에서 언어 없이 이루어지는 일은 거의 없다. 따라서 언어 능력은 곧 생활 능력이라 할 수 있다. 개인적 차원에서 언어 학습은 사고 학습이며 사회적응 학습이다. 사회적 관점에서 언어 학습은 사회의 통합과 소통을 원활히 하기 위한 투자이다. 대학에 와서까지 굳이 국어 교육을 받아야 하는 이유가 여기에 있다.

대학에서 배우는 국어라고 해서 중등교육 과정에서 다루던 국어와 근본적으로 다르지는 않다. 생각하고 말하기 그리고 쓰기 훈련이라는 점에서는 비슷하다. 하지만 중고등학교의 국어 학습이 입시라는 틀에 묶여 비정상적으로 운영되어 온 것도 사실이다. 객관적 평가라는 굴레 때문에 주관이나 상상력, 창의력이 용인될 여지가 무척 적었다. 대학에서의 국어 학습은 개인의 국어사용 능력을 높인다는 본래의 교육 취지에 좀 더 충실하다고 할 수 있다.

이러한 국어 학습의 취지를 살리기 위해 대학에서는 읽기와 쓰기, 토론이 강조된다. 이를 통해 사고와 표현 능력을 기르는 것이 교육의 중요한 목표이다. 대상에 대한 이해와 그것을 주체적으로 사고하는 능력의 계발은 개인과 사회의 발전을 위해 꼭 필요하다. 그것을 표현하는 능력을 기르는 것 역시 마찬가지로 중요하다. 이 책에 실린 텍스트를 읽고 연습 문제를 풀어가는 과정에서 학생들은 저절로 이런 능력을 향상시킬 수 있을 것이다.

이 책은 크게 세 부분으로 구성되어 있다. '글쓰기 이론', '이해와 감상', '실용적인 글쓰기'이다. 각 장은 내용과 형식에서 매우 독립적이지만 읽기와 쓰기 그리고 토론을 통한 학습을 진행할 수 있도록 했다는 점에서는 다르지 않다.

첫 장에서는 글쓰기 이론을 체계적으로 정리하였다. 많이 생각하고 많이 쓰는 것 외에 글쓰기의 왕도는 없다. 하지만 두서없이 많이 쓴다고 해서 좋은 글이 되는 것은 아니다. 자신에게 알맞은 글쓰기 습관을 기르기 위해서는 자신의 생각을 표현하는 적절하고 효과적인 방법을 찾는 일도 중요하다. 또, 글쓰기의 규범을 지키는 일도 중요하다. 이런 관점에서 첫 장에서는 구체적인 우리말 사용 예를 많이 제시하려 하였다. 누구나 습관적으로 잘못 사용하는 단어나 문장이 있게 마련이다. 띄어쓰기도 그렇다. 빈도와 중요도를 기준으로 이런 예들을 한 곳에 모아 두었으니 두고두고 사전처럼 참고해도 좋을 것이다.

사고, 경험, 독서 등을 넓은 의미의 학습에 포함시킨다면 학습 없이 좋은 글을 쓸 수는 없다. 다른 사람의 다양한 생각을 섭취했을 때 풍부하고 균형 잡힌 사고를 할 수 있다. 두 번째 장과 세 번째 장에서는 다양한 글을 읽고 사고를 넓히는 활동을 한다. 크게 논리적인 글과 문학적인 글로 장을 나누었고 다시 주제나 양식에 따라 작은 항목을 두었다. 다른 사람의 좋은 글을 읽는 일은 다른 사람의 좋은 생각을 만나는 일이다. 이를 통해 좋은 글을 쓸 수 있는 토양이 마련된다.

네 번째 장과 다섯 번째 장은 실용적인 글쓰기이다. 학교에서나 학교를 졸업한 후에나 우리는 언어를 통해 다른 사람들과 소통해야 한다. 상황에 따라 이력서, 자기소개서, 안내장, 초대장, 보고서 등 다양한 글을 쓰게 된다. 형식적인 것 같아 보이는 이런 글들은 일상생활에서 매우 중요한 위치를 차지한다. 흔히 볼 수 있는 글들이라 무심하게 지나쳤다가 정작 필요할 때 어떻게 써야 할지를 몰라 당황하는 경우가 많다. 필요할 때 요긴하게 사용할 수 있도록 다양한 예를 함께 실었다.

소단원의 말미에 본문의 문장을 한자로 바꾸어 정리해 두었다. 한자는 우리 사회에서 여전히 중요하다. 한자 사용에 대한 생각이 어떻든 한자 읽기 능력은 길러 두는 것이 좋다. 실제로 많은 사람들이 한자를 사용하고 있는 것이 현실인데 그것을 피해간다고 능사는 아니다. 물론 학생들이 한자가 한글보다 우수하다는 고리타분한 생각을 가질 필요는 없다. 반대로 한자 없이 한글만으로 충분하다는 무책임한 생각을 갖기를 원하지도 않는다. 본격적인 한문 학습은 아니지만 실제 생활에 조금이라도 유용했으면 한다.

위와 같은 의도로 집필된 책이지만 실제에 있어서는 부족한 점이 많을 것이다. 장점은 장점대로 살리고 단점은 보안해서 더 좋은 책으로 만들도록 하겠다. 모쪼록 이 책이 학생들의 국어사용 능력을 기르는 데 도움이 되었으면 좋겠다.

2014년 2월 사고와 표현 편찬위원회

차 례

Ⅱ. 논리적인 글 읽기와 쓰기 / 109

Ⅲ. 감상적인 글 읽기와 쓰기 / 185

I
글쓰기의 원리와 방법

1. 글쓰기 과정의 이해

어떤 일을 효과적으로 수행하기 위해서는 일의 성격을 파악하고 그에 따른 절차와 방법을 익히는 것이 중요하다. 글쓰기도 마찬가지이다. 좋은 글을 쓰려면 글쓰기 과정을 충분히 이해하고 글쓰기에 적용하는 훈련을 거듭해야 한다. 글쓰기 과정은 '계획하기, 집필하기, 고치기' 세 단계로 나뉜다. 대체로 글쓰기는 이 세 단계를 진행하여 완성된 글을 목표로 나아가는 과정이라 할 수 있을 것이다. 그러므로 좋은 글을 쓰려면 글쓰기의 각 단계를 이해하고 올바르게 적용하는 일부터 시작해야 한다.

(1) 관찰과 발상

글쓰기는 수많은 생각들을 이끌어내는 데서 시작된다. 내 안에 잠재되어 있는 생각을 자연스럽게 끄집어내어 꼼꼼히 살펴보고 깊이 생각하는 과정을 반복하는 것은 본격적인 글쓰기에 앞서 거쳐야 할 준비단계이다. '내가 하고 싶은 이야기가 무엇인지', '이 이야기를 어떻게 풀어가야 할지'를 알아가는 단계라고 할 수 있다.

이 단계를 흔히 '글의 구상'이나 '아이디어 발상'이라고 부른다.

구상의 첫 단계는 글의 재료들을 모으는 일이다. 글의 재료는 자신이 쓰려는 글과 관련되어 있는 많은 이야깃거리, 즉 화제를 뜻한다. 화제 탐색은 구체적인 주제를 정하기 위해 자신이 쓰려는 글과 관련된 풍부한 재료들을 모으고 관찰하는 작업이다. 관련 글에 해당하는 재료를 주의 깊게 관찰하고 자유로운 연상 과정을 거치다보면 새로운 사실을 발견하게 된다. 이처럼 다른 사람들이 보지 못한 사실들은 창의적인 글을 쓸 수 있는 좋은 재료이다. 또한 다양한 방식으로 주제와 관련된 이야기를 관찰하고 그 생각을 확장시키면 보다 객관적이고 설득력 있는 글을 쓸 수 있다.

(가) 아이디어 구상을 위한 생각열기

관찰은 사고를 확장하는 데 유용하며 꼭 필요한 과정이다. 글을 쓰고자 하는데 아무 생각이 나지 않고 막막하다면 관찰부터 시작해야 한다. 관찰은 이전에 발견하지 못했던 사실들에 새로이 접근할 길을 열어준다. 관찰은 호기심에서 출발한다고 할 수 있다. 아리스토텔레스는 '호기심이야말로 인간을 인간이게 하는 특성'이라고 했다. 호기심이 인간의 본성이라는 설명이다. 하지만 호기심은 발전적인 방향으로 계발하고 활용되어야 한다. 사물이나 현상에 대해 수동적으로 바라보고, 아무런 관심도 가지지 않고, 어떠한 의문도 품지 않는 사람은 독창적인 생각을 할 수 없다. 그러므로 좋은 글을 쓰려면 대상에 대해 관심을 갖고 집중력 있게 관찰하는 훈련부터 해야 한다.

위대한 지식과 학문은 사소하지만 예리한 관찰에서 시작되는 경우가 많다. 그래서 '지식과 학문은 선입견 없는 관찰에서 출발한다'고 말해도 과언이 아니다. 여기에서 말하는 '관찰'은 수동적이고 습관적인 보기가 아니라, '적극적인 보고 듣기'를 의미한다. 뛰어난 자연과학자는 정밀하고 예리한 관찰을 통해 새로운 사실을 발견한다.

위대한 화가이자, 탁월한 발명가, 기하학자, 건축가, 기계설계자로 명망이 높았던 레오나르도 다빈치는 뛰어난 관찰력의 소유자로도 유명하다. 레오나르도 다빈치의 천재성을 연구한 학자들은 그가 놀랍고 섬세한 관찰의 기술을 가진 사람이었다고 지적한다. 우리가 다빈치에게 주목해야 할 점은 그가 가지고 있었던 습관이다. 그는 관찰한 것을 데생이나 글로 기록해 두는 습관이 있었다고 한다.

예문

프랑스 연구소에 소장되어 있는 필사본 B에 나오는 작은 도안은 1881년 길베르토 고비가 파리 과학아카데미에 보내는 짤막한 서신인 '추진체로써 오래전부터 사용해온 프로펠러에 대하여'에서 처음 소개된 이래 해석과 주해가 끊이지 않고 있다. 사람들은 이를 바탕으로 레오나르도 박물관이나 순회 전시회에서 전시할 모형(자의적인 해석이 대부분이지만)을 재구성해 왔다. 레오나르도의 헬리콥터에 대한 다양한 해석은 중세부터 지금까지 제작된 여러 세밀화에도 나온다. 그 그림들을 보면 아이들은 요즘에도 볼 수 있는 종류의 장난감을 가지고 놀고 있다. 그것은 나사산이 나 있는 막대에서 발생하는 양력이 프로펠러처럼 생긴 장치로 전달되면 바람을 가르며 회전하는 장난감이다. 그러나 레오나르도의 이 도안에 대한 최고의 해석은 그가 직접 달아 놓은 메모이다.

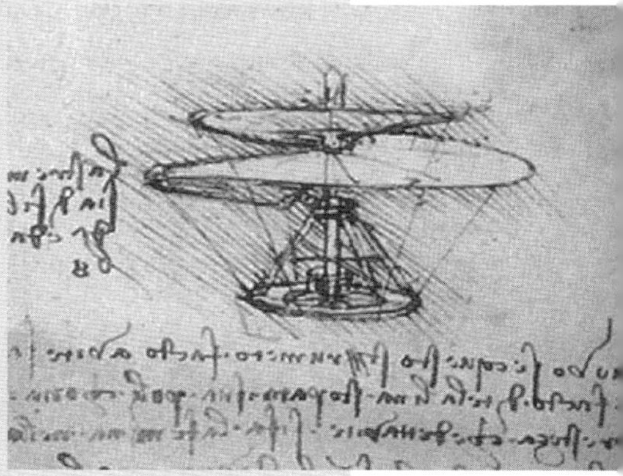

"나사의 가장 바깥쪽은 코드와 같은 두께의 강철선으로 제작해야 한다. 그리고 주변에서 중심까지의 거리는 '브라치아'(약 5미터)가 되게 한다. 내가 알아낸 바에 따르면 나사로 만든 이 장치를 잘만 만들면, 다시 말해 여기에 사용하는 아마포에 난 많은 구멍을 풀로 잘 메워서 빨리 회전 할 수 있다면 이 장치는 공중에서 뱅글뱅글 돌며 높이 올라 갈 것이다. 공중에서 빠르게 회전하는 얇고 넓은 자로 실험해 보면 된다. 그러면 자를 들고 있는 팔이 회전면의 가장 자리를 따라 함께 회전 할 것이다. 앞에서 언급한 아마포의 틀은 길고 튼튼한 등나무 줄기로 만들어야 한다. 판지로 작은 모형을 만들어 볼 수도 있다. 이 모형의 축은 가는 철사를 사용하여 힘을 주어 구부린다. 그리고 힘을 빼면 나선을 회전시킨다."

카롤로 페드레티, 강주헌, 이경아 옮김, 『레오나르도 다빈치, 위대한 예술과 과학』, 마로니에북스, 165쪽

예시문은 '헬리콥터'의 원리를 발견한 레오나르도 다빈치가 도안 옆에 직접 메

모한 글이다. 어느 날 레오나르도는 얇고 넓은 자를 빠른 속도로 돌리다가 자신의 팔이 뜨려 한다는 사실을 발견했고, 이를 통하여 '헬리콥터'의 실험 모형을 고안했다고 한다. 이후 바람과 활강에 대한 연구를 계속하여 사람도 일정한 기계 장치를 갖추면 날 수 있다는 비행 이론을 공식화했다고 한다. 예리한 관찰력은 천재만의 재능 혹은 선천적인 능력으로 오해되곤 했었다. 하지만 레오나르도 다빈치가 남긴 수많은 데생과 관찰 메모는 관찰 능력이 단지 재능의 문제가 아니며, 오히려 후천적으로 습득되는 기술일 수 있음을 보여준다. 또한 관찰력은 자연 과학자에게만 요구되는 능력이 아니다. 화가나 작가의 성공적인 예술 작업을 위해서도 관찰은 필수적이다. 창조적인 예술작품 생산은 새로운 기술 문명을 발견하는 자연 과학자처럼 끈질기고 열정적인 관찰에 의해 성취된다.

이처럼 관찰을 꾸준히 수행하면 통찰력, 상상력 등의 사고력이 증진될 가능성이 높다. 관찰을 글쓰기에 적용할 경우 글의 표현력은 풍부하고 다채로워진다. 그러므로 독창적인 글을 쓰기 위해서는 적극적인 관찰을 기반으로 한 자유로운 생각이 필요하다.

문제

1 | 다음 그림을 관찰한 뒤 발견한 사실이나 느낌을 적어보자.

드가 〈에투알〉

2 | 내가 아끼는 사물 중 하나를 선택해서 자세히 관찰하고 관련된 생각들을 정리해보자.

(나) 글 재료 마련 방법

우리는 글을 쓰는 과정에서 새로운 단어를 만들어낼 수 있으며, 독특한 표현을 생각해 낼 수 있다. 현실을 뛰어넘는 상상을 통해 인물, 사건, 사물, 이야기를 지어낼 수도 있다. 그 바탕이 되는 것은 창조적인 상상력이다.

누구나 남과 다른 생각을 하고 창의적인 글을 쓰고 싶은 욕심이 있다. 그렇다면 어떠한 방법을 사용하느냐가 중요하다. 글쓰기는 아이디어를 찾아내어 배열하고 정리하여 이를 적절한 언어로 표현하는 과정으로 이루어진다. 좋은 글을 쓰려면 무엇보다도 다른 사람이 생각하지 못한 점을 발견하는 능력이 필요하다. 브레인스토밍, 마인드매핑, 자유서술 등은 창의적인 아이디어를 찾는 데 도움을 주는 방법이다.

① 브레인스토밍과 마인드매핑

브레인스토밍(brianstorming)은 '두뇌'라는 뜻의 브레인(brian)과 '폭풍'이라는 뜻의 스토밍(storming)이 결합된 단어이다. 브레인스토밍은 빠른 시간에 많은 아이디어를 내는 것에 초점을 둔 아이디어 발상법이다.

마인드매핑(mindmapping)은 아이디어를 순서대로 열거하는 방식과는 달리 아이디어를 주제별로 묶고 선으로 관계를 표시하는 방법이다. 이는 복잡한 아이디어를 빠르고 쉽게 파악할 수 있고, 아이디어들 간의 관계를 확인하기에 편리하다.

② 자유서술

자유서술은 아이디어의 발상을 문장으로 표현하는 방법이다. 자유서술은 문장 쓰기를 통해 생각을 구체화하는 데 유용하다. 자유서술의 핵심은 풍부한 생각을 끌어내고 글과 관련된 주제에 접근해가는 데 있다. 자유서술에서 가장 중요한 점은 자유롭게 연상하고 표현하는 것이다. 그러므로 자유서술은 문장의 완결성, 논리적 연결성, 올바른 문법 등을 고려하는 데 시간을 지체하지 않는 것이 방법이다. 정해진 시간 안에 멈추지 않고 쓰는 것이 중요하다. 이미 쓴 문장을 다시 읽고 고치기 위해 쓰는 것을 멈춰서도 안 된다. 자유서술은 '질보다 양'이 중요한 발상법이다. 다음 글은 '나의 취향과 가치관'에 대한 한 편의 글을 쓰기 위한 자유연상의 예이다.

예문

<내 영혼의 따뜻한 날들> 내가 왜 이 책을 선택했을까. 잘 모르겠다. 중학교 때 선생님이 추천해주신 책인데, 그때는 별 생각 없이 재미있게 읽었는데 지금 와서 보면 뭔가 교훈적이고 이유가 있을법한 책인 것 같다. 책의 내용에서 지금 기억나는 것은 자유에 관한 글인 것 같다. 인디언이 발전된 사회에 살지 않고 산에서 살아가는 내용인데, 재미있었다. 자연에 대해 많이 생각하게 되고 생명에 대해 많이 느낀 것이 많다. 나는 자유롭고 조용한, 조용하기보다는 편안한 것을 좋아한다. 술자리나 친구들과 만날 때 북적거리는 것은 좋지만 그 외의 시간에는 편안히 있는 것을 즐긴다. 그래서 이 책에 공감했는지도… 어떤 사람은 무료하다고 할지도 모르지만, 나에게 있어 편안함은 나를 치유하고 나를 되돌아보는 것 같다. 물론 그냥, 멍하니 있을 때도 많지만 비슷한 거라 생각한다. 편안히 쉬어주면서 몸과 마음의 안정을 찾는 것이 매우 중요하다고 생각한다. 편안히 쉰다고 해서 가만히 쉬는 것은 아니고 내가 좋아하는 것을 하는 것이다. 음악감상, 운동, TV, 게임… 보통 사람이 좋아하는 것을 좋아한다. 그러나 더욱 좋아하는 것은 북적거리는 사람들 속이 아닌 혼자만의 시간, 고요한 시간이다. 자연 속에 있을 때 편안함을 느낀다. 숲, 나무, 하늘은 나를 따듯하게 한다. 영혼을 숨 쉬게 한다. 사람들과 만나는 것도 중요하겠지만, 요즘은 사람들과의 관계 맺기에 피로를 느끼는 사회인 것 같다. 도시는 늘 시끄럽다. 대화소리, 음악, 자동차 경적, 한 순간도 침묵하지 않는다. 나는 자연이 주는 자유로움이 좋고, 그립다. 그래서 독서가 좋은데, 특히 이 책은 그런 나에게 끌리는 점이 있다.

학생글, 2012

위의 예시 글에서 보다시피 자유연상에서는 완전한 문장으로 작성하는 것이 중요하지 않다. 자유연상 과정은 올바른 문장으로 표현하기보다 화제에 해당하는 자신의 많은 생각을 쏟아놓는 것에 중심을 두기 때문이다. 단 일정한 시간을 정해놓고 생각과 손을 멈추지 않는 쓰기가 끝나면 자신의 글을 검토하는 시간을 반드시 가져야 한다. 여기서 검토는 글의 구성이나 문장을 수정하는 고치기 단계와는 차이가 있다. 즉 자신이 쓴 글을 통해 주제를 발견하기 위한 아이디어를 얻고 주제를 구체화시키는 과정이다. 자유연상 후 글에서 반복되는 단어나 표현, 중요하게 생각되는 문장들을 표시하며 하나의 주제를 발견하는 것이다. 예문에서는 자유연상 후 검토를 통해 '나는 자연에서 사색하는 시간을 즐기며 자유를 느낀다.'라는 구체적인 주제를 찾아낼 수 있다.

그 외에 인터넷에 유행하던 '뇌구조 그리기'를 아이디어 발상에 적용해볼 수 있다. 뇌구조 그리기는 집중하고 있는 생각, 가장 높은 관심사를 뇌의 크기로 표시하는 방법이다. 브레인스토밍의 자유로운 연상으로 나열된 이야깃거리, 화제들을 글의 관련성에 따라 뇌의 크기에 적용해보는 것도 아이디어를 정리하는 데 효과적인 방법이 될 것이다.

문제

1 | 대학생이라는 화제에 대해 브레인스토밍을 해보자.

2 | 현재 '나를 사로잡고 있는 것'에 대해 브레인스토밍 한 다음 뇌구조 그리기를 해보자.

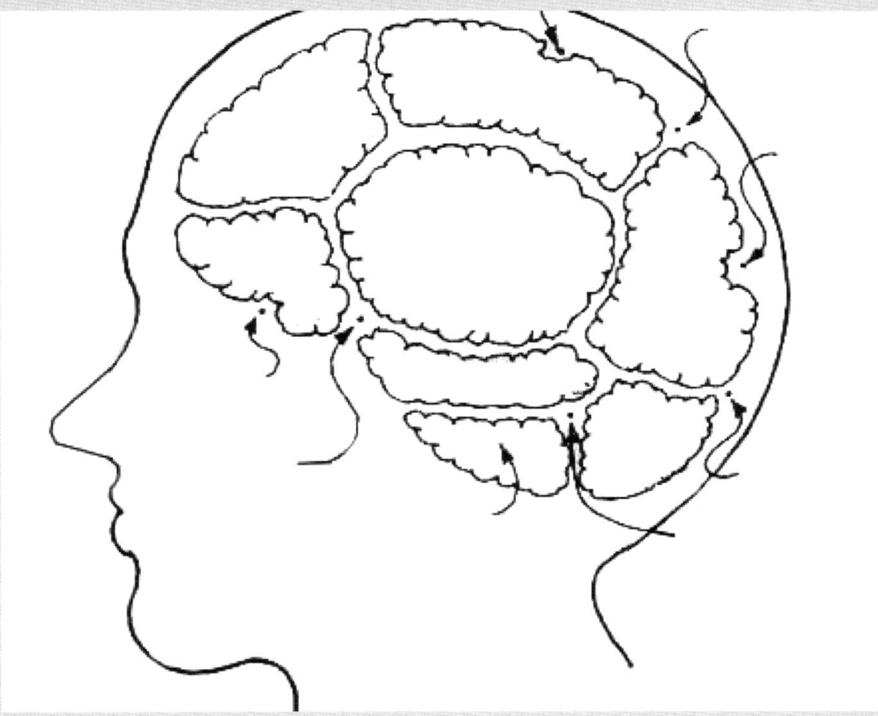

연습문제

3 | '나의 기억 중 가장 강렬했던 순간'들을 떠올려보고 그 중 한 가지를 선택하여 자유 서술을 해보자.

(2) 주제 설정

주제 설정은 쓰고자 하는 글의 대상과 관련 범주를 정하고 글의 목적을 분명히 하는 일이다. 주제가 분명하게 설정되어 있지 않으면 좋은 글을 쓰기 쉽지 않다. 글쓰기에서 구체적인 주제가 없으면 어디서부터 어떻게 글을 시작해야 할지 가늠하기 어렵기 때문이다. 따라서 뚜렷한 주제 설정을 위한 효과적인 방법들을 익히는 것이 중요하다.

(가) 글의 목적, 독자 파악

주제란 필자가 글에서 전달하려는 의도나 중심 사상을 말한다. 우선 주제를 설정하기 위해서는 '왜 글을 쓰는가?', '무엇에 대하여 글을 쓰는가?' 등의 글의 목적을 이해하는 1차적 작업이 실행되어야 한다. 좋은 글을 쓰려면 글쓰기의 목적을 분명히 이해하고 명확한 주제를 설정하는 일이 중요하다. 글의 목적을 제대로 파악하는 것이 중요한 만큼 이와 관련해서 주제를 잡는 일은 세심하고 꼼꼼한 과정들이 요구된다.

우선 글의 목적과 글의 종류에 따라 주제를 확정 짓는 방법에는 차이가 있을 수 있다. 논리적인 글쓰기에 있어서는 보다 구체적인 결과를 예측할 수 있는 주제를 설정하는 과정이 필요하다. 그러므로 막연한 표현보다 결론을 가정하는 주제문을 쓰는 것이 중요하다. 그에 비해 감상문이나 수필 등 주관적인 생각, 경험이 더 중요한 글쓰기에서는 논리적 글쓰기처럼 명확한 주제문을 설정할 수 없는 경우가 많다. 예를 들어 글쓰기 테마로 '인간과 자연'이라는 글쓰기 과제가 주어졌다면, 논리적 글쓰기인 경우, '문명의 발달로 인해 파괴되어가는 자연과 공존하기 위해서는 인간의 자연관에 대한 변화가 필요하다.' 등의 잠정적 결론을 전제한 구체적인 주제문 설정이 요구된다. 그에 비해 감상적 글쓰기라고 한다면 '자연 속의 삶, 함께 사는 법', '숲에서 자연과 공존하는 법 배우기' 등처럼 완전한 주제문의 형태로 설정되지 않는 경우가 많다는 것이다.

다음으로 주제 설정에서 고려해야 할 점은 글을 읽는 대상, 즉 독자를 파악하고 분석하는 일이다. 대부분의 글쓰기는 글을 읽는 특정한 대상을 향한 의사소통의 방식이다. 이는 필자 중심이 아니라 독자 중심 글쓰기를 의미한다. 따라서 필자는 늘 독자를 염두에 둔 채 글을 써야 한다. 독자를 의식하는 글쓰기를 위해서는 독자의 입장을 파악하는 것에서부터 출발할 필요가 있다. 쓰고자 하는 글의 목적이나 글의 종류에 따라 예상 독자를 설정하고 독자가 흥미와 관심을 가질 수 있는 주제를 선정하는 것이 필요하다. 독자를 고려하여 주제를 선택하는 것은 글의 설득력을 높일 수 있다는 점에서 유리하다.

(나) 주제문 작성

막연한 생각이나 아이디어를 구체적인 주제로 만들기 위해서는 주제의 범위를 좁힐 필요가 있다. 예를 '미래사회의 인간'이라는 주제에서 '미래사회 인간과 로봇의 관계'로, '인간과 로봇의 미래 공존사회'로 쓰고자 하는 내용의 범위를 좁히는 방법으로 주제를 구체화시킬 수 있다. 구체적이고 명확한 주제를 설정하기 위한 보다 효과적인 방법은 선정한 주제를 하나의 문장으로 만들어보는 것이다. 주제문이란 완결된 문장 형태로 진술하는 것을 말한다. 주제문 작성은 글의 전체적인 흐름의 일관성을 지키는 데 도움을 준다. 또한 주제문 작성은 글의 전개 방향을 예측하고 필요한 내용 선정 및 구성에도 효과적이다. 위에서 선정한 '인간과 로봇의 미래 공존사회'라는 주제를 '미래사회의 인간과 로봇의 공존관계를 위해서 로봇관련 법을 제정할 필요가 있다'의 주제문으로 만들어 볼 수 있다. '인간과 로봇의 공존사회'라는 폭넓고 다소 막연하게 보이던 글이 '공존관계를 위한 로봇법 제정의 필요성'으로 좀 더 구체적이고 명확한 방향성을 가지게 됨을 알 수 있다.

주제문을 작성할 때는 다음의 사항들을 유의해야 한다. 첫째, 완전한 문장의 형태로 만들되, 너무 길게 쓰지 않도록 조심한다. 둘째, 가설과 잠정적 결론이 명확하게 드러나도록 쓴다. 셋째, 필자의 관점, 태도를 제시하도록 쓴다. 넷째, 비유나 암시적인 문장 표현보다 구체적이고 명확한 문장을 사용한다. 다섯째, 두 개의 의미로 해석될 가능성 있는 문장은 피한다.

(다) 관심 분야, 독점 영역 선정

주제는 되도록 글을 쓰고자 하는 사람의 관심 대상에서 가까운 것으로 설정해야 한다. 글쓴이의 지적 호기심이 발동되지 않는 주제나 이해하기 불가능한 내용을 바탕으로 주제를 잡을 경우 본격적인 집필 과정에서 어려움을 겪을 수 있다. 어쩔 수 없이 쓰려고 잡은 주제나 내용 파악이 제대로 되지 않은 주제설정은 글쓰기의 좋은 출발이 될 수 없다. 아무리 참신하고 좋은 주제라고 하더라고 필자가 한 편의 글로 완성하는 데 무리가 있다면 소용이 없기 때문이다. 그러므로 주제를 확정하기에 앞서서 자신이 선택하려는 주제와 관련된 지식이 어느 정도인지 스스로 점검해야 한다. 주제와 관련해서 제반 체험이나 지식 습득의 불충분이 집필 과정에서 무리가 된다면 아무리 관심 있는 주제라도 글이 추상적으로 흐르거나 피상적인 접근밖에 될 수 없을 것이다. 그러므로 좋은 주제를 설정하기 위해서는 쓰고자 하는 글을 대하는 자신의 자세를 진지하게 고민하는 과정이 전제되어야 한다.

(라) 독창적인 문제의식

주제에는 필자의 참신한 문제의식이 반영되어야 한다. 이러한 문제의식은 독창적인 글을 완성시키는 데 중요한 조건이 된다. 아무리 소재가 평범하고 진부하더라도 글을 쓰는 사람이 가지고 있는 관점이나 시각에 따라 새로운 문제의식으로 주제가 설정되면 참신한 글이 될 수 있다. 예를 들어 '인간과 동물'이라는 폭넓은 주제로 글을 쓴다고 했을 때, '반려동물을 보호하고 사랑해야 한다.', '멸종위기의 동물을 보호하자', '숲의 야생동물을 해치지 않아야 한다.' 등은 평범하고 진부한 주제이다. 그러나 '보호받아야 동물은 인간과의 유사성, 관계성을 통해서 구별되고 선정될 수 있는가?'의 주제처럼 일반적인 주제를 벗어난 새로운 문제의식을 포함한 주제를 생각해 볼 수도 있다. 그러므로 다른 사람이 생각하는 일반적인 주제를 벗어나 새로운 관점에서 주제를 잡기 위해서는 쓰려는 대상을 세밀하고 꼼꼼하게 관찰하는 자세, 진지하고 깊이 있게 접근하는 성실한 노력들이 필요하다. 앞에서도 살펴본 것처럼 독창적인 생각은 선천적으로 주어진 것이 아니라 관심과 관찰이라는 열정과 노력을 통해 얻어지는 것이다.

연습문제 **다음 제시한 조건에 따라 주제설정을 해보자.**

1 | '대학축제 문화'에 대한 한 편의 글을 작성하려고 한다.

주제 :

목적 :

독자 :

주제문 :

2 | '학생 셔틀버스 이용 실태'에 관련하여 한 편의 글을 작성하려고 한다.

주제 :

목적 :

독자 :

주제문 :

(3) 자료 조사와 선별

글쓰기에서 자료를 조사, 수집, 선별하는 일은 글쓰기 전 과정에서 끊임없이 반복되는 중요한 작업이다. 좋은 글은 배경 지식을 바탕으로 구체화되고, 새로운 내용으로 탄생한다. 그러므로 해당 주제와 연관성을 갖는 자료들을 선별하는 것은 좋은 글을 쓰기 위한 전제 조건이다. 자료를 찾아 읽고 내용을 만드는 과정은 글쓰기 과정 중에 수시로 이루어진다. 특히 대학 글쓰기에서는 적절한 자료를 찾는 방법을 알아가고 자료를 검토, 정리하는 활동이 가장 중요한 과정일 것이다.

자료 조사는 모든 글쓰기 단계에 해당되지만 집중적으로 이루어지는 것은 주제 설정 이후이다. 주제 설정 후 주제를 보다 심화시키고 구체화하기 위해서 또는 뒷받침할 근거를 마련하기 위해 자료를 수집하고 검토해야 한다. 이처럼 자료 조사는 좋은 글을 쓰는 데 밑바탕이 되는 중요한 과정이라고 할 수 있다. 그러나 참고자료의 종류나 활용도는 글의 성격에 따라 차이가 있을 수 있다. 예를 들어 학술적인 글쓰기가 주로 문헌자료, 실험자료, 조사자료 등에 의존하는 데 비해 창작, 감상적 글쓰기인 경우는 주로 필자의 체험에 의존하는 경우가 많다. 그러므로 학술논문이나 논설문을 집필할 때에는 사전, 전문서적, 학술잡지, 신문 등의 자료를 기본 자료로 활용한다. 그에 비해 창작, 감상적 글쓰기의 경우 필자가 체험한 모든 것이 자료가 되기 때문에 보다 폭넓은 자료를 활용한다. 이처럼 글의 종류에 따라 접근하는 자료의 차이가 있지만 정보가 넘치는 현대사회에서 자신의 글쓰기에 필요한 자료를 찾고, 적용해야 한다는 부담에 있어서는 큰 차이가 없을 것이다. 그렇다면 자료 수집을 효과적으로 할 수 있는 방법과 검토, 정리 과정을 잘 익혀두는 것이 필요할 것이다.

(가) 자료 수집의 방법

자료 수집에 앞서 해야 할 것은 정해진 주제와 관련하여 글의 목적, 성격이 분명한지 확인하는 일이다. 이는 관련 자료 키워드를 효율적으로 확보하고 글을 쓰는 데 필요한 자료의 구체적인 내용을 정확하게 적용하기 위해서 필요한 과정이다.

자료의 종류는 크게 1차 자료와 2차 자료로 나눌 수 있다. 1차 자료는 글의 직접적인 대상이 되는 것을 말한다. 일반적으로 연구 대상이라고 부르기도 하는데 쓰고자 하는 글의 테마를 결정짓게 하는 중심 대상이라고 할 수 있다. 예를 들어 문학, 예술에서의 작품, 작가나 사상가의 저술 등이 있으며 사회 현상, 제도, 정책 등도 해당된다. 2차 자료는 1차 자료를 위해 활용되는 자료를 말한다. 즉 1차 자료에 대한 해석이나 글쓴이의 주장이 담긴 경우가 많다. 쓰고자 하는 글과 동일한 주제나 유사한 해석을 한 2차 자료는 집필자의 글에 설득력을 부여하며 일관성을 갖도록 해 준다. 또는 다른 관점과 방법론을 이용한 2차 자료는 비판적 시각을 갖고 자신의 글을 새롭게 바라볼 수 있도록 도와준다.

① 인터넷 검색과 활용

인터넷을 통한 자료 수집은 대학생들이 가장 즐겨 쓰는 방식이다. 인터넷은 많은 자료를 쉽고 빠르게 찾을 수 있다는 장점이 있다. 각종 포털 사이트의 검색 기능을 사용하면 주제와 관련된 기초적인 자료를 손쉽게 수집할 수 있고, 다양한 정보를 빠르게 확보할 수 있다. 인터넷은 단지 간단한 정보 확인을 위한 검색 기능만으로 활용되는 것은 아니다. 최근에는 대부분의 전문 지식이나 저술이 데이터베이스로 구축되어 있고 전자책의 출간도 증가하는 추세이며, 전자 도서관을 이용하여 다양한 전문 자료들을 쉽게 접할 수 있는 상황이다. 또한 대학 도서관이나 국립 도서관, 국회 도서관 등은 데이터베이스로 구축된 자료를 제공하므로 직접 방문하지 않아도 필요한 자료를 쉽게 찾을 수 있다.

그러나 인터넷을 이용한 자료 수집과 활용에 있어서는 엄격한 잣대와 선별 기준이 필요하다. 인터넷 자료 중에는 출처가 불분명한 경우가 많다. 이런 경우 인터넷 각주를 단다고 해도 문제가 된다. 해당 사이트가 개편되거나 폐쇄될 가능성이 매우 높기 때문에 독자의 정보 접근성이 보장되지 않기 때문이다.

따라서 인터넷을 통한 자료 수집은 자료를 검색, 이용하는 일정한 기준과 판단이 필요하다. 인터넷 검색 사이트는 기본 자료에 대한 정보 검색이나 자료 찾기 루트 마련을 위해서 활용하는 것이 좋다. 즉 주제와 관련된 도서 검색 키워드 및 서지 목록, 신문 기사 등 주로 기초적인 자료를 확보하고자 하는 경우는 검색 사이트를 이용한다. 전문적이고 학술적인 지식은 되도록 대학 도서관이나 연구 기관의 전자 도서관을 중심으로 인터넷 자료 수집과 검토 작업을 해야 한다.

② 도서관, 서점 이용하기

인터넷을 통해 기초적인 자료를 확보했다면 직접 도서관을 방문하여 필요한 자료를 검토하고 확보해야 한다. 아무리 인터넷을 통해 정보나 자료를 손쉽게 이용할 수 있다고 하더라도 단지 인터넷만으로 해결될 수 없는 문제들이 존재한다. 전자 도서관에서도 찾을 수 없는 자료들이 있으며 직접 자료를 찾아서 확인해야 할 경우도 있다. 전자책이 보편화되고 있는 실정이지만 아직까지도 도서관에서 직접 찾아서 확인해야 하는 자료들이 더 많다.

또한 대학 도서관에는 전문 도서 이외에도 각종 신문과 잡지, 사전류, 학위논문,

마이크로필름, 비디오, 오디오, CD-ROM 등 다양한 자료를 찾아볼 수 있다는 점에서 유익하다. 특히 국내외 많은 대학들은 자료를 교환하는 서비스, '상호대차 협약'을 맺고 있기 때문에 교내의 도서관을 통해 타 대학의 자료를 제공받을 수 있다. '상호대차 협약'은 소속대학 이외의 협약을 맺은 타 대학 도서관에 자료를 이용할 수 있는 유용한 도서관 서비스이다. 직접 방문하지 않아도 인터넷 예약 신청을 통해 소속대학 도서관에서 자료를 제공받을 수 있다. 이 같은 자료를 효율적으로 찾기 위해서는 도서관 이용법을 숙지하고 있어야 한다.

서점은 도서관과 마찬가지로 자료를 직접 수집하기 좋은 곳이다. 도서관에 없는 자료지만 글을 쓰는 데 꼭 필요한 자료라면 서점에서 구입할 수밖에 없다. 그러나 서점은 단지 책을 구입하는 데만 이용되는 것은 아니다. 서점은 도서관보다 빠르게 신간 서적이나 잡지를 살펴볼 수 있는 곳이다. 그러므로 신간을 통해 최근의 지적 풍토나 문화적 분위기를 파악할 수 있다는 점에서 정기적인 서점 방문은 유익한 체험이 된다. 물론 인터넷 서점이 있어 직접 방문하지 않고도 책을 구입할 수 있지만 오프라인 서점에서 직접 자료를 확인하는 작업이 필요한 경우도 있다. 보다 정확하게 자료의 내용을 확인할 수 있다는 점, 목차 이외의 내용을 통해 필요한 자료인지를 분별할 수 있다는 점이 직접 방문하는 의미일 것이다.

도서관이나 서점 방문 등 오프라인 자료 조사 및 수집은 인터넷을 활용할 때보다 시간이 걸릴 수 있다는 점에서 다소 불편해보이지만 인터넷 정보만으로 자료 확인이 불확실한 경우, 오히려 여러 경로를 헤매며 시간을 보내는 것보다 확실하고 빠른 방법이다. 또한 도서관, 서점 등 오프라인 자료 조사는 의외의 자료를 찾을 수 있다는 점에서도 중요하다. 인터넷이 필요한 자료를 한정적으로 검색하는 습관을 형성시키는 데 비해 도서관이나 서점은 방대한 자료를 눈앞에서 직접 확인함으로써 지적 호기심을 자극할 수 있다는 점에서 편리함이나 효율성을 넘어서는 또 다른 체험을 할 수 있기 때문이다.

(나) 자료 검토와 정리

주제와 관련해 다양한 자료를 모았다면 수집 자료를 꼼꼼히 검토하고 일정한 기준에 의해 분류, 정리해야 한다. 이 과정은 전체 글의 구성을 설정하고 내용에 따른 자료를 배치하는 일이다. 자료의 검토와 정리는 글의 구상 및 개요와 직접적으로 관련되어 있기 때문에 쉬운 작업은 아니다. 그러나 자료 검토 과정 중 주제가 더 구체화될 수 있으며, 글의 전체적인 윤곽이 잡혀서 개요 작성으로 연결된다는 점에서 중요하다. 때론 자료 검토 과정 중에 주제가 변경되기도 한다. 그러므로 자료 검토는 글의 구상 단계부터 집필에 이르기까지 지속적으로 이루어져야 한다.

① 자료 선별 조건

자료를 검토하고 선별하는 데 있어서 가장 중요한 것은 자료의 신뢰성이다. 가장 중요한 것은 출처가 확실한 자료를 선별하는 일이다. 학술논문이나 전문서적인 경우 저자나 출판사항, 발행연도, 쪽수를 정확히 밝힐 수 있어야 하며 실험 자료의 경우는 실험과정과 결과가 신뢰성 있는 기관을 통해 인정받은 것이어야 한다. 뿐만 아니라 통계 자료의 경우에는 적절하고 합리적인 과정을 통해 수행된 결과물이어야 한다. 특히 인터넷 자료를 사용할 때는 정보의 질을 평가하여 선택 여부를 결정하는 것이 중요하다. 정보의 배경과 맥락을 알려주는 깊이 있는 자료를 선택하기 위해서는 엄정한 기준을 가지고 꼼꼼히 자료를 선별하는 습관을 기르는 것이 필요하다.

② 정리

자료를 수집했다면 글의 구성과 관련하여 적절한 내용 배치 중심으로 자료를 정리해야 한다. 글의 구성을 중심으로 자료를 분류하고 정리하면 전체 글의 윤곽을 잡을 수 있고, 구체적인 개요를 작성하는 데 도움이 된다. 효율적인 자료정리를 위해서는 적절한 분류기준을 세워 작업하는 것이 필요하다.

우선 수집한 자료를 내용과 중요도에 따라 구분해서 정리한다. 대상을 접근하는 방법이나 관점이 유사한 내용과 그렇지 않은 자료를 구분하여 분류한다. 또는 주요사항, 주요논점에 관한 것과 종속 사상과 종속 논점에 관한 것으로 분류한다.

글의 종류에 따라 시대, 장소, 연령별 등으로 분류할 수도 있다. 자료에 대한 분류 및 정리는 쓰고자 하는 글의 목적이나 종류에 따라 가장 효과적인 방법을 선택하는 것이 좋다.

다음으로는 글의 구성 단계에서 필요한 자료를 세분하여 정리하고 각 단계의 내용을 기록한다. 이는 논리적 글쓰기인 경우 특히 필요한 작업이다. 인용할 글을 정리해놓으면 구체적인 개요를 짤 때 도움이 되며, 집필하는 데 있어서도 유용하다. 주의할 점은 자료를 정리할 때, 자료의 출처(제목, 저자, 페이지)를 기록하여 정리해야 한다는 점이다. 또한 자료를 검토, 정리하는 과정 중에서 떠오르는 생각이나 아이디어는 따로 정리하여 자신의 생각이나 글이 타인의 글과 혼동되지 않도록 분류한다.

1 | 주제를 정하고 여러 가지 방법을 적용하여 자료 찾기를 해보자.

1) 인터넷을 다양하게 활용하여 자료를 수집해보자.

2) 도서관이나 서점을 방문하여 직접 자료를 찾은 경험을 이야기해보자.

2 | 최근 쓰고 있는 글과 관련하여 자료 수집 후 정리 파일을 만들어보자.

(4) 개요 작성과 글의 구성

주제가 정해지고 관련 자료를 수집하고 나면 글의 전체 구성과 구체적인 사항들을 한눈에 볼 수 있는 작업이 필요하다. 이처럼 본격적인 집필 전에 미리 만들어 놓은 글의 윤곽을 개요라고 한다. 개요는 일종의 설계도라 할 수 있다. 즉 집을 짓기 전 세밀한 도면으로 계획을 세우듯이, 개요는 집필 전에 글의 전체 윤곽을 계획하는 일을 말한다. 정밀한 개요는 글의 짜임새에 직접적인 영향을 미친다. 그러므로 개요를 작성할 때는 꼼꼼한 내용 검토와 계획을 통해 제대로 된 설계도를 그리도록 해야 한다.

(가) 개요 작성의 효용

개요를 작성하면 글의 전체적인 흐름을 파악하고 글의 논지 전개를 체계화할 수 있다. 그러므로 개요작성은 글이 일관성 있는 내용과 전개로 통일성을 갖도록 방향을 제시해 준다. 또한 개요를 통해 글의 구성에 따른 내용 전개 순서를 한눈에 파악할 수 있기 때문에 논리적인 글을 완성하는 데 효과적이다. 이와 더불어 개요는 필요한 내용을 생략하거나 불필요한 내용의 반복을 피하는 데도 도움을 준다.

명확한 주제를 확정하고 필요한 자료 수집과 검토, 정리를 마쳤다 하더라도 구체적인 개요 작성을 하지 않는다면 본격적인 글쓰기에서 실패를 경험할 수도 있다. 많은 학생들이 직접 개요를 작성하지 않고 머릿속의 구상만으로 글쓰기를 한다. 그러나 직접 눈으로 확인할 수 없는 개요는 한 편의 글을 완성하는 데 있어서 일관된 방향을 유지하기 힘들다. 또한 수많은 자료를 어떻게 배치해야 할지 몰라 막연히 늘어놓다가 주제를 잃고 길을 헤맬 수도 있다. 개요는 집필하면서 내가 써야 할 글의 순서와 내용을 한눈에 알아볼 수 있게 하는 설계도이자 글의 방향을 제대로 안내해주는 지도와 같다고 할 수 있다.

(나) 글의 구성

효과적인 개요 작성을 위해서는 글의 구성을 염두에 두어야 한다. 글의 구성이란 필자가 말하고자 하는 주제를 효과적으로 전달하기 위한 글 전체의 전략을 말한다. 글의 전개 방법과 수집한 자료의 배치 방법에 따라 동일한 주제를 가지고 글을 쓴다고 하더라도 독자에게는 전혀 다른 전달 효과를 나타낼 수 있다. 글의 구성은 글쓰기에 필요한 여러 자료를 유기적으로 연결하고 통일시킴으로써 글 전체를 계획한다는 점에서 중요하다.

일반적으로 흔히 쓰이는 방법은 3단 구성이다. 대개 글은 서두, 본문, 결말의 구조를 가진다. 도입, 머리말, 서론 등은 서두와 같은 의미로 사용된다. 서두는 글의 얼굴이다. 서두는 흔히 처음 무언가를 대면했을 때의 느낌으로 이후의 대상에 대한 판단, 선택 등을 결정짓게 하는 첫 이미지와 같다고 할 수 있다. 서두는 그 글을 읽을지 말지를 결정하는 중요한 판단의 잣대가 될 수 있다. 서두에서는 전개될 글의 방향과 배경을 제시하며 글의 문제의식과 목적을 언급하는 역할을 한다. 서두 관련 개요 작성에서 잊지 말아야 할 점은 본문 내용과의 밀접한 관련성이다. 그러므로 본문의 내용이 구체화되지 않았다면 서두를 작성하기 힘들다. 개요를 작성할 때 서두와 본문과의 관련성을 고려하지 않은 채, 무작정 서두를 작성한다면 본문을 전개하는 데 어려움을 겪을 수 있다.

본문은 글에서 말하고자 하는 바를 본격적으로 진술하는 부분으로 여러 개의 단락으로 구성된다. 예를 들어 서두, 결말이 각각 한 단락씩으로 되어 있다면 본문은 3~4개의 단락 혹은 그 이상으로 이루어진다. 본문은 서두나 결말에 비해 내용이 길기 때문에 개요 작성 할 때도 보다 많은 노력이 요구된다. 본문과 관련된 개요를 작성할 때 필요한 것은 본문에 해당되는 자료를 분류하고 내용에 따라 다시 세분화하는 것이다.

결말은 서두와 본문에서 진술한 필자의 생각을 정리하고 마무리하는 부분이다. 결말의 가장 보편적인 방법은 '요약'과 '전망'으로 구성하는 것이다. 효과적인 개요 작성을 위해서 서두와 본문의 개요를 작성하면서 결말 부분에 해당하는 내용을 염두에 두고 따로 정리하는 작업도 필요하다.

(다) 개요 작성의 방법

개요는 각 구성에 따른 핵심 내용만을 제목처럼 붙이는 간단한 방식의 '화제개요'와 주요 내용을 문장으로 상세히 기술하는 구체적인 방식인 '문장개요'로 나눌 수 있다. 다음 예를 통해 간단한 개요와 구체적 개요를 살펴보자.

예문

화제개요

제목 : 스마트 폰의 패밀리 네트워크의 영향
주제 : 현대 사회에서 스마트 폰은 가족이 관계를 맺는 방법이나 친밀도에 변화를 준다.

1. 서론
   1) 스마트 폰의 사용 빈도와 영향
   2) 스마트 폰 사용 이전 가족관계와 사용 이후 가족 관계의 비교, 변화의 배경
   3) 스마트 폰과 가족 관계 변화의 의미

2. 본론
   1) 패밀리 네트워크 서비스의 출현과 개념 정의
   2) 패밀리 네트워크를 제공하는 앱 사례 제시
   3) 패밀리 네트워크의 여러 가지 기능과 역할
   4) 패밀리 네트워크가 가족관계에 미치는 영향

3. 결론

문장개요

제목 : 스마트 폰의 개인 정보 보안 문제
주제 : 스마트 폰의 활용도가 높아짐에 따라 소셜 네크워크의 활성화와 개방형 플랫폼에 의한 개인 정보가 유출되는 문제점이 발생할 수 있다.

1. 서론

1) 스마트 폰 사용의 활용도와 대중화된 경향

스마트 폰은 컴퓨터와 비교하여 손쉽게 네트워크를 활용할 수 있다. 최근 폭넓은 연령층에서 스마트 폰을 사용하고 있다. 스마트 폰은 실생활에서 다양하게 활용되고 있다.

2) 스마트 보안의 안정성

스마트 폰은 각종 앱을 개발하여 대중화 시키고 있지만 사용자의 개인 정보 누출에 대한 위험성도 안고 있다. 사생활 침해의 문제가 따를 수 있다. 새로운 보안 문제를 발생시키며 이에 따른 보안책도 필요한 실정이다.

2. 본론

1) 스마트 폰 이용과 환경

SNS 활성화, 각종 금융업무의 편리화, 다양한 앱을 개인이 만들어 공유하는 개방성, 쉬운 인터넷 접근성이라는 이유로 스마트 폰 이용자는 끊임없이 확산되고 있는 추세이다.

2) 개인 정보 보안 실태

개인 정보가 유출될 수 있음에도 불구하고 아직까지 백신 앱의 이용률은 낮다. 또한 백신 앱의 개발에 있어서도 한계점을 발견할 수 있다. 스마트 폰 사용자의 보안에 대한 개념 확립이 부족한 상황이다.

3) 스마트 폰 보안 문제

이용자 확산으로 인해 관련업계 경쟁은 개인 정보의 축적이라는 문제점을 발생시킨다. 스마트폰의 금융기능 향상에 따른 해킹과 신종 사기 현상이 일어나고 있다. 대부분의 앱이 개방형으로 되어 있어 바이러스, 악성코드, 해킹에 무방비 상태로 노출되어 있다. 문자 서비스가 업체를 경유함에 따라 개인 정보가 유출될 수 있다. 개인의 위치 파악이 가능하며 실시간으로 개인의 정보를 얻기 쉬우므로 사생활 보호에 문제를 일으킬 수 있다.

4) 스마트 폰 보안 문제 해결책

모바일 콘텐츠 기업이 보안에 철저한 대비책을 마련한다. 스마트폰 콘텐츠 기업에 해당하는 개인 정보 관련 엄격한 법을 제정한다. 신규 스마트 폰 기기 출시에 따른 새로운 보안성 연구, 개인 정보 보안 가이드를 개발한다. 앱의 권한을 확인하고 보안 앱을 이용을 대중화 한다.

3. 결론

이처럼 개요는 대체로 화제개요와 문장개요로 나뉜다. 글의 길이나 효용에 따라서 단락별 개요, 요점식 개요 등으로 나누기도 한다. 개요 작성에서 중요한 점은 어떤 개요 작성법을 선택하느냐보다 개요의 각 항목이 유기적인 관계를 맺도록 계획하는 것이다. 즉 개요의 제목, 주제문, 각 구성 단계의 내용이 한 편의 글을 완성하는 데 있어 통일성을 갖추고 있어야 한다. 그러므로 개요 작성 할 때 글의 주제가 명확하게 드러나도록 계획하고 각 항목의 내용이 주제에서 벗어나지 않도록 작성해야 한다. 또한 각 구성 단계에 해당하는 내용을 분류하고 배치하는 꼼꼼한 작업을 통해 전체가 일관적이고 균형감을 가질 수 있도록 작성한다.

문제

1 | 주제 설정, 자료 검토를 통해 선정한 글에 대한 개요 작성을 해보자.

2 | 다음 글을 요점식 개요 방식에 따라 작성해보자.

예문

6월 6일은 순국선열들의 넋을 기리는 현충일이다. 그날 우리는 나라를 위해 목숨을 바친 이들의 영령 앞에 머리를 숙이고 사랑하는 이의 죽음을 애도한다. 어느 문화권이든 인간은 모두 나름대로 독특한 장례문화가 있다. 우리 무속신앙에도 망자의 혼을 달래는 다양한 의식들이 전한다. 전라도 지방의 씻김굿이 그 대표적인 예이다.

죽음을 이해하기 위해 철학이 생겼고 죽음의 문제들을 해결하기 위해 종교가 탄생했다. 어느 문화권이든 종교는 거의 한결같이 영생을 이야기한다. 종교에 따라 영생의 형태가 조금씩 다르긴 해도, 그 틀은 모두 우리의 유한한 생명의 대안으로 영원한 삶을 추구한다는 데에 있다. 기독교는 우리에게 원죄를 인정하고 조물주 하느님을 영접하면 영생을 얻는다고 가르친다. 불교에서는 살아 움직이는 모든 생물은 다 연결되어 있고 모습을 바꾸며 윤회한다고 믿는다.

동물들도 과연 죽음을 인식하고 슬퍼할까? 일찍이 철학자 윌리엄 어네스트 호킹은 "사람만이 유일하게 죽음의 의미를 생각하며 죽음이 과연 모든 것의 종말인가를 의심할 줄 안다."고 했다. 그러나 제인 구달 박사는 어미의 주검 곁을 떠나지 못하고 거의 식음을 전폐하다시피 지내다 끝내 숨을 거둔 어린 침팬지의 이야기를 우리에게 생생하게 들려주었다. 어린 자식의 축 늘어진 시체를 차마 버리지 못하고 매일같이 품에 안고 다니는 침팬지 어미들을 발견하는 일 또한 그리 어렵지 않다.

네덜란드의 아른헴 동물원은 오래 전부터 침팬지 군락을 보호하고 있다. 침팬지들이 살고 있는 지역은 수로로 둘러싸여 사람들이 가까이 접근할 수 없도록 되어 있다. 바로 그곳이 지금은 미국 에머리 대학의 교수이자 『정치하는 원숭이』(Chimpanzee Politics)의 저자 프란스 드발 박사가 연구하던 곳이다.

드발은 그곳에서 '고릴라'라는 이름의 암컷 침팬지가 여러 차례 갓 낳은 새끼를 잃고 몇 주씩이나 다른 침팬지들을 멀리하며 구석에 쭈그리고 앉아 있는 모습을 관찰했다. 정식으로 정신과 의사의 진단을 받아본 것은 아니지만 거의 틀림없이 우울증에 빠진 침팬지였다. 동물원 관리인들이 조심스레 안겨준 10주쯤 된 어린 침팬지를 양녀로 받아들인 후에야 비로소 그는 깊은 우울증에서 벗어나 새 삶을 찾을 수 있었다.

코끼리들은 다른 동물들의 뼈에는 아무런 관심을 보이지 않는다. 하지만 코끼리의 뼈를 발견할 때면 언제나 그들의 긴 코로 뼈 냄새를 맡으며, 뼈를 이리저리 굴려보기도 하고, 때로는 오랫동안 들고 다니기도 한다. 코끼리들이 그들의 뼈에 관한 관심이 얼마나 큰가 하면 야생동물 사진작가들이 그 모습을 찍으려 할 때 그들이 다니는 길목에 코끼리 뼈 하나를 놓아둔다는 것이다. 코끼리들은 늘 신선한 물과 풀을 찾아 이동하며 살지만, 그렇게 이동하는 중에도 자기 어머니의 두개골이 놓여 있는 곳을 늘 잊지 않고 들러 한참동안 그 뼈를 굴리며 시간을 보낸다.

나도 야외 연구로 동해안을 지날 적이면 늘 바다가 내려다보이는 언덕 위 할아버지 산소를 찾는다. 왜 그래야 하는지 나도 잘 모르겠다. 그 근방을 지나면서 할아버지의 뼈가 묻힌 그곳을 들러보지 않으면 왠지 발길이 가볍지 않다. 얼마 전 영동지방에 큰 산불이 났을 때도 할아버지 산소는 신기하게도 불길이 피해갔다. 다행이었지만 그래도 무척이나 뜨거워하셨을 것이다.

죽음은 생명의 원천이다. 죽음이 없으면 생명도 없다. 한 생명이 사라지면 그 자리를 또 다른 생명이 채운다는 의미에서도 그렇지만 아무도 죽지 않고 영생하기 시작하면 곧 모두가 죽고 만다. 지구에 사는 생명체들의 번식력은 실로 가공할 만한 수준이다. 하지만 많은 개체들 중 대부분은 성장하는 과정에 죽기도 하기 때문에 그 중 일부만이 번식을 하게 되고 그래서 이 지구 생태계가 균형 있게 유지되는 것이다.

40대 중반을 넘기지 못하고 요절한 천재적인 생태학자 맥아더(Robert MacArthur)는 1분에 한 번씩 분열하며 성장하는 박테리아를 두고 다음과 같은 가상 시나리오를 쓴 적이 있다. "만일 일단 태어난 박테리아 중 아무도 죽지 않는다고 가정하면, 불과 36시간 만에 박테리아는 우리들 종아리 높이만큼 온 지구의 표면을 덮을 것이다. 그로부터 한 시간 후면 우리키를 넘길 것이고, 몇 달 후면 지구는 저 우주를 향해 빛의 속도로 팽창해날 갈 것이다."

죽음 그 자체는 생물학적으로 볼 때 지극히 자연적인 현상이지만 죽음을 애도하는 행위는 유전자의 관점으로 설명하기 대단히 어려운 문제 중 하나다. 이미 죽은 자는 더 이상 유전자를 후세에 전파할 수 없기 때문이다. 죽음을 애석해 하는 그 애틋한 감정은 유전자에게 과연 무슨 도움을 주었기에 지금도 우리 가슴속에 살아있는가?

최재천, 「동물도 죽음을 애도한다」, 『생명이 있는 것은 다 아름답다』, 효형출판, 2001, 54~57쪽.

(5) 고쳐쓰기

한 편의 글을 완성하기 위해서는 많은 시간과 노력을 기울여야 한다. 관찰과 발상, 주제 설정, 독자 분석, 자료 수집, 개요 작성 등의 글쓰기 과정은 순차적으로 진행되는 것보다 끊임없는 재점검과 검토를 통해 반복되는 작업이다. 이처럼 글쓰기는 반복과 검토라는 과정이 전제되어 있는 활동이라고 볼 수 있다. 글쓰기에 있어서 마지막 과정에 해당되는 고쳐쓰기도 전체적인 글쓰기 활동에서 살펴보면, 글쓰기의 마지막에만 해당되는 일이 아님을 알 수 있다. 고쳐쓰기는 글을 쓰는 과정에서, 그리고 글을 쓴 후에 다시 한 번 생각하고 고치는 작업 전반을 말하는 것이다. 글을 여러 번 고쳐쓰는 과정은 생각을 정리하고 더 좋은 표현들을 찾는 방법이다. 그러므로 고쳐쓰기는 한 편의 글을 완성하기 위해서 꼭 거쳐야 할 과정이다.

(가) 고쳐쓰기의 중요성

고쳐쓰기는 한 편의 글이 주제와 관련하여 일관성을 갖도록 하는 모든 활동을 의미한다. 그러므로 고쳐쓰기는 글을 쓰는 전반적인 단계에서 수시로 이루어진다. 초고를 작성한 뒤 검토하고 수정하는 종합적인 고치기는 좋은 글을 완성하는 데 가장 중요한 역할을 한다. 따라서 고쳐쓰기는 단순히 틀린 글자를 고치거나 문장의 어색한 표현을 고치는 정도에 그쳐서는 안 된다. 고쳐쓰기 활동은 부분적인 것에서부터 맥락과 단락, 논의 방향, 글 전체의 구조를 재구성하고 변화시키는 데까지 나아가야 한다. 고쳐쓰기는 글의 목적, 종류, 주제에 연관된 가장 알맞은 문장이나 어휘표현, 글의 구성, 자료 배치 등을 점검해줌으로써 글의 완성도를 높여준다. 그러므로 고쳐쓰기의 과정을 꼼꼼히 수행하는 것은 글쓰기의 전체 과정을 마무리하는 중요한 작업이라고 할 수 있다.

(나) 고쳐쓰기의 방법

고쳐쓰기의 과정은 대체로 첨가, 삭제, 구성의 세 가지 원칙을 따른다. 첨가는 정리하지 못하거나 빠뜨린 부분을 보충하는 과정을 말한다. 삭제는 불필요하거나 반복되는 내용이나 표현을 생략하면서 다듬는 과정이다. 구성은 글 전체의 주제를 보다 명확하게 드러내기 위해 문장이나 단락을 재구성하는 것이다. 고쳐쓰기는 다음과 같은 점을 생각하며 자신이 쓴 글을 검토하는 것이 중요하다.

① 주제 및 제목

- 주제는 명확하게 설정하였는가? 주제문을 정확하게 표현하고 있는가?
- 주제와 제목은 연관성을 가지고 있는가? 주제를 표현하는 데 적절한 제목인가?

② 글의 구성 및 내용

- 각 구성 단계의 역할을 제대로 드러내고 있는가?
- 단락 간의 연결은 논리적으로 자연스럽게 이루어지고 있는가?
- 각 구성 단계의 단락마다 주제와 연관된 소주제문을 파악할 수 있는가?
- 주제와 관련하여 일관적인 논지로 연결되어 있는가? 불필요한 내용은 없는가?

③ 문장의 검토

- 정확한 문장으로 표현되어 있는가?
- 내용을 전달하기 위해 적절한 표현을 하고 있는가?
- 개념이나 용어 사용은 정확하게 하고 있는가?
- 글의 종류나 독자 설정에 맞는 문장 표현을 사용하고 있는가?
- 어색한 문장 표현은 없는가?

④ 최종 검토

- 맞춤법과 띄어쓰기, 문장 부호의 사용이 올바른가?
- 문자나 표기상의 오류는 없는가?

(다) 고쳐쓰기 실제

다음은 '예술과 과학의 관계'라는 주제에 대한 학생 글이다. 고쳐쓰기 과정을 통해 한 편의 글을 살펴보자.

> **예문** 「과학은 발견하고 예술은 창조한다?」
>
> [1] "과학은 발견하고 예술은 창조한다." ~~누구나 한번쯤은 이 말을 들어보았을 것이다.~~ (생략) ~~이 문장을 지지하는 사람들의 논지는 이렇다.~~ (문장을 지지한다는 표현은 어색하다.) ①과학은 이 세계에 이미 존재했지만 우리가 몰랐던 것을 알아내는 과정이므로 발견이라고 한다. 떨어지는 사과로 ~~중력의 존재~~(중력의 원리)를 발견한 뉴턴이 대표적인 예이다. 반면에 예술은 무에서 유를 만드는 작업이기에 창조라고 본다. ②이 논리는 두 가지 개념, 과학과 예술을 결과적인 측면에서만 관찰하고 서술하였기에 차이가 생긴다. 하지만 두 단어의 ~~뿌리부분을~~(공통점을) 살펴보면 결코 두 단어는 ~~독립적인 개념이 될 수 없다~~. (독립적 개념이라기보다 '상호영향 관계'라는 의미가 드러나도록 수정)

→ ① 과학과 예술이 추구하는 기본 원리의 차이를 설명하는 부분이므로 그 차이가 명확하게 제시되도록 고쳐 써야 한다. 위의 글에서는 '발견', '창조'가 하나의 원리로 설명되기보다 마치 '과학=발견', '예술=창조' 등으로 적용되어 있다. 또한 이를 설명하는 데 있어서 주술호응의 오류를 범하고 있어서 의미전달도 정확하게 이루어지 않고 있다. 과학의 경우만 예를 들고 있어서 형평성을 유지하고 있지 못한 점도 문제이다. ② '차이'라는 의미를 중심으로 문장 구조를 수정하는 것이 좋다.

> [2] 과학과 예술의 ~~가장 근본적인~~ (생략) 공통점은 두 분야 ~~모두 상상력에 크게 의존한다는 것이다~~(상상력에서 출발한다는 사실이다). 예술이 예술가의 상상을 바탕으로 창조되어 표현한다는 것은 ~~자명하다~~(자명한 사실이다). 과학 또한 과학자의 상상을 바탕으로 창조되는 경우가 많은데, 라이트형제가 만든, 비행기는 이를 잘 보여준다. 비행기는 라이트형제의 '상상력'을 바탕으로 창조되었다. 다만 창조의 과정에서 물리학적, 공학적 지식을 사용해 ~~상상을~~(상상한 것을) 표현한 것뿐만 아니라 실제로 구현해냈다는 점에서 ~~전통적~~ (생략) 예술과 차이가 ~~있을 뿐이다~~(있다). ③이처럼 과학은 여러 과학적 지식, 발견을 활동하여 새로운 것을 창조하기도 한다.

→ ③은 과학이 상상력을 통해 '발견'에서 '창조'로 이어진다는 점을 설명해야 하는 부분이다. 이 점은 예술과의 공통점을 제시하기 위한 것인데, 보다 명확한 표현으로 수정하는 것이 필요하다.

3 ~~위의 말이 모순된다는 예가 또 있다~~(모순성과 관련된 또 다른 예가 있다). 과학자뿐만 아니라 예술가들도 발견한다는 사실이다. ④~~특히~~(예를 들어) 사진작가에게 '발견'은 중요하다. 사진작가는 훌륭한 피사체를 발견하기 위해 그리고 가장 아름다운 순간을 발견하기 위해 끊임없이 노력한다. ~~사진작가들이~~(사진작가는) 사진을 통해 피사체를 재창조하기도 하지만, 이것도 '발견'이라는 행위가 근본적으로 수반되어야 가능한 것이다. ⑤예술가들도 이렇게 과학자들처럼 자신이 원하는 것을 발견하기 위해 계속 관찰하고 탐색한다.

→ ④ 예술에서도 '발견'의 원리가 중요함을 증명하기 위해 예를 들고 있는 부분이다. 여러 사례 중 한 가지이므로 예시라는 의미를 제시하는 것이 좋다. ⑤ 예술가에게도 발견은 작품을 창조하기 위한 중요한 수단이자 기본 원리임을 설명하는 방식으로 고쳐 쓰는 것이 보다 명확한 의미 전달에 효과적이다.

4 이처럼 과학과 예술은 '발견'과 '창조'라는 말로 구분하는 분야가 아니다. 오히려 발견과 창조는 두 분야에 모두 중요한 행위이며, 과학자들과 예술가들은 이 두 가지를 위해 끊임없이 상상하고 관찰하며 탐색한다. ⑥특히 현대에 와서 전통적인 예술관이 깨지고 일상생활의 과학에서도 미적인 것을 많이 요구하면서 이러한 구분은 더욱 무의미하게 되었다. 최근에는 기술의 발전으로 인해 과학과 예술의 경계가 더욱 무너지고 있다. ⑦영화에서 이용되는 컴퓨터 그래픽은 분명히 ~~컴퓨터 기술이라는 과학에 의존을 하고 있지만~~(컴퓨터 기술로 과학을 바탕에 두고 있지만), 아주 섬세한 특징들까지 잘 표현해주는 예술이다. ⑧건축 예술의 경우에도 물결의 구조와 같은 과학적 원리에 바탕을 두고 만든 예들을 많이 찾아 볼 수 있다. 피라미드나 에펠탑과 같은 구조물들도 모두 건축가들의 과학적 지식을 거친 후에서야 만들어질 수 있었다. 이와 반대로 예술적 상상력이 과학에 영향을 준 사례들도 찾아볼 수 있다. ⑨초기의 SF 소설은 과학자들의 상상력을 자극했으며, 이를 통해 실제로 기술이 된 경우도 있다. 또한 예술은 과학이 보다 올

바른 길로 나아갈 수 있도록 도와준다. 과학적 기술이 발달한 현대 사회의 모습을 풍자한 ~~작품들을~~ ~~만들어서 현대인들을~~ 일깨워주기도 한다.
작품들은 현대인들의 일상을

→ ⑥ 전통적 예술관에 대한 설명이 필요하다. 또한 '일상생활의 과학'이라는 표현도 모호하다. 과학적 원리가 기본이 되어 있는 일상생활의 제품들이라는 명확한 표현으로 고쳐 쓰는 것이 좋다. ⑦ 영화의 컴퓨터 그래픽이 과학 원리를 바탕으로 어떻게 예술적 창조와 관련되어 있는지 보다 자세한 설명이 필요하다. 예시를 제시하는 방법으로 설득력을 높이는 것도 중요하다. ⑧ 전체 문장 정리가 필요하며, 예술작품에 과학적 원리가 전제되어야 창조로 이어짐을 강조하는 표현으로 고칠 필요가 있다. ⑨ SF소설의 기술들이 과학자들의 상상력을 자극하고 이것이 실제 기술로 이어진 사례를 제시하여 설득력을 높일 필요가 있다.

5 ⑩과학과 예술은 서로 독립적인 존재가 아닌 서로를 보완하고 영향을 주는 동반자의 관계이다. 이러한 의미에서 과학은 발견하고 예술은 창조한다는 말은 타당하지 않다.

→ ⑩ 과학과 예술이 극명한 차이를 보여주는 분야가 아니라 상호 영향관계에 있음을 제시하는 방식으로 문장을 고쳐 준다. 또한 결말의 마무리가 다소 약하다. 지금까지 전개한 내용을 요약, 정리하여 말하고자 하는 의도를 정확하게 제시하는 방향으로 수정해야 한다.

1 | 지금까지 수업시간에 쓴 글 중에서 한 편을 골라 고쳐쓰기를 해보고, 첨삭 파트너와 글을 교환하여 상대방의 글 고치기를 해보자.

2 | 다음은 영화 〈다크 나이트〉를 감상 후 '인간의 타락 본능'과 관련하여 영화를 분석한 학생의 글이다. 고쳐쓰기를 적용해보자.

「인간의 타락본능을 깨우다」

우리는 학창시절 윤리시간에 '성선설'이라는 학설을 들어 본적이 있다. 성선설이란 인간의 타고난 본성은 선하지만 나쁜 환경이나 그릇된 욕망 때문에 악하게 된다고 주장하는 학설이다.

영화 <다크 나이트>는 성선설에 근거하여 제작된 영화라고 볼 수 있다. 나는 이 영화를 영화의 주인공인 '조커'와 '하비 덴트'의 관점에서 인간의 타락과 그 타락을 야기하는 주변 환경에 초점을 맞추고 관람을 하였다.

많은 영화나 이야기들의 악당은 그들의 적수인 영웅을 제거하는 것으로 묘사되었다. 하지만 주인공 '조커'의 원초적 목적은 배트맨을 제거하는 것이 아니라 그저 쾌락을 추구하는 인물이다. 본질적으로 코저의 행동이나 심리의 밑바탕에는 인간의 숨기고 싶은 본성을 끄집어내고 그것을 관찰하며 즐기는 미치광이로 볼 수 있다.

연습문제

조커에게 있어 살인, 협박, 절도 등 수 많은 범죄는 단순히 '놀이'로 해석된다. 영화 시작 부분에서 조커는 자신과 함께 은행털이를 할 때 자신의 공범들을 주저 없이 죽이는데 이는 시작부터 조커의 놀음이 시작된다. 공범을 주저 없이 죽이면서 그로인해 자신의 이익이 늘어나기 때문이다. 또한 조커가 이러한 '놀이'를 즐기게 되는 이유를 함축적으로 나타내는 부분은 은행털이 마지막 장면에서 '나는 죽을 고비를 넘긴 사람은 이상해진다고 생각 한다'라는 의미심장한 대사를 하는데 이는 조커의 얼굴에 생긴 상처에 대한 설명이기도 하다. 부친에 의해서 생겼다고 말하기도 하고, 부인을 위해서 자해했다고 말하는 증언의 불일치 때문에 많은 사람들이 이것은 '그저 광기를 표현하기 위한 부분이다.' 라고 말하는데, 일단 조커의 입에는 흉터가 있다. 흉터가 있다는 점에서 그 흉터의 의미는 조커가 가진 사회에 대한 불신과 그가 혼돈으로 다시 태어난 과정을 말해주는 것이다. 그런 의미에서 조커가 과거에 그 나름대로 문제가 있었다는 것을 알 수 있다.

또 다른 주인공 '하비 덴트'는 고담시의 또 다른 정의의 수호자로 등장하는 인물이자 다트 나이트가 단순한 영웅을 그린 영화가 아닌 선망의 대상이자 정의의 수호자마저 타락할 수 있다는 점을 그린 관점에서 이 영화의 진정한 주인공이라고 할 수 있다. 그는 고담시의 시민들에게 지지를 받는 새로운 영웅이지만, 조커에 의해 자신의 모든 것이며 반쪽이 '레이첼'이 죽게 되고 자신 얼굴의 반을 잃게 된다. 하지만 덴트가 투 페이스(타락이라고 말할 수 있다.)가 되는 것은 그의 얼굴을 잃었기 때문이 아니라 자신의 반쪽인 '레이첼'을 잃었기 때문이다. 이 부분에서 조커가 덴트에게 말한 '혼돈 이론'이 성립 된다고 볼 수 있다. 조커가 덴트의 손에 총을 쥐어주고 총구를 자신의 머리로 향했을 때, 덴트가 바로 그를 쏘지 못한 것은 무너진 질서에 대한 혼란, 즉 공황 상태에 빠진 것이다. 그 상황에서 조커가 덴트에게 하는 말들은 '불편한 진실' 인 것이다. 이것들이 모두 결합하여 덴트를 투 페이스로 만드는 것이다. 하지만 투 페이스의 탄생에 가장 큰 기여를 한 것은 조커지만, 그는 쾌락을 좇는 사람처럼 즐거운 상황을 만들어 뒀을 뿐 그 쾌락을 즐기기 쉽도록 만드는 거은 무너진 질서이다. 그 후 덴트는 자신과 레이첼을 죽음과 반죽음으로 몰아낸 장본인들을 죽이며 더욱 타학하고 그 타락의 끝은 '고든'의 가족을 위협하는 것이다. 이것이 타락의 끝인 이유는 덴트의 전부인 레이첼이 죽음로써 고든의 가족을 위협하며 자신만 모든 것을 잃을 수 없다고 하는 것이다. 물론 이는 배트맨이 고든의 가족을 구함으로써 실패하게 되지만, 이는 조커가 말했던 '광기(타락)은 중력과도 같아서 조금만 밀어줘도 금방 떨어진다.'와 일치한다.

하지만 이 영화가 전부 '인간의 타락'만을 담은 영화는 아니다. 배트맨은 말 그대로 '무법자'로써 조커를 추격할 때 자신 앞에 있는 자동차, 짐, 더미, 문 등을 파괴한다. 물론 보상 따위는 없다. 하지만 배트맨마저 타락했다면 그는 마지막에 조커가 건물에서 떨어질 때 조커를 살려두지 않았을 것이다. 또한 하비 덴트의 생명은 구하지는 못했지만, 타락한 백기사 하비 덴트는 구하였다. 덴트가 저지른 업보를 배트맨 자신의 등에 짊어주면서 말이다. 또한 영화 후반부에 한 배엔 일반 시민이 타고 있고, 한 배에는 악질적인 범죄자들이 타고 있다. 그리고 조커는 양쪽 배에 기폭 장치를 쥐어주곤 12시까지 기폭장치를 작동시켜 한 배를 터트리지 않으면 두 배 모두 폭파시켜 버릴 것이라고 말한다. 많은 사람들이 이야기하고 필자도 생각하는 부분이지만 아마 그 기폭장치는 자신이 탑승한 배의 폭탄 기폭장치였을 것이다. 기폭장치를 누르고 그것이 자신의 것이라는 것을 알게 되었을 대의 사람들의 절망감은 조커가 말하던 '혼돈 이론'을 말하는 것 같다고 볼 수 있다.

조커가 '성선설'을 증명하려고 했던 것은 변함없는 사실이다. 그는 끊임없이 사람들을 타락으로 이끄는 '혼돈' 그 자체인 것이다.

학생 글(2011)

2. 진술의 다양한 방식과 효과

어떤 것을 글로 표현할 때, 전달해야 할 내용과 함께 반드시 고려해야 할 것은 그것을 표현하는 방식이다. 내용에 적합한 표현 방식을 선택하는 것은 의사소통을 보다 효과적으로 만드는 데 필수적인 요건이다. 이처럼 표현의 내용에 맞는 방법을 선택하여 전달하는 것을 진술 방식이라고 한다.

진술 방식은 크게 설명, 묘사, 서사, 논증으로 나눌 수 있다. 많은 글들은 이 네 가지 표현 방식이 적절하게 활용된 결과이다. 각각의 진술 방식이 가지는 특성은 표현하고자 하는 내용과 목적에 따라서 보다 효과적으로 활용된다. 설명이 객관적인 사실에 대해 이야기하는 방식이라면 논증은 어떤 명제를 논리적으로 증명하는 방식이다. 서사는 어떤 일이 일어난 순서를 이야기하는 방식이며 묘사는 어떤 것의 형태를 이야기하는 방식이다. 따라서 설명과 논증 같은 진술 방식은 주로 사실적인 것들을 전달하는 데 효과적으로 활용될 수 있다. 서사와 묘사는 사실적인 것을 전달하는 데도 활용될 수 있지만 주관적인 것들을 전달하는 데에도 효과적으로 활용된다. 그렇다고 해서 어떤 글이 설명으로만 이루어진다거나 서사로만 이루어진다는 것은 아니다. 이들 각각의 진술 방식은 각각의 글 안에서 부분적으로 활용된다.

(1) 설명

인간의 생활에 있어서 설명은 의사소통의 많은 부분을 차지한다. 우리는 늘 언어를 통해 무언가에 대해서 이야기한다. 설명은 어떤 사실이나 지식, 정보 등을 알기 쉽게 풀어 이야기하는 방식이다. 예컨대 학교에서의 강의나 학생들의 발표, 회사에서의 업무 보고 등은 무언가를 설명하는 말하기 방식이다. 백과사전이나 교과서 같은 책들의 내용은 대부분이 설명의 문장으로 이루어진다. 제품에 대한 사용 설명서와 같은 글쓰기도 마찬가지이다. 이들은 모두 어떤 사실이나 지식을 객관적으로 전달하는 행위와 관련된다. 즉 설명은 객관적인 사실과 지식, 정보 등에 바탕을 둔 지극히 객관적인 진술 방식이라고 할 수 있다. 따라서 우리는 무언가를 설명하는 데 있어 그것이 사실을 왜곡시키지 않도록 주의를 기울여야 하며 또한 체계적으로 그것이 전달될 수 있도록 숙고해야 한다.

설명이 효과적으로 이루어진다는 것은 그 설명을 듣거나 읽은 사람이 전달하고자 하는 내용을 정확하게 이해한다는 것이다. 따라서 무언가를 설명할 때에는 설명하고자 하는 대상에 대해 바르게 이해하고 그에 대한 객관적인 정보와 지식을 갖추는 것이 중요하다. 그런 다음 그것을 효과적으로 설명할 수 있는 방법에 대해 고민해야 한다. 설명의 방법에는 정의, 비교, 분류와 구분, 서사, 묘사 등이 있다. 이 중 서사와 묘사는 다른 장에서 보다 구체적으로 설명하기로 하고 이 장에서는 그 나머지 진술 방식에 대해 알아보기로 한다.

(가) 정의

어떤 것에 대해서 설명하기 위해서는 그 설명을 위해 쓰인 개념에 대한 정의가 필요하다. 정의는 어떤 개념을 해석하여 설명한 것이다. 설명하는 사람이 사용하고 있는 개념이 난해하거나 의미가 불분명할 경우 설명의 의도가 잘 전달될 수 없다. 글을 읽을 때, 오독이 일어나는 가장 흔한 경우는 개념에 대한 잘못된 이해에서 비롯된다. 따라서 전달하고자 하는 내용의 핵심적인 어휘가 다양한 뜻으로 풀이되거나 오독될 가능성이 있는 경우에는 반드시 그 개념에 대해 정확하게 정의를 내려야만 한다.

가장 기본적인 정의는 사전적 정의이다. 사전에서 풀이하는 말의 뜻이 바로 사전적 정의의 가장 좋은 예라고 할 수 있을 것이다. 사전적 정의는 유개념을 종차로 제한함으로써 이루어진다. 그런데 문제는 어떤 글을 쓰거나 어떤 주제를 가지고 토론을 할 때에는 사전적 정의만 가지고 의미 전달이 충분하게 이루어지지 않는 경우가 많다는 것이다. 논의의 과정에서 생겨나는 맥락을 통해서 어떤 개념이 의미하는 내용은 수정되고 보충되기 마련이다. 그럴 때 필자는 표현하고자 하는 내용 안에서 어떤 개념을 어떤 의미로 쓰고 있는지를 밝혀 독자의 이해를 도와야 한다. 즉 어떤 개념이 가지는 여러 가지 속성들이나 관련 사항, 논의의 맥락과 관련해서 필자의 견해를 부가함으로써 새로운 정의를 내려야 한다는 것이다. 이를 확대 정의라고 한다.

읽기자료

자물쇠란, 도난을 방지하기 위하여 문이며 서랍이며 장롱이며 금고 따위에 설치하는 방범 장치의 일종이다. 주인들은 대개 인간을 불신하고 자물쇠를 신뢰하지만 노련한 도둑을 만나면 무용지물이다. 그 자물쇠마저도 훔쳐가 버리기 때문이다. 인간들은 때론 마음의 문에까지 자물쇠를 채운다. 자물쇠를 채우고 스스로가 그 속에 갇힌다. 마음 안에 훔쳐갈 만한 보물이 빈약한 인간일수록 자물쇠가 견고하다. 그러나 그 누구의 마음을 걸어 잠근 자물쇠라 하더라도 반드시 열 수 있는 방법이 있다. 그것은 사랑의 불길로 그 자물쇠를 녹여버리는 일이다.

이외수, 『감성사전』, 동숭동, 2001.

▸▸▸ 이 글은 우리가 주변에서 흔히 볼 수 있는 자물쇠에 대해서 정의하고 있는 글이다. 필자는 자물쇠의 기본적인 정의를 내린 다음 그것의 기능적 측면과 연관지어서 자신의 견해를 부가함으로써 자물쇠의 의미를 확장시키고 있다. 이 글에서 자물쇠는 인간 마음의 어떤 측면을 설명하는 데 비유적으로 사용되고 있다.

문제

1 | 앞의 읽기자료에서 사전적 정의 부분과 확대정의 부분을 나누어보자.

2 | 자물쇠의 어떤 특성에 근거하여 확대정의를 내리고 있는지 생각해보고, 필자가 이야기하는 자물쇠의 의미가 무엇인지 이야기해보자.

3 | 앞의 읽기자료를 참고하여 다음 사항들에 대한 확대정의를 해보자.

① 학교 ② 독서 ③ 친구 ④ 음악

(나) 비교

비교는 설명하고자 하는 대상의 특성을 부각시키기 위해 다른 대상을 두고 그것과 무엇이 같고 다른지를 설명하는 진술 방식이다. 특히 두 대상 간의 차이를 부각시키는 것을 대조라고 한다. 비교는 진술의 방식이기 이전에 사고의 방식이기도 하다. 어떤 판단을 내릴 때 우리는 여러 가능성을 두고 우리가 내리려는 판단과 견주어 보는데 이것이 바로 비교이다. 비교는 대상의 특성을 파악하는 데 긴요하게 활용된다. 대상들 간의 같고 다른 점을 견주어보는 과정을 통해 구체적으로 그 대상들에 대해 이해할 수 있게 되는 것이다.

비교를 할 때 무엇보다 중요한 것은 적절한 비교 대상을 선택하는 것과 비교의 기준을 올바르게 적용하는 것이다. 비교하는 두 대상 사이에는 반드시 동일한 속성이 공유되어야 한다. 어떤 유사성도 가지지 않는 대상들은 비교의 대상이 될 수 없다. 비교 대상을 정한 후에는 두 대상 간의 유사점과 차이점을 구체적으로 진술한다. 이때 비교의 기준 또한 명확하고 구체적으로 제시되어야 한다.

비교의 방식에는 설명 대상의 속성을 전부 제시하고 다음으로 비교 대상의 속성을 전부 제시하는 일괄 비교가 있고, 설명 대상과 비교 대상의 속성을 교대로 열거하여 비교하는 요목 비교가 있다. 요목 비교의 경우에는 각 요목에 대한 기준이 그때마다 제시되기 때문에 기준이 모호해질 가능성이 적지만 일괄 비교의 경우 설명되어야 하는 속성이 누락되거나 대상 간의 비교 기준이 모호해지는 것에 주의해야 한다.

읽기자료

모든 나무는 독립 기관이다.

참나무와 소나무의 껍질은 거칠게 굴곡이 패어져 있다. 나무껍질은 엉성하고 허름해 보인다. 나무껍질에서는 산전수전의 풍상이 느껴진다. 나무는 껍질로 외계와 마주한다. 나무가 자라서 굵어지면 줄기를 감싸던 껍질은 뒤틀리고 패어진다. 같은 수종이라도 이 굴곡과 균열의 무늬는 제가끔인데, 이 무늬는 인간이 해독할 수 없는 나무의 개별성이다. 껍질은 나무의 낡은 조직이다. 이 조직이 아예 못쓰게 되면 나무는 새로운 껍질층을 만들어낸다. 나무는 낡고 허름한 외양으로 그 안쪽에서 태어나는 새로움을 보호한다.

자작나무나 물푸레나무 껍질은 얇고 기름지다. 자작나무는 종이처럼 얇은 껍질을 켜켜이 두르고 있다. 속옷을 여러 겹 끼어 입고 있다. 자작나무 껍질은 방수 효과가 커서 썩지 않는다. 신라 천마총에서 나온 천마도는 자작나무 껍질에 그린 그림이다.

굴참나무 껍질은 코르크층이 두껍고 단단해서 방수와 보온 효과가 뛰어나다. 산간마을 사람들은 굴참나무 껍질로 지붕을 덮어서 굴피집을 짓는다. 추위와 더위, 햇볕과 비바람으로부터 내부를 보호해야 하는 자의 겉모습이 말쑥하고 찬란할 수는 없을 것이다. 그래서 어린 나무조차도 그 껍질에는 살아온 세월만큼의 무게와 고통이 배어있다. 나무껍질은 상처를 받으면 진액을 분비해서 상처를 덮는다.

숲속의 많은 나무들은 이 진액이 흘러내린 자국을 드러낸다. 오래된 진액은 껍질의 무늬 속으로 배어들어가 껍질의 일부가 되어 버린다. 나무껍질은 허름한 해면 조직으로 강력하다. 그 상처의 흔적들을 들여다보면서 모든 나무는 독립 기관임을 안다.

김훈, 「나이테와 자전거－광릉수목원 산림박물관」, 『자전거 여행2』, 생각의 나무, 2004.

▸▸▸ 이 글은 수목원에 있는 나무들을 관찰하며 저자가 나무들의 특징을 비교하고 있는 글이다. 나무들의 외견상의 특징 비교로부터 시작하여 각각의 특징에 대한 작가 나름의 사유를 담아내고 있다. 또한 나무들 간의 비교에서 그치는 것이 아니라 각각의 나무들의 특징을 종합하여 나무 전반에 공통된 일반적인 속성을 작가 나름의 사유로 풀어내고 있다.

연습문제

1 | 읽기자료에서 쓰인 비교의 방식은 무엇이며 비교의 대상이 되고 있는 나무들은 어떤 나무들인지 이야기해보고 비교의 기준이 되고 있는 항목들을 정리해서 이야기해보자.

2 | 읽기자료에 나타난 속성 외에 비교할 만한 속성에 어떤 것들이 있는지 이야기해보자.

3 | 읽기자료를 참고하여 다음 사항들을 비교하는 글을 간략하게 써보자. 글쓰기에 앞서 비교의 기준에 따른 특징을 간략하게 표로 정리해보자.

① 개와 고양이 ② 동물원과 수족관 ③ 영화와 연극 ④ 야구와 축구

(다) 분류

분류는 둘 이상의 대상을 어떤 기준을 가지고 갈라서 설명하는 방식이다. 분류는 어떤 대상을 이루는 요소들을 몇 묶음으로 나누어 설명하기 때문에 덩치가 큰 대상이나 개념을 포괄적으로 이해하는 데 적합하다. 큰 범주에서 작은 범주로 차이를 부각시키며 갈라나가는 것을 구분이라고 하고, 작은 범주의 요소들의 공통점을 부각시키며 큰 개념으로 범주화시켜나가는 것을 분류라고 한다. 어떤 대상을 분류하기 위해서는 그 대상이 가지는 속성들을 잘 알고 있어야만 한다. 그리고 그 대상을 이루는 요소들 사이에 일정한 질서를 부여하는 것 혹은 그 대상을 이루는 요소들 간의 숨은 질서를 찾아내는 것이 바로 분류이다. 이는 그 대상을 나름의 방식으로 조직화하는 것과도 같다.

효과적인 분류를 위해서는 먼저 적절한 기준을 세워야 한다. 또한 일관된 분류의 기준이 끝까지 유지되어야 한다. 분류를 하는 과정에서 누락되거나 중복되는 요소가 없어야 한다는 것도 분류를 하는 데 있어서 중요한 부분이다. 그리고 분류를 통해 묶어내는 상위 요소에는 최소한 두 개 이상의 하위 요소가 포함되어야 하며 같은 상위 요소로 묶인 요소들 간에는 반드시 공통된 자질이 있어야 한다.

읽기자료

제각기 다른 모양을 가지고 있는 국수, 이러한 면은 만드는 방법에 따라서 다양하게 구분한다. 먼저 밀가루 반죽을 길게 늘여서 벌린 막대기에 감아 당긴 후 만들어내는 소면(素麵) 계열(일본과 한국의 소면, 중국의 선면), 반죽을 작은 통 사이에 넣고 눌러 뽑아내는 압면(押麵) 계열(한국의 냉면, 중국의 하수면), 반죽을 얇고 넓게 민 뒤 칼로 썰어서 만드는 절면(切麵) 계열(한국의 칼국수, 일본의 우동), 반죽을 양쪽으로 길게 늘여서 만드는 납면(拉麵) 계열(일본의 라면, 중국의 납면), 마지막으로 쌀을 갈아서 찌거나 삶은 후 칼로 가늘게 썰어 만드는 하분(河粉) 계열(동남아 쌀국수) 등으로 구분할 수 있다.

김한송, 『면(麵) 이야기』, 살림, 2012.

▸▸▸ 이 글은 면(麵)의 유래와 역사, 종류 등을 알기 쉽게 기술한 책의 일부분이다. 면(麵)이라는 큰 범주를 소면, 압면, 절면, 납면, 하분 등 작은 범주로 구분해내고 있다.

연습문제

1 | 읽기자료는 면이라는 상위 범주의 사물을 구분의 체계에 맞추어 하위 범주로 갈라내고 있는 글이다. 읽기자료에서 구분의 기준이 무엇인지 이야기해보자.

2 | 글을 참고하여 보다 세분화된 구분 체계를 만들어 표로 작성해보자.

3 | 이 글을 하위 범주로부터 상위 범주로 묶어나가는 분류의 체계에 맞춰 다시 써 보자.

(2) 묘사

감각은 인간을 이루는 한 축의 힘이다. 묘사의 대상이 되는 것은 바로 우리가 감각한 것들이다. 보았던 것, 들었던 것, 감촉한 것을 보지 못하고 듣지 못하고 감촉하지 못했던 사람에게 마치 그들이 실제 감각하는 것처럼 느낄 수 있게 전달하는 방식이 묘사이다. 즉 묘사는 표현하는 대상의 구체적인 모습을 언어로써 생생하게 드러내는 진술방식이다.

묘사의 본질은 지금 여기에 있지 않은 것을 표현하는 데 있다. 여기에 없는 것을 마치 여기에 있는 것처럼 표현한다는 점에서 본질적으로 묘사는 회화와도 상통하는 부분이 있다. 회화에서의 묘사가 색채와 형상을 재현함으로써 감각적으로 성취된다면 말하기나 글쓰기에서의 묘사는 그 감각적인 것들을 언어 표현을 통해 성취해야 한다는 점이 다를 뿐이다. 묘사는 대상에 대한 지식을 가지고 이야기하는 것이 아니라 그 외형적인 특징을 이야기하는 것이다. 그렇다고 해서 묘사를 하는 데 있어 대상에 대한 지식이 전혀 필요 없는 것은 아니다. 적어도 대상의 외형에 대해서 충분히 알고 있어야만 정확한 묘사가 가능하기 때문이다.

따라서 묘사를 잘 하기 위해서는 대상의 세부까지 세세하게 파악하는 관찰력과 세부를 전체상으로 통합하는 능력을 길러야만 한다. 객관적인 대상에 대한 표현이기 때문에 묘사는 다분히 객관적인 진술 방식인 것 같지만 꼭 그렇지만은 않다. 묘사에는 대상에 대한 느낌이나 정서를 환기하는 기능이 있다. 따라서 대상을 관찰하고 묘사하는 사람의 개성적인 시각과 독자적인 표현이 그 속에 포함되게 마련이다. 흔히 문학 작품 등에 나타나는 인물이나 배경 등에 대한 세밀한 표현을 묘사라고 부르는데 이와 같은 예술적 효과를 위한 묘사는 암시적, 주관적인 시각을 통한 관찰과 그에 대한 심미적 표현으로 이루어진다. 한편 묘사는 실용적인 목적을 위해서도 활용되는데 이때는 과학적, 객관적인 시각을 통한 관찰과 그에 대한 설명적 기록이 주가 된다. 전자를 문학적 묘사, 후자를 과학적 묘사라고 부른다.

과학적 묘사는 대상에 대한 객관적인 정보 전달을 목적으로 하기 때문에 정확하고 간명한 표현과 체계적인 설명의 순서를 정하는 것이 중요하다. 문학적 묘사는 대상에게서 받은 느낌을 보다 생생하게 감각적으로 전달되게 하는 데 그 목적이 있기 때문에 전달을 받는 이가 실감나게 느낄 수 있도록 상상적인 효과와 정서적인 실감을 살리는 것이 중요하다. 문학적 묘사에서는 비유적인 표현들이 종종 사용되는데 이는 묘사의 본질인 사실성을 훼손하기 위한 것이 아니라 생생한 실감을 살려내기 위한 것이다.

효과적으로 대상을 묘사하기 위해서는 대상에 대한 부분적이고 세밀한 관찰을 통한 인상들이 짜임새 있게 엮어져야 한다. 감각된 것을 단편적, 파편적으로 나열하는 것만으로는 묘사가 성립되지 않는다. 좋은 묘사를 위해서는 대상을 바라보는 시각이 확실히 정해져야 하며 대상에게서 받은 지배적인 느낌에서 세부적인 인상으로 나아가는 과정이 드러나야 한다. 또한 모든 세부들을 무작정 나열하게 된다면 전체적인 모습이 오히려 잘 드러나지 않으므로 묘사에 있어서의 우선순위를 정하고 전체상을 조망하는 데 걸림돌이 되는 부분이 있다면 묘사에서 제외하는 결단력도 필요하다.

읽기자료

나는 그 사나이의 사진을 석 장 본 적이 있다.

한 장은 그 사나이의 유년 시절이라고나 해야 할까. 열 살 전후로 추정되는 때의 사진인데, 굵은 줄무늬 바지를 입은 아이가 여러 여자들에게 둘러싸여(그 아이의 누나들, 누이동생들, 그리고 사촌 동생들로 생각된다.) 정원 연못가에 서서 고개를 왼쪽으로 삼십 도쯤 갸우뚱 기울이고 보기 흉하게 웃고 있다. 보기 흉하게? 그렇지만 둔감한(미추 따위에 관심이 없는) 사람이라면 그냥 지나가는 말로 “귀여운 도련님이군요.”라고 적당히 사탕발림을 해도 그것이 괜한 공치사로는 들리지 않을 만큼은, 말하자면 통속적인 ‘귀염성’ 같은 것이 그 아이의 웃는 얼굴에 없다는 것은 아니다. 그러나 조금이라도 미추에 대한 감식안이 있는 사람이라면 언뜻 보기만 해도 금방 몹시 기분 나쁘다는 듯이 “정말 섬뜩한 아이군.” 하고 송충이라도 털어내듯이 그 사진을 내던져 버릴지도 모른다.

정말이지 그 아이의 웃는 얼굴은 자세히 보면 볼수록 뭐라 표현할 수 없는 섬뜩하고 으스스한 것이 느껴지는 것이다. 애당초 그건 웃는 얼굴이 아니다. 이 아이는 전혀 웃고 있지 않다. 그 증거로 아이는 양손을 꽉 쥐고 서 있다. 사람이란 주먹을 꽉 쥔 채 웃을 수는 없는 법이다. 그것은 원숭이다. 웃고 있는 원숭이다. 그저 보기 싫은 주름을 잔뜩 잡고 있을 뿐이다. '주름투성이 도련님'이라고 부르고 싶어질 만큼 정말이지 괴상한, 왠지 추하고 묘하게 욕지기를 느끼게 하는 표정의 사진이었다. 나는 지금까지 이렇게 괴상한 표정의 소년을 본 적이 한 번도 없다.

다자이 오사무, 『인간실격』, 민음사, 2004.

▶▶▶ 이 글은 다자이 오사무의 『인간실격』의 시작 부분이다. 소설의 주인공이 되는 인물의 사진을 본 화자가 그 사진에 대해 묘사하고 있는 부분으로 이후 나타나는 주인공의 성격을 드러내는 데 효과적으로 기능하고 있다. 이 글에서는 사진의 전체적인 구도에 대한 사실적인 묘사와 함께 글쓴이의 주관적인 느낌을 세세하게 묘사함으로써 사진 속 소년의 모습을 생생하게 느낄 수 있게 해준다.

연습문제

1 | 읽기자료에서 과학적 묘사에 해당하는 부분과 문학적 묘사에 해당하는 부분을 찾아보자. 문학적 묘사에서 사용되고 있는 표현과 효과에 대해 이야기해보자.

2 | 읽기자료에서 묘사된 소년의 모습을 통해 이 소설의 주인공의 성격을 유추해본 후 실제로 소설을 읽어보자. 소설을 읽은 후 자신이 묘사문을 통해 유추했던 주인공의 성격과 소설을 통해 드러난 주인공의 성격 사이에 어떤 차이가 있는지 생각해보자. 그 차이가 어디서 발생하는지 생각해보자.

3 | 자신이 가지고 있는 사진을 한 장 선택하고 읽기자료를 참고하여 사진을 묘사해보자. 과학적 묘사와 문학적 묘사를 적절히 활용하도록 하자.

(3) 서사

우리는 일어난 어떤 일에 대해서 이야기해야 할 때가 있다. 일어난 어떤 일의 시작부터 끝까지를 이야기하는 방식을 서사라고 부른다. 서사는 어떤 일이 일어난 전말, 즉 시간의 흐름에 따른 일의 진행 상황을 이야기하는 방식이다. 따라서 서사의 진술 방식으로 어떤 일에 대해서 이야기한다고 할 때 그 속에는 반드시 시간의 흐름이 포함되어야 한다. 그런데 어떤 일이 시작되고 진행되는 과정을 그저 시간의 순서에 따라 이야기하는 것이 서사의 본령은 아니다. 서사의 본령은 오히려 어떤 일이 왜 일어났고 그것이 어떤 원인에 의해 그러한 결과로 이어졌는가를 알아보는 데 있다. 즉 서사란 어떤 일이 진행된 과정을 단순하게 진술하는 것이 아니라 일어난 일의 시작에서 끝까지의 인과적인 과정을 드러내어 이야기하는 것이다.

말이든 글이든 표현되는 내용이 그것을 수용하는 사람에게 제대로 전달되기 위해서는 수용자의 흥미가 전제되어야 한다. 따라서 공적인 말하기나 독자를 상정한 글쓰기에서 생활 속에서 일어나는 자질구레한 일상적이고 당연한 일들은 서사의 대상이 되지 못한다. 서사를 통해 이야기되는 것들은 대개 어떤 특별한 일들이다. 그 특별한 일을 우리는 사건이라고 부른다. 누구나 예측할 수 있는 결말, 아무런 감흥을 자아내지 못하는 일상적인 일들은 누구의 흥미도 끌 수 없기 때문에 사건이 되지 못한다. 예컨대 비교적 규칙적인 생활을 하는 사람의 평소와 다르지 않은 하루는 사건이 될 수 없다. 하지만 규칙적인 생활을 하는 사람에게 어느 날 갑작스런 방문객이 찾아와 평소와는 다른 하루의 끝을 맞게 됐다거나 평소와는 다른 어떤 일이 일어나 생활의 새로운 규칙이 생기게 됐다면 그건 사건이라고 할 수 있을 것이다. 즉 어떤 일이 일어난 시점의 상황과 끝나는 시점의 상황의 변화가 클 때 그 일은 사건이 된다. 물론 이 때의 변화는 의미 있는 변화여야 한다.

서사는 '도대체 무슨 일이 일어났는가?'라는 궁금증에 의하여 추동되는 진술 방식이다. 예컨대 '왕이 죽었다. 그리고 왕비도 죽었다'라고 기술한다면 두 문장 사이에 인과성은 크게 부각되지 않는다. 그러나 이 두 문장을 '왕이 죽었다. 그래서 왕비도 죽었다'라고 고쳐 쓴다면 두 문장 사이에는 인과성이 부각되며 두 죽음 사이에 '도대체 무슨 일이 일어났는가?'라는 궁금증을 유발하게 된다. 이 궁금증은 왕과 왕비가 죽은 사건의 전말에 대한 궁금증으로 이어지며 그 전말에는 두 죽음을 연관 짓는 사건성이 발생한다. 그렇게 궁금증을 자아낼 수 있는 특별한 일이 사건이 되며 그 사건에 대해 잘 알고 있는 사람이 그것을 잘 모르는 사람에게 사건의 전말을 전달하는 것이 바로 서사이다. 시간의 변화에 따른 사건이나 상황의 변화, 인물의 성장 등을 이야기하는 방식인 서사는 문학 작품에 흔히 사용되는 방식이다. 그러나 그렇다고 해서 서사가 문학 작품의 서술에만 한정되는 진술방식은 아니다. 사실적인 내용을 전달할 때에도 서사는 활용된다. 다만 사실적인 글에서는 진술의 대상이 되는 어떤 일의 사건성보다는 객관적 사실에 기반한 인과성과 시간의 흐름에 따른 서사의 과정이 좀 더 부각된다. 이를 설명적 서사라 부를 수 있을 것이다. 설명적 서사의 목적은 시간의 흐름에 따른 사건의 전말을 알기 쉽게 설명하는 데 있다.

읽기자료

미국은 패스트푸드의 천국이다. 또한 체인점의 나라다. 미국음식 하면 맛이나 문화를 떠올리기보다는 손쉽고 싸게, 많이 먹을 수 있는 음식이라고 생각하는 사람이 많고 그건 1995년, 미국행 비행기에 몸을 실은 나 역시 마찬가지였다. 미국에 도착해서는 뉴욕 외곽의 아파트에 사는 누이 집에 머물렀고 밖에 나가서도 술집 아니면 한식당에나 드나들었으므로 도대체 미국음식다운 미국음식을 먹어볼 기회가 없었다.

그러던 차에 연수를 와 있던 선배와 함께 워싱턴을 다녀오게 되었다. 갔다오는 길에 미국 동부 최대의 도박도시인 어틀랜틱씨티에 들러 미국 도박계를 평정 내지 박살내자는 기마민족의 후예다운 원대한 계획을 세우고 출발한 길이었다. 워싱턴에서는 워싱턴 스퀘어며 스미소니언박물관을 돌아다니면서 노점에서 대충 끼니를 해결하고 호텔로 돌아와 맥주와 켄터키치킨을 먹으며 월드씨리즈를 보는 것으로 일정을 마감했다. 다음날 오전에 전날과 비슷한 메뉴로 배를 채우고 드디어 어틀랜틱씨티로 출발했다.

고속도로를 달리다가 우리의 국도에 해당하는 길로 막 빠져나왔을 때 배가 고파오기 시작했다. 그러면서 '뭐 좀 특별한 음식이 없을까. 이 시골 아니면 못 먹는 그런 음식 말이야. 매일 똑같은 체인점에서 남들하고 똑같은 음식 먹는 것도 좀 지겹네'라는 대화가 우리 둘 사이에 오갔다. 우리는 길가에 우리나라 국도변의 가든처럼 흔한 몇몇 체인점을 그냥 지나쳤고 뭔가 특별한 게 나와 주기를 기대하면서 삼십여 분을 더 갔다. 가을이었고 세상은 황금빛으로 물들어 있었는데 그림같이 생긴 집들이 어쩌다 한두 채씩 띄엄띄엄 있는 것이 어쩐지 쓸쓸하게 느껴지기도 했다.

결국 우리는 남다른 음식점을 찾아내고 그 앞에 차를 세웠다. 버거킹도 맥도날드도 켄터키치킨도 아닌, 그 지역 이름을 딴 자그마한 식당이었다. 안에 들어가자 촌스럽게 생긴 처녀 혼자서 우리를 맞이했다. 텔레비전을 보면 패스트푸드, 체인점과 함께 총의 천국이기도 한 이 나라에서 처녀 혼자 장사를 하는 걸 보니 시골은 시골인 듯했다. 처녀와 몇 마디 말을 주고받은 선배는 시간이 지났든가 이르든가 해서 주방 아줌마가 주방에 없다고 했다. 따라서 우리 식으로 하면 가정식 백반 같은 건 먹을 수가 없으며 쌘드위치나 햄버거 같은 간단한 음식은 가능하다고 하는 것이었다.

그렇다고는 해도 이 집의 음식은 체인점과는 뭔가 좀 다를 것 같았다. 메뉴는 아크릴 판으로 계산대 위쪽에 붙어 있었는데 그중에 상당히 특이한 이름이 눈에 띄었다. 'HICKE BURGER'가 그것이었다. 나는 그 특이함에 감동, 덮어놓고 그걸로 먹겠다고 선언했다. 뭔가 특별한 걸 먹자는 거듭된 내 주장에 선배 역시 그 발음하기 어려운 버거를 먹는 데 동의했다. 그의 발음관에 다르면 그건 '히키 버얼거' 또는 '히케 벌거'였다. 나는 전문가인 그가 발음 연구를 계속하도록 놓아두고 그 처녀에게 흰 바탕에 검은 아크릴 글자가 붙여진 메뉴를 가리키며 "투"하고 손가락 두 개를 내밀었다. 처녀는 왜 그러는지는 모르지만 웃으면서 가져가겠느냐, 여기서 먹겠느냐고 물었고 나는 같은 손가락 중의 하나로 바깥을 가리켰다.

랩으로 싼 두 개의 특별한 '벌거' 또는 '버얼거', 청량음료 중짜 컵 하나씩을 든 우리는 밖으로 나와서 사방을 살피다가 아늑한 햇볕이 내리쬐는 건물 뒤편 잔디밭을 식사장소로 정했다. 소풍 온 기분으로 잘 다듬어진 잔디밭에 앉아 우리는 흔치 않은 점심을 먹기 시작했다. 패스트푸드라고 해도 처음 와본 시골에서나 맛볼 수 있는 맛이었다. 정감 있고 고유한 맛이 살아나 있었으며 무엇보다 따뜻한 느낌이 좋았다. 내 말에 선배도 고개를 끄덕였다. 나는 이렇게 맛있는 '벌거'가 세상에 널리 알려지지 않은 게 이상하긴 하지만 우리에게는 다행한 일이다, 이 정도로 맛있는 걸 보면 '히케'는 코네티컷이나 씨애틀처럼 미국의 원주민신화 또는 영웅과 연관이 있는 이름이 틀림없다. 가는 길에 정확한 발음을 물어보고 가자고 했다.

그리하여 그 특별한 장소와 시간과 식사를 누리고 돌아오는 길에 우리는 처녀에게 그 '벌거'의 이름을 다시 들을 수 있었다. 그건 '히케'도 '하이키'도, 내 주장대로 H가 묵음이어서 '이케'인 것도 아닌, 치킨버거(CHICKEN BURGER)였다. 메뉴판이 오래되어 아크릴 글자 C와 N이 떨어져 나간 것이었다. 처녀가 마구 웃어대는 이유를 이번에는 알 것 같았다.

성석제, 「아주 특별하고 신화적이고 개성적이며 영웅적인 '벌거'」, 『소풍』, 창작과비평사, 2006.

▶▶▶ 이 글은 미국을 여행하며 겪은 일을 재미있게 엮어낸 에세이다. 외국을 여행할 때 흔히 겪게 되는 체험을 시간의 흐름에 따라 적어가고 있다. 글 속에서 작가는 음식의 이름을 오인하게 되는데 그것을 중심 사건으로 하여 어떻게 해서 그런 일이 일어나게 됐는가를 유머러스하게 밝혀내고 있다.

문제

1 | 읽기자료를 읽고 이 글 안에서 일어난 '사건'이 무엇인지 이야기해보자.

2 | 글에서 일어난 일의 원인과 결과를 찾아서 이야기해보자.

3 | 가까운 전시회에 다녀와서 전시회의 관람기를 써보자. 읽기자료를 참고하여 인과 관계가 분명히 드러날 수 있도록 하자.

(4) 논증

자신과는 다른 생각과 의견을 가진 사람으로 하여금 자신의 생각이나 의견을 수용하게 만드는 것은 쉬운 일이 아니다. 우리는 모두 각자의 경험과 사유를 통해 형성된 주관에 기대어 살아가고 있기 때문이다. 자신의 생각을 타인이 수용하게 만드는 것을 설득이라고 하는데 사회생활을 하는 데 있어서 우리는 아주 사소한 일에서부터 매우 중요한 일에 이르기까지 다양한 설득의 상황에 놓이게 된다. 자신의 의견을 설득력 있게 제시해야 하는 상황에서 자신만의 생각을 너무 강한 어조로 드러내어 역으로 상대방의 반감을 사게 된 경험은 누구에게나 있을 것이다. 또한 상대방을 설득시키려는 의도가 도리어 상대방에게 설득당하는 계기로 작용하게 된 경험도 있을 것이다. 이는 설득에 대한 이해와 훈련이 부족하기 때문에 발생하는 문제이다.

설득에는 감성에 호소하는 방식과 이성에 의지하는 방식이 있다. 이성에 기대어 설득을 할 때 가장 중요한 것은 논리이다. 누구나 자기만의 주관으로 어떤 일을 바라보기 때문에 자기와 다른 주관에 의해 주장된 사실을 아무런 비판 없이 받아들이는 경우는 거의 없다. 내 생각을 논리화하여 전달하는 과정은 내 생각에 대한 타인의 의혹을 불식시키는 과정이라고도 할 수 있다. 자신의 생각이 어떠하고 그 생각이 어디에서 비롯되어 어떤 과정을 거쳐 그런 결론에 이르게 되었는지 논리적인 연관성을 갖고 제시되었을 때, 우리는 그 의견에 완전히 공감하기는 어렵더라도 어느 정도 수긍할 수 있게 된다. 이렇게 자신의 생각을 논리화하여 체계적으로 전달하는 진술 방식을 논증이라고 부른다. 논증은 이성에 기대어 누군가를 설득할 때 반드시 이루어져야 하는 진술 방식이다.

논증은 주장과 근거 혹은 결론과 전제로 이루어진 일련의 명제를 말한다. 주장에 내포될 수밖에 없는 주관성을 객관적인 근거를 통해 정당화하는 논리화의 과정을 거쳐 논증은 성립된다. 논증이 잘 이루어진 글은 매우 논리적이다. 논증의 과정 자체가 논리화의 과정이기 때문이다. 논증적인 글을 잘 쓰기 위해서는 먼저 논리적인 사고를 할 수 있어야 한다. 그런데 논리적인 사고란 어느 순간 논리적인 사고를 하겠다고 결심해서 할 수 있는 것이 아니다. 논리적인 사고를 하기 위해서는 평소에 자신의 생각이 어떤 것인지 분명히 하는 습관이 필요하다. 그리고 자신의 생각이 잘못되었을 수 있다는 가정하에 그 생각을 뒷받침하는 근거들을 꼼꼼히 검토하는 버릇을 들이는 게 좋다. 근거를 검토하는 과정을 성급히 마무리 짓지 않는 것도 중요하다. 근거를 수집하고 근거와 주장을 연관 짓는 과정은 치밀한 추론을 통해 이루어져야 한다. 이 과정이 성급히 이루어질 때 주장과 근거 사이에 논리적인 비약이 발생할 수 있다. 다시 말해 근거로부터 결론에 이르는 과정을 최대한 지연시키면서 의심이 생길 여지를 없애야 한다는 것이다. 다른 사람의 말을 듣고 그 속에 숨어있는 논증의 과정을 세심하게 관찰하는 것도 논리적인 사고에 도움이 된다. 누군가가 그 사람의 의견을 피력할 때, 그가 결론적으로 내세우는 주장이 어떤 것이고 그 근거가 되는 것은 어떤 것인지 구분지은 다음, 그 논리적 전개 과정이 타당한가를 생각하는 것이다. 그리고 무엇이 어떻게 잘못되었는지 혹은 무엇이 어떻게 좋은지 구체적으로 분석하는 훈련을 한다면 자신의 논리를 갖추는 데에도 많은 도움이 될 것이다. 논증의 훈련은 글쓰기 훈련임과 동시에 사고의 훈련이기도 하기 때문에 논증적인 글을 쓰고 읽는 행위는 논리적인 사고 능력을 기르는 일이기도 하다.

논리적인 사고를 하는 사람들은 결코 주장을 일방적으로 강요하지 않는다. 그들은 무척 신중하게 사고를 전개하고 타인의 사고뿐만 아니라 자신의 사고에 대해서도 비판적이고 분석적인 태도를 가진다. 또한 그 사고를 전달하는 데에도 많은 공을 들인다. 무작정 자신의 주장을 내세우지 않고 오히려 근거를 조리 있게 제시하려 노력한다. 잘 쓰여진 논증적인 글에서 주장은 여러 번 반복되어 드러나지 않는다. 주장이 드러나는 것은 처음과 마지막 부분이며 그 또한 장황하게 펼쳐지는 것이 아니라 매우 간명하고 분명하게 제시된다. 논리적인 글에서 글의 대부분을 차지하는 것은 치밀한 추론의 과정이다. 올바른 전제에서 출발하여 추론의 과정이 치밀하고 충분하게 제시되어 있다면 결론은 자연스럽게 따라오기 때문이다.

치밀한 추론의 과정을 위해 꼼꼼히 검토해야 할 것은 추론에 동원되는 근거들이다. 첫 번째로 근거의 수용 가능성을 보아야 한다. 근거는 객관적이고 사실적이어야 한다. 그러나 우리는 우리가 찾는 근거가 참인지 직접 확인할 수 있는 방법이 없다. 예컨대 근거로 제시되는 어떤 자료에 한 해 교통사고 사망자수가 5,000명이었다는 사실이 실려 있을 때, 이게 참인지 아닌지를 확인하는 가장 정확한 방법은 일일이 가서 세어보는 것이다. 하지만 이는 실현 불가능한 일이다. 따라서 이 근거가 사실이라고 할 만한 것인지 아닌지를 파악하는 것이 중요하다. 근거의 소재가 신뢰할 만한 것인지를 알아본다거나 다른 자료들과의 비교를 통해 근거에 신빙성이 있는지를 파악해내야 한다. 이것이 바로 근거의 수용 가능성이다. 근거가 참이라고 받아들여질 만한 것이라는 판단이 내려진다면 근거의 수용 가능성은 충족된다고 할 수 있다. 두 번째로 근거의 충분성을 고려해야 한다. 주장에 딱 들어맞는 근거라고 하더라도 그 근거의 사례가 너무 적다면 적절한 근거가 되지 못한다. 그 근거는 매우 예외적인 사례일 수도 있기 때문이다. 예컨대 안락사를 반대하는 근거로 생명 연장 장치를 떼었을 때 자발적 호흡으로 소생하게 된 어느 할머니의 예를 든다면, 그건 주장에는 부합하는 근거일지는 모르겠으나 주장에 타당성을 부여하기에는 너무나도 특수한 사례가 될 것이다. 특수하고 예외적인 사례는 해석의 여지가 다양하므로 좋은 근거가 되기 힘들다. 다른 해석의 여지가 없을 만큼의 충분한 근거를 갖췄을 때 비로소 주장에 힘을 실어줄 수 있다. 세 번째로 살펴봐야 하는 것은 근거의 타당성이다. 이는 근거와 주장 간의 논리적 연관성을 의미한다. 근거의 수용 가능성을 충족시키고 충분성을 갖추더라도 그 근거가 주장과 직접적으로 연관이 되지 않는다면 그 근거는 아무런 의미가 없을 것이다. 또한 그렇게 직접적으로 주장과 연관되지 않는 근거를 주장과 연관시키기 위해서 무리한 추론을 하게 된다면 오히려 설득력을 약화시키게 된다. 이와 같은 점을 염두에 두고 근거를 활용한다면 추론의 과정이 훨씬 수월해질 것이다.

논리적인 글은 추론의 과정뿐만 아니라 언어 표현에도 매우 신중하다. 극단적인 표현은 논리적인 글에는 독이 된다. 주장을 강하게 드러내고자 하는 욕심에 지나치게 단정적이고 확정적인 표현을 사용하게 된다면 도리어 반감을 사기 쉽다. 논리적인 글에서 설득력을 만들어내는 것은 치밀한 논리이지 강한 어조가 아니다. 따라서 가급적 사려 깊은 인상을 주는 조심스런 표현을 쓰는 것이 좋다. 그만큼

글쓴이가 사려 깊게 생각을 전개했을 것이라는 인상을 줄 수 있기 때문이다. 예컨대 "절대로", "아무도", "무슨 일이 있어도", "전부", "항상" 같은 표현보다는 "거의", "대체로", "아마도", "~라고 볼 수 있다"와 같은 표현이 선호된다. 또한 지나친 수식어나 수사의 사용을 자제하는 편이 좋다. 지나친 수사나 수식어는 논리의 명료성을 훼손할 우려가 있기 때문이다. 논증적 글쓰기의 문장은 간결하면서도 건조한 것이 좋다. 되도록 주관적인 느낌을 배제해야만 설득력이 높아지기 때문이다.

논증적 글쓰기는 논리를 바탕으로 하는 글쓰기이기 때문에 논리적인 오류가 생기지 않도록 하는 것이 무엇보다 중요하다. 논리적인 사고가 완전하지 못하거나 논리적 추론의 과정이 치밀하지 못할 때 논리적 오류가 발생하게 된다. 그러나 자신의 오류를 발견하는 일은 쉬운 일이 아니다. 자신만의 생각에 갇혀있을 때 사고의 과정은 그 생각 속에서 순환하기 때문이다. 논증에 오류가 발생하는 또 다른 이유는 그 잘못된 논증이 문장의 구조나 표현상으로는 크게 잘못된 것처럼 보이지 않기 때문이다. 따라서 자신의 사고를 객관화해서 바라보지 못하거나 논리의 과정에서 발생하는 의미를 깊이 분석하지 않고 언어 표현이나 문장의 구조에만 의지할 때 오류를 피하기 어렵다. 그러므로 논리적 오류에 어떤 것들이 있는지 알아두고 다른 사람의 글이나 말 속에서 논리적 오류를 찾아보는 습관을 들인다면 논리적 오류를 줄이는 데 도움이 될 것이다. 대표적인 오류에는 다음과 같은 것들이 있다.

① 순환논증의 오류

순환논증의 오류는 결론에서 제시된 주장이 근거에서도 반복되는 오류를 말한다. 즉, 주장에서 표현만을 교묘하게 바꾸어 근거로 제시하는 오류를 말한다.

> 예) 재준이는 학생회장 선거에서 떨어졌다. 왜냐하면 학생들에게서 표를 얻지 못했기 때문이다.

얼핏 보기에는 틀린 데가 없어 보이는 자연스러운 문장이지만 주장에 해당하는 첫 번째 문장과 근거에 해당하는 두 번째 문장은 의미상으로 동일하다는 것을 알 수 있다.

② 성급한 일반화의 오류

성급한 일반화의 오류는 충분하지 못하거나 적절하지 못한 근거를 통해 결론을 일반화시키는 오류를 말한다.

예) 지하철에서 노약자석에 태연하게 앉아있는 고등학생들을 보았다. 요즘 고등학생들은 노인을 공경할 줄 모른다.

단 한 가지 사례만을 들어서 일반적인 일처럼 말하고 있음을 알 수 있다.

③ 원인 오판의 오류

어떤 일이 일어났을 때, 그 사건의 선후관계를 인과관계로 오인하여 발생하는 오류를 말한다.

예) 어젯밤에 나쁜 꿈을 꾸었다. 그래서 오늘 걷다가 넘어졌다.

일어난 두 사건 간에 아무런 인과성이 없음에도 불구하고 인과적으로 풀어내고 있음을 알 수 있다.

④ 합성의 오류

합성의 오류는 어떤 것의 부분이 가지는 속성을 그 자체도 가지고 있다고 생각하는 오류를 말한다.

> 예) 일류 연주자들이 모여 오케스트라를 만들었다고 한다. 그 오케스트라는 일류가 틀림없다.

첫 번째 문장이 참으로 성립한다고 해서 두 번째 문장이 참이란 법은 없음에도 불구하고 마치 그게 당연한 결론인 것처럼 풀어내고 있음을 알 수 있다.

⑤ 분할의 오류

분할의 오류는 합성의 오류와는 반대로 전체가 가지는 속성을 그 부분도 가지고 있다고 생각하는 오류이다.

> 예) 나정이네 식구는 모두 의대를 나왔다. 그러니까 나정이도 의대에 지망할 것이다.

첫 번째 문장과 두 번째 문장 사이에 논리적인 연관 관계가 없음에도 불구하고 둘을 연관 짓고 있음을 알 수 있다.

⑥ 의도 확대의 오류

의도 확대의 오류는 어떤 결과만을 염두에 두고 그 결과에 대한 의도를 확대 해석했을 때 발생하는 오류이다.

> 예) 그는 담배를 피운다. 담배는 폐암을 유발한다. 그는 폐암에 걸리고 싶어 한다.

첫 번째 문장에서 드러난 사실만으로는 확인할 수 없는 의도를 도출해내고 있음을 알 수 있다.

⑦ 잘못된 유비추리의 오류

잘못된 유비추리의 오류는 어떤 것과의 비교를 통하여 무언가를 설명하려고 할 때 비교 대상과의 유사성이 본질적으로 중요하고 유관한 것이 되어야 하는데 그렇지 못하여 발생하는 오류이다.

> 예) 동물들은 같은 종의 동물들과 끼리끼리 모여 산다. 사람도 동물이기 때문에 머리가 나쁜 애들은 머리가 나쁜 애들끼리만 모여서 논다.

비교 대상 간의 유사성과 그 결론으로 도출해낸 사실과는 큰 관계가 없음을 알 수 있다.

⑧ 흑백논리의 오류

흑백논리의 오류는 논의의 대상이 이것 아니면 무조건 저것이라는 극단적인 두 가지만을 구분함으로써 발생하는 오류이다.

> 예) 윤진이는 내 친구가 아니다. 그러므로 그 애는 내 적이다.

첫 번째 문장에서 두 번째 문장으로의 전개가 제3항의 가능성을 배제하고 극단적인 결론을 이끌어내고 있음을 알 수 있다.

⑨ 가설과 사실을 혼동하는 오류

가설과 사실을 혼동하는 오류는 명칭 그대로 가설을 정설로 받아들여 그 전제하에 논의를 전개함으로써 발생하는 오류이다.

> 예) 성균이가 자꾸 바쁘다며 약속잡기를 피한다. 나와 절교를 하려는 모양이다.

첫 번째 문장에서 진술되고 있는 것은 확인되지 않은 사실이다. 확인되지 않은 사실을 기정사실화하여 잘못된 결론에 이르고 있음을 알 수 있다.

⑩ 논점 일탈의 오류

논점 일탈의 오류는 어떤 주장을 뒷받침하기 위한 근거가 주장의 논점과는 맞지 않을 때 발생하는 오류이다.

> 예) 청소년 범죄를 막기 위해 대책을 세워야 한다. 범죄로 치닫는 많은 청소년들이 열악한 환경 속에서 자라났다는 연구 결과가 있다. 즉 그들은 행복하지 못하다는 것이다. 그렇다면 행복은 뭘까? 행복의 사전적 의미는 "생활에서 충분한 만족과 기쁨을 느낌"이다. 우리는 행복해지기 위해서 많은 노력을 해야 한다.(…)

논지를 전개하기 시작했을 때와 논지의 전개 방향이 다르게 나가고 있음을 알 수 있다. 그 결과 글의 처음 의도와는 전혀 다른 이야기가 되어버렸다.

⑪ 애매어의 오류

애매어의 오류는 어떤 단어가 두 가지 이상의 중의적 의미를 가지고 있을 때 그 의미를 분명히 하지 않아 발생하는 오류이다. 특히 의미를 전달하는 데 있어서 핵심적인 용어에 이 같은 오류가 발생하게 되면 논리가 의도와는 전혀 다른 결론에 이르게 된다.

> 예) 인간은 모두 죄인이라는 말을 책에서 읽었다. 그래서 나는 오늘 경찰서에 자수하러 갈 생각이다.

상징적인 의미로 받아들여야 하는 단어를 사전적인 의미로 받아들이고 있음을 알 수 있다.

⑫ 은밀한 재정의의 오류

은밀한 재정의의 오류는 어떤 단어의 뜻을 그 단어를 쓰는 사람이 자의적으로 해석하여 변형시켰을 때 발생하는 오류이다.

> 예) 사람은 모두 평등하다고 하는데 이는 개개인의 개성을 존중하지 않은 잘못된 말이다. 어떻게 사람이 모두 똑같을 수 있겠는가!

단어가 가지고 있는 원뜻을 자기 마음대로 파악하여 잘못된 결론을 도출해내고 있음을 알 수 있다.

⑬ 강조의 오류

강조의 오류는 문장의 문맥을 고려하지 않고 문장의 한 부분만을 강조하여 받아들였을 때 발생하는 오류이다.

> 예) 네 원수를 사랑하라는 말이 있다. 나는 아무하고도 원수를 진 적이 없기 때문에 아무도 사랑하지 않는다.

문장이 의미하는 전체적인 뜻을 고려하지 않고 한 부분만 강조하여 받아들인 결과 잘못된 결론에 이르고 있음을 알 수 있다.

문제 다음 문장들이 범하고 있는 오류가 무엇인지 얘기해보자.

1. 아이돌 중에서 나는 수지와 설리와 크리스탈이 예쁘다고 생각한다. 그들은 모두 94년생이다. 94년에 태어난 여자들은 모두 예쁘다.

2. 이 휴지통은 서울시민 모두의 재산입니다. / 나도 서울시민이니까 이건 내 거네? 집에 가져가야지.

3. 물은 액체이다. 물은 산소와 수소로 이루어져 있다. 그러므로 산소와 수소는 액체이다.

4. 3과 1은 홀수이다. 4는 3과 1이 더해진 수이다. 그러므로 4는 홀수이다.

5. 너, 나 좋아해? / 아니 / 그렇구나. 넌 날 싫어하는구나.

6. 전에 집에 나방이 들어온 다음날 비가 왔거든. 어제 집에 나방이 들어왔으니까 오늘은 비가 올 거야.

7. 나도 강아지를 좋아하고 너도 강아지를 좋아하는 걸 보니까 우린 살아온 환경이 비슷한가 봐.

8. 앞으로의 세계는 지식 사회다. 지식 사회는 지식공유 사회라고 할 수 있다. 지적 재산을 공유할 수 있어야 한다는 말이다. 그러므로 소프트웨어는 얼마든지 복제해서 써도 된다.

9. 교정을 거닐다가 돌부리에 걸려 넘어질 뻔했는데 선준이가 옆에서 잡아줘서 넘어지지 않았다. 아무래도 선준이가 나를 좋아하는 거 같아.

10. 빵이 아니면 죽음을 달라. / 빵이 없으면 케이크를 먹으면 되잖아요.

11. 내가 한 말은 모두 사실이야. 왜냐하면 나는 거짓말을 하지 않거든.

12. 그가 운전 미숙으로 전봇대를 들이받은 것은 사실입니다. 그러나 전봇대가 무너진 것은 그의 탓이 아닙니다. 전봇대를 만들 때에 필요한 함량의 시멘트를 사용하지 않았기 때문입니다. 이는 도시 정책에 문제가 있음을 의미합니다.

13. 외국에 여행을 다녀온 친구가 호객 행위를 하는 사람에게 엄청난 바가지를 썼다고 했다. 외국인들은 모두 사기꾼이다.

14. 우리 아들이 그 뮤지컬을 보고 와서 뮤지컬 배우가 되겠다며 학교를 그만두겠다고 합니다. 그 뮤지컬 관계자 전원을 고소하겠소.

15. 밥 먹었어? / 아니. / 아~ 빵 먹었구나.

읽기자료

'상상'(想像)이란 말은 코끼리를 한 번도 본 적 없는 중국 사람들이 인도에서 온 코끼리뼈만 가지고 '코끼리의 형상을 머릿속으로 그렸다'는 데서 유래했다. 이 어원은 '상상력'의 핵심을 정확히 짚고 있다. 우리가 무언가를 제대로 상상하려면 '코끼리의 뼈'라는 현실적 토대 위에서 해야 한다는 것. 다시 말해 세상의 모든 상상력은 '과학적 상상력'이어야 한다. 그러나 '코끼리뼈'만으로는 온전히 살아 움직이는 코끼리를 상상하기 힘들다. 그 위에 살을 붙이고 코끼리를 일으켜 세운 뒤 걷게 만드는 힘은 온전히 '예술적 상상력'의 몫이다. 따라서 과학적 상상력과 예술적 상상력이 결합할 때 비로소 '훌륭한 상상'이 완성된다.

에스에프(SF) 영화 역사상 최고의 걸작으로 손꼽히는 스탠리 큐브릭 감독의 <2001 스페이스 오디세이>에는 인간 지능을 능가하는 컴퓨터 '할9000'(HAL9000)이 등장한다. 아이비엠(IBM)으로 상징되는 기술문명의 위험성을 경고하기 위해 아이비엠의 알파벳 한 글자씩 왼쪽으로 옮겨 이름 붙인 할9000은 '나는 1997년 1월 12일에 태어났다'고 영화에서 말한다.

실제로 인공지능을 연구하는 전 세계 과학자들이 1997년 그의 생일에 모여, 할9000의 생일 축하파티와 함께 현재 인공지능의 수준을 논의하는 심포지엄을 마련했다. 물론 할9000 수준의 인공지능 컴퓨터를 만드는 것은 현재로선 어렵다는 것이 결론이었지만, 흥미롭게도 과학자들은 이 자리에서 영화 속의 할9000이 과학자들에게 영감을 주었다고 고백했다. 할9000은 입술 움직임을 읽어 사람의 말을 이해하는 능력을 지니고 있는데, 여기에 착안해 입술 인식을 결합하면 음성 인식의 정확도가 15% 가까이 증가한다는 사실을 증명하기도 했다.

반대로, 과학자의 상상력이 영화감독에게 영감을 준 경우도 있다. 1959년 로버트 하인라인이 쓴 에스에프 소설 <스타십 트루퍼스>에 등장했던 '외골격'(exoskeleton)에 영감을 얻어 과학자들은 최근 인간 몸에 기계장치를 붙여 근력을 증강하는 외골격을 개발하고 있다. 미국 국방부는 군인들에게 이것을 적용할 목적으로 버클리 캘리포니아 대학 기계공학과 교수팀이 진행하는 외골격 개발을 위한 '블릭스 프로젝트'에 300억 원 이상의 연구비를 지원해 왔다. 여기에 흥미를 느낀 할리우드 영화감독 존 파브로는 블릭스 프로젝트를 진행하는 과학자들을 찾아가 20년 뒤쯤 블릭스 프로젝트가 완수되면 탄생하게 될 '외골격'에 대해 자문을 구해 그것을 스크린 위에 그대로 만들어낼 계획을 하게 된다. 그렇게 해서 탄생한 영화가 바로 <아이언맨>(2008)이다.

이처럼 20세기 영화와 과학은 예술적 상상력과 과학적 상상력이 끊임없이 상호작용하며 발전해왔다. 과학적 설정 위에서 영화적 상상력의 나래를 펼 때 에스에프 영화는 더욱 감동적이라는 사실. 100년의 영화 역사가 깨달은 평범한 진실이다. 얼마 전 한국과학기술학회와 국립과천과학관이 제1회 '에스에프 과학 영화제'를 열었다. 영화적 상상력과 과학적 상상력을 나누는 의미 있는 과학문화의 영화제로 이어지길 바란다.

정재승, 「예술적 상상력 vs 과학적 상상력」, 한겨레신문 칼럼, 2009. 11. 13.

▶▶▶ 이 글은 예술과 과학의 관계에 대한 생각을 펼쳐내고 있는 글이다. 필자는 얼핏 보기에 과학과는 대척점에 있는 것처럼 보이는 예술이 과학과 어떤 관계를 맺고 있으며 그것이 현대 사회에 어떤 영향력을 발휘하는지 흥미로운 예시를 통해 우리에게 알려주고 있다. 그리고 그 예시들이 근거가 되어 필자의 생각이 설득력 있게 드러나고 있다.

연습문제

1 | 읽기자료를 읽고 이 글이 결론적으로 전달하고자 하는 주장이 무엇인지 이야기해 보자. 또한 그 주장을 뒷받침하는 근거가 어떤 것들인지 정리해서 이야기해보자.

2 | 읽기자료를 참고하여 현대 사회가 가지는 특성을 하나 짚어내어 그에 대한 자신의 주장을 펼치는 글을 짤막하게 써보자. 반드시 둘 이상의 근거를 제시하도록 하자.

3. 올바른 글쓰기

(1) 올바른 글쓰기의 필요성

한 편의 글은 주제에 맞는 생각을 꺼내고 확장하여 구체화하는 일련의 과정을 거쳐서 완성된다. 하지만 이러한 과정을 통해 외형적으로 글의 요건을 갖추었다고 할지라도, 자세히 살펴보면 맞춤법에 맞지 않는 어휘의 사용, 잘못된 띄어쓰기, 어법에 맞지 않는 문장 등을 흔히 볼 수 있다. 그런데 글에서 발견되는 이러한 잘못된 표현을 대부분 대수롭지 않게 생각한다. 심지어 잘못된 것조차도 인식하지 못하는 경우가 많다.

한 편의 글은 주제에 맞는 내용을 구성하는 과정 못지않게 내용에 맞는 적절한 어휘의 선택이나 문법적으로 바른 표현이 뒷받침되어야 한다. 올바른 글쓰기가 되기 위해서는 무엇보다 글을 완성한 후에 잘못된 곳이 없는지 확인하는 과정을 거쳐야 한다. 그런데 요즘은 컴퓨터로 글을 쓰거나 문서를 작성하는 일이 일반화되어 있어서 글이나 문서에서 발견되는 오타나 잘못된 표현을 고치는 일을 컴퓨터 맞춤법 시스템에 의존하는 경우가 많다. 또는 본인의 언어 직관에 의존해서 고치기도 한다. 하지만 우리의 언어 직관은 때로 잘못된 정보를 주기도 하고, 컴퓨터 시스템의 맞춤법 교정조차도 바르지 못한 정보를 제공하기도 한다. 따라서 올바른 글을 쓰기 위해서는 이러한 교정 시스템에 너무 의존해서는 안 된다.

올바른 글쓰기를 위해서는 한글 맞춤법, 띄어쓰기, 표준어, 외래어 표기법, 로마자 표기법 등의 어문 규범을 이해하고 바르게 사용할 수 있어야 한다. 또한 사전과도 친해져야 한다. 일상생활에서 사전을 가까이하기 어렵다면 인터넷 사전과 친해질 필요가 있다. 인터넷 사전으로 국립국어원(http://www.korean.go.kr) 표준국어대사전을 추천한다. 이 사이트에서는 어문 규범과 관련된 다양한 자료를 무료로 제공하고 있으므로 유용하게 활용할 수 있다.

이 장에서는 단어 차원과 문장 차원으로 나누어 올바른 글쓰기에 대해서 살펴보고자 한다. 우선 단어 차원에서는 한글맞춤법과 띄어쓰기의 기본 원리를 배우고 일상생활에서 자주 틀리거나 헷갈리는 사례를 알아본다. 문장 차원에서는 문장 성분의 호응과 문맥에 맞는 표현 그리고 적절한 단어의 선택 등을 살펴본다.

(2) 올바른 단어 쓰기

좋은 글이 되기 위해서는 주제에 맞는 내용 구성과 표현이 균형을 이루어야 한다. 글의 내용에 초점을 두다 보면 글의 표현은 소홀하게 다루어지는 경향이 있다. 박동규(1997 : 55~104)에서는 '독창성, 충실성, 진실성, 성실성, 명료성, 정확성, 경제성, 정직성, 상황의 고려' 등을 좋은 글의 요건으로 제시하였다. '독창성, 충실성, 진실성, 성실성'은 글의 내용적인 측면에서 요구되는 좋은 글의 요건이라면 '명료성, 정확성, 경제성'은 글의 표현적인 측면에서 요구되는 좋은 글의 요건이라 할 수 있다. 즉, 명료성은 모호하거나 막연한 표현을 줄이고 전달하고자 하는 의미가 명확히 드러나고 쉽게 이해할 수 있게 글을 쓰는 것이고, 정확성은 어법상의 규칙을 잘 지켜 글을 쓰는 것이다. 경제성은 동일한 표현을 반복적으로 사용하지 않는 것으로 불필요한 수식어구나 완곡어법의 사용을 줄이는 것을 의미한다. 좋은 글이 되기 위해서는 내용 못지않게 표현이 중요하다는 것을 인식할 필요가 있다. 내용에 맞는 올바른 표현을 하기 위해서는 올바른 단어를 선택하는 일과 바른 문장을 쓰는 일이 병행되어야 한다.

올바른 글쓰기를 위해서 우선 한글 맞춤법과 띄어쓰기의 기본 원리를 이해하고 익힘으로써 올바른 단어를 어떻게 사용할 수 있는지 살펴보기로 한다.

(가) 어문 규범과 한글 맞춤법

어문 규범은 언어생활에서 따르고 지켜야 할 공식적인 기준으로 말에 대한 규범과 문자(표기)에 대한 규범으로 나뉜다. 말에 대한 규범은 '표준어 규정(1989년)'으로 표준 어휘와 표준 발음에 대한 규정이 있다. 표기에 대한 규범은 한글 맞춤법(1989년)이다. 외래어를 표기하는 규범으로 '외래어 표기법(1986년)'과 한국어를 로마자로 표기하는 규범으로 국어의 '로마자 표기법(2000년)'이 있다. 이 가운데

'한글 맞춤법'은 한국어를 통일된 한글 표기로 적을 수 있도록 규정한 법칙이다. 현재의 한글 맞춤법은 1933년 조선어학회(지금의 한글학회)에서 제정하여 공포한 '한글 맞춤법 통일안'을 바탕으로 하여 1988년 문교부가 확정 고시하여 1989년 3월부터 시행한 것이다. 한글 맞춤법은 6장 57항과 부록(문장부호)으로 구성되어 있다.

한글 맞춤법의 기본 원리는 제1장 총칙의 제1항에 "한글 맞춤법은 표준어를 소리대로 적되, 어법에 맞도록 함을 원칙으로 한다."라고 규정하고 있다. 한글 맞춤법의 기본 원리는 소리 나는 대로 적기와 어법에 맞게 적기로 나누어 살펴볼 수 있다.

소리 나는 대로 적기는 우리말을 한글로 적을 때 발음 나는 대로 적는 것을 의미한다. 예를 들면 [돌], [눈물], [꿈]으로 소리 나는 말을 '돌', '눈물', '꿈'으로 적는 것이다. 그런데 우리말을 표기할 때 실제 소리 나는 대로 적지 않는 경우가 많다.

(1) 꼬치, 꼳또, 꼰만
(2) 꽃이, 꽃도, 꽃만

(1)과 (2)는 소리가 같다. 그런데 한글 맞춤법에서 (1)로 적지 않고, (2)로 적도록 규정하고 있다. (2)와 같이 '꽃'으로 형태를 고정하여 적는 것이 글을 읽을 때 눈에 잘 들어오기 때문이다. 또한 '꽃'으로 형태를 고정하여 적으면 뒤에 붙는 '이, 도, 만'의 형태 또한 고정되어 어떤 말인지 쉽게 알아볼 수 있다. 이처럼 '꽃'이라는 단어의 원형을 밝혀 적는 것이 '어법에 맞게 적는 것'이다.

우리말을 적을 때 발음 나는 대로 적는 단어도 있지만 발음과 상관없이 단어의 원형을 밝혀 적어야 하는 경우도 있다. 단어의 원형을 밝혀 적는 경우가 발음 나는 대로 적는 경우보다 더 일반적이다. 하지만 이러한 규정대로 설명하기 어려운 예외적인 사례들이 많기 때문에 한글 맞춤법의 세부 규정을 꼼꼼하게 살필 필요가 있다.

(나) 한글 맞춤법의 실제

일상생활에서 헷갈리는 사례를 중심으로 한글맞춤법의 세부 항목을 살펴보기로 한다.

① 국수/*국쑤, 야단법석/*야단법썩

국어에서 받침 'ㄱ'과 'ㅂ' 뒤에 오는 자음은 예외 없이 된소리가 나지만 된소리를 표기에 반영하지 않는다. 그러나 모음이나 받침 'ㄴ, ㄹ, ㅁ, ㅇ' 뒤에 오는 자음은 된소리로 소리가 나는 경우도 있고 그렇지 않은 경우도 있다. 모음이나 받침 'ㄴ, ㄹ, ㅁ, ㅇ' 뒤에 오는 자음은 소리 나는 대로 적는다.

② 졸업 연도/*졸업 년도

'年度'는 자립적으로 쓰일 때는 '연도'가 되지만 의존적으로 쓰일 때는 '년도'가 된다. 다만 신년도, 구년도는 '신년-도, 구년-도'로 분석되는 구조이므로 '신연도, 구연도'처럼 적지 않고, '신년도, 구년도'로 적는다.

③ 작업량/*작업양, 독자란/*독자난

'量'은 '량'으로 쓰기도 하고 '양'으로 쓰기도 한다. 한자어 다음에는 '량'으로 쓰고, 고유어나 외래어 다음에는 '양'으로 쓴다. '란'이나 '난'의 경우도 동일하게 적용된다.

④ 백분율/*백분률

'율/률(率, 律, 慄)'의 표기는 모음이나 'ㄴ' 받침 뒤에서는 '율'로 쓰고, 그 외의 받침 뒤에서는 '률'로 쓴다.

⑤ 나는/*날으는

'알다, 놀다'처럼 'ㄹ' 받침을 가진 용언에 관형형 어미 '-는'이나 'ㄴ'이 연결되면 'ㄹ'이 탈락한다. '날다, 거칠다, 녹슬다'에 어미 '-는'이나 '-ㄴ'이 결합한 말은 '*날으는, *거칠은, *녹슬은'이 아니라 '나는, 거친, 녹슨'으로 적는다.

⑥ 머리말/*머릿말, 인사말/*인삿말

'머리말', '인사말'은 '*머릿말', '*인삿말'로 적지 않는다. '머리'와 '말', '인사'와 '말' 사이에 [ㄴ] 소리가 덧나지 않는 [머리말], [인사말]이 표준 발음이기 때문이다. 이처럼 두 단어가 결합했을 때 소리의 변화가 없으면 'ㅅ'을 표기하지 않는다.

⑦ 초점/*촛점, 화병/*홧병

'초점(焦點)', '화병(火病)'은 [초쩜], [화뼝]으로 소리 나지만 한자어이므로 사이시옷을 적지 않는다. 다만, '한자어+한자어' 구성이더라도 '곳간(庫間), 셋방(貰房), 숫자(數字), 찻간(車間), 툇간(退間), 횟수(回數)' 등의 여섯 개 어휘는 예외적으로 사이시옷을 적는다.

⑧ -잖-/-찮-

어미 '-지' 뒤에 '않-'이 어울려 '-잖-'이 될 적과 '-하지' 뒤에 '않-'이 어울려 '-찮-'이 될 적에는 준 대로 적는다.

⑨ 생각건대/*생각컨대

'하다'가 결합하는 앞말의 받침이 [ㄱ, ㄷ, ㅂ]으로 소리가 나면 '하'가 통째로 줄고 그 외의 것이면 'ㅏ'만 줄고 'ㅎ'이 남아 뒷말의 거센소리가 된다. '생각하건대'는 '생각건대'로 쓴다.

⑩ 어떻게 풀지?/*어떡해 풀지?

'어떻게'는 '어떻-'에 부사형 어미 '-게'가 결합한 것이고, '어떡해'는 '어떻게 해'가 줄어든 말이다. '어떻게'는 "어떻게 풀지?"처럼 다음에 서술어가 와야 하지만, '어떡해'는 "나 어떡해."처럼 서술어가 오지 않는다.

⑪ 왠지/*웬지

'왠지'는 '왜인지'가 줄어서 된 말이므로 '왠지'로 적지만 '어찌 된, 어떠한'을 뜻하는 "웬 떡이냐?"라는 문장에서는 '웬'으로 적는다.

⑫ 돼라/되라

'되다'의 어간에 '어'로 시작하는 어미가 연결되어 줄어들면 '돼'가 된다. '되-+-었다'는 '됐다', '되-+-어서'는 '돼서'로 줄 수 있다. '되다'의 어간에 명령형 어미 '-어라'가 결합한 '되어라'도 '돼라'로 줄 수 있다. 그러나 간접 인용문의 명령형 어미는 '-어라고'가 아니라 '-(으)라고'이다. 따라서 '되다'의 어간에 '-(으)라고'가 결합하면 '되라고'가 된다.

(다) 띄어쓰기의 필요성과 원리

띄어쓰기의 필요성과 원리를 다음의 예를 통해서 구체적으로 살펴보기로 한다.

(1) ㄱ. 상명대학교어문대학한국어문학과
 ㄴ. 상명대학교 어문대학 한국어문학과

띄어쓰기를 하지 않은 (1ㄱ)보다 띄어쓰기를 한 (1ㄴ)이 의미를 파악하기 쉽다. 이는 띄어쓰기를 함으로써 의미를 쉽게 파악할 수 있기 때문이다. 또한 띄어쓰기를 하게 되면 시각적인 효과를 높여 독서의 효율을 높일 수 있는 이점이 있다. 따라서 (1ㄴ)이 (1ㄱ)보다 의미 파악이 쉬울뿐더러 시각적인 효과 또한 높다. 간혹 띄어쓰기를 하지 않아도 의미 전달에 별 문제가 없다고 생각하는 사람들이 있다. 하지만 띄어쓰기가 달라지면 의미가 달라지거나 의미 전달에 문제가 생기기도 한다.

(2) ㄱ. 어제 <u>산토끼</u>를 시장에 내다 팔았다.
 ㄴ. 어제 <u>산 토끼</u>를 시장에 내다 팔았다.
(3) ㄱ. 우리 언제 밥 <u>한 번</u> 먹자.
 ㄴ. 우리 언제 밥 <u>한번</u> 먹자.

(2ㄱ)은 산에 사는 토끼(산토끼)를 시장에 내다 팔았다는 뜻이고, (2ㄴ)은 다른 사람에게 구입했거나 살아 있는 토끼(산 토끼)를 시장에 내다 팔았다는 의미이다. 또한 (3ㄱ)은 밥을 1회(한 번) 먹자는 것이고, (3ㄴ)은 횟수와 상관없이 밥을 함께 먹자는 것이다. 이처럼 띄어쓰기를 잘못하게 되면 전달하는 의미에 오해가 발생할 수 있다.

띄어쓰기의 기본 원리는 제1장 총칙의 제2항에 "문장의 각 단어는 띄어 씀을 원칙으로 한다."라고 명시하고 있다. 띄어쓰기의 기본 원리를 이해하기 위해는 제2항에 제시된 '단어'의 의미가 무엇인지 알아야 한다. 단어가 무엇인지 알기 위해서는 글을 쓸 때 단독으로 쓸 수 있는 말과 다른 말의 앞이나 뒤에 붙여 쓰는 말을 구별해야 한다.

(4) ㄱ. 바람, 구름, 해, 달
ㄴ. -가, -겠-, -습니다

(4ㄱ)은 단독으로 쓸 수 있는 말이지만 (4ㄴ)은 단독으로 쓸 수 없는 말이다. 단독으로 소리를 내서 쓰는 말은 자립적이라고 하고, 단독으로 쓸 수 없고 다른 요소에 붙여 쓰는 말은 의존적 혹은 비자립적이라고 한다. 예컨대 (4ㄴ)의 '-가'는 체언에 붙여 쓰고, '-겠-'과 '-습니다'는 용언의 어간에 붙여 쓰는 말이다. 따라서 자립적으로 쓰이는 (4ㄱ)의 단어는 띄어 쓰지만, 다른 말에 의존적으로 쓰이는 (4ㄴ)은 띄어 쓰지 않고 다른 요소의 앞과 뒤에 붙여 쓴다.

국어에서 의존적인 요소로는 '조사, 어미, 접사' 등이 있다. 이를 구체적으로 살펴보면 (5)와 같다.

(5) ㄱ. -이/가, -을/를, -에게, -도, -부터 등
ㄴ. 덧-, 올-, 한-, -질, -님 등
ㄷ. -습니다-, -겠-, -었- 등

(5ㄱ)은 조사로 항상 앞말(체언)에 붙여 쓴다. (5ㄴ)의 '덧-, 올-'은 접두사로 뒷

말에 붙여 쓰지만, '질-, -님'은 접미사로 앞말에 붙여 쓴다. (5ㄷ)의 어미는 주로 용언의 어간에 붙여 쓴다.

자립적인 요소는 다른 말과 결합하여 새로운 말을 만들기도 한다.

(6) ㄱ. 노루∨귀 : 노루의 귀
ㄴ. 노루귀 : 미나리아재빗과의 풀

(6)에서 '노루'와 '귀'는 각각 독립적인 말이지만, '노루귀'가 되면 새로운 말이 되므로 붙여 써야 한다. 즉, (6ㄱ)의 '노루∨귀'는 '노루의 신체 기관'을 뜻하지만, (6ㄴ)의 '노루귀'는 '미나리아재빗과의 풀'을 의미한다. 이처럼 각각의 자립적인 말이 결합하여 새로운 의미가 생겼을 경우에는 붙여 쓴다. 또한 두 단어 사이의 긴밀성을 살펴봄으로써 자립적인 요소의 띄어쓰기를 결정할 수 있다. 두 말 사이의 관계가 긴밀한 경우에는 붙여 쓸 수 있지만, 두 말 사이가 긴밀하지 않은 경우에는 두 말 사이에 다른 요소가 끼어들 수 있어서 띄어 써야 한다. 즉, 두 말 사이가 긴밀한 경우는 한 단어이므로 붙여 쓰는 것이고 두 말 사이가 긴밀하지 않은 경우는 두 단어이므로 띄어 쓰는 것이다. 이를 구체적으로 살펴보면 (7)과 같다.

(7) ㄱ. 여기 물건을 [가져갔다/*가져서 갔다].
ㄴ. 모두 선물을 [받아 갔다/받아서 갔다].

(7ㄱ)의 '가져가다'는 한 단어로 '가져'와 '가다'의 관계가 긴밀하여 다른 요소가 끼어들 수 없으므로 붙여 써야 하지만, (7ㄴ)의 '받아 가다'는 두 말 사이에 다른 요소가 끼어들 수 있으므로 띄어 써야 한다.

(라) 띄어쓰기의 실제

자주 틀리는 사례를 중심으로 띄어쓰기의 세부 항목을 살펴보기로 한다.

① 밖에/∨밖에

(1) ㄱ. 교실 밖에 교장 선생님이 계신다.
　ㄴ. 지금 돈이 천 원밖에 없어
　ㄷ. 이 일은 영희밖에 못해.

'밖에'는 조사의 기능을 하기도 하지만 다른 한편으로 '명사+조사'의 결합으로도 쓰인다. (1ㄱ)의 '밖에'는 명사 '밖'에 조사 '에'가 결합한 것으로 '밖'은 '안'에 대응된 구체적인 의미를 나타내므로 앞말과 띄어 쓴다. 그러나 (1ㄴ, ㄷ)의 '밖에'는 '없다, 못하다'와 같은 부정적인 의미를 나타내는 서술어와 호응하여 '한정'의 의미를 나타내기 때문에 앞말에 붙여 쓴다.

② 은 · 는커녕/ *은 · 는∨커녕

(2) ㄱ. 그는 돕기는커녕 방해만 하고 있다.
　ㄴ. 만 원은커녕 천 원도 없다.

(2)의 '은 · 는커녕'은 앞말을 지정하여 어떤 사실을 부정하는 뜻을 강조하는 조사인데, 흔히 '은 · 는'과 '커녕' 사이를 띄어 쓰는 경우가 많다. 하지만 '은커녕, 는커녕'은 조사이므로 붙여 써야 한다.

③ 학기 중/*학기중

(3) ㄱ. 학기 중에는 결석하지 마세요.
　ㄴ. 한밤중에 배가 고파서 라면을 끓여 먹었다.

(3ㄱ)의 '중'은 의존 명사로 '학기 동안에는 결석하지 마세요.'라는 의미이므로 앞말과 띄어 쓴다. (3ㄴ)의 '한밤중'은 앞말과 굳어져 (3ㄱ)과 달리 한 단위의 명사로 붙여 쓴다. 이처럼 한 단위의 명사로 굳어진 어휘는 (4)와 같다.

(4) 은연중, 한밤중, 야밤중, 부재중, 부지불식중, 부지중, 무의식중

④ 대로, 만큼, 뿐

(5) ㄱ. 법대로, 약속대로
ㄴ. 아는 대로 말한다.
ㄷ. 여자도 남자만큼 일을 잘한다.
ㄹ. 그 영화는 볼 만큼 보았다.
ㅁ. 너뿐만 아니라 영희도 왔다.
ㅂ. 그는 이야기를 들을 뿐 아무 말도 하지 않았다.

'대로, 만큼, 뿐'은 의존 명사의 기능을 하면서 다른 한편으로는 조사의 기능을 한다. (5ㄱ, ㄷ, ㅁ)의 '대로, 만큼, 뿐'은 조사로 앞말에 붙여 쓰지만 (5ㄴ, ㄹ, ㅂ)에서는 용언의 관형형 뒤에서 수식을 받는 의존 명사로 앞말과 띄어 쓴다.

⑤ 간, 차, 들

(6) ㄱ. 이틀간, 대장간
ㄴ. 부모와 자식 간에도 예의를 지켜야 한다.
ㄷ. 내일 연수차 미국에 간다.
ㄹ. 고향에 갔던 차에 선을 보았다.
ㅁ. 남자들, 여자들
ㅂ. 쌀, 보리, 콩, 조, 기장 들은 오곡이라 한다.

'간, 차, 들'은 접미사의 기능과 의존 명사의 기능을 한다. 접미사의 기능을 하는 (6ㄱ, ㄷ, ㅁ)에서는 앞말에 붙여 쓰지만, 의존 명사의 기능을 하는 (6ㄴ, ㄹ, ㅂ)에서는 앞말과 띄어 쓴다.

(7) ㄱ. 십 분간 기다리세요.
ㄴ. 서울 부산 간 무궁화 열차가 출발합니다.
ㄷ. 한미 간, 한일 간

'간'은 기능에 따라 띄어쓰기 양상이 다양하다. (7ㄱ)과 같이 시간의 경과를 뜻할 때는 접미사로 앞말에 붙여 쓰지만 (7ㄴ)처럼 '거리'나 '사이' 혹은 '관계'를 나타낼 때는 의존 명사로 앞말과 띄어 쓴다. 나라 사이나 관계를 의미할 때는 (7ㄷ)과 같이 앞말과 띄어 써야 한다. 다만 (8)과 같은 경우는 '간'이 앞말과 굳어져 명사의 기능을 하기 때문에 붙여 써야 한다.

(8) 부자간, 모자간, 부녀간, 모녀간, 형제간, 자매간

⑥ 데, 바, 지

(9) ㄱ. 볼 것은 많은데 시간이 없다.
ㄴ. 그 일을 하는 데 시간이 많이 걸린다.
ㄷ. 이야기를 들은바 모두 사실이었다.
ㄹ. 어찌할 바를 모르겠다.
ㅁ. 철수는 기분이 좋은지 휘파람을 분다.
ㅂ. 그가 집을 떠난 지 삼일이 지났다.

'데, 바, 지'는 의존 명사로 앞말과 띄어 쓰고, '-ㄴ데, -ㄴ바, -는지'는 어미로 용언에 붙여 쓴다. 특히 '-ㄴ데, -ㄴ바, -는지'의 띄어쓰기는 뒤에 조사를 결합할 수 있는지 따져 봄으로써 알 수 있다. 예컨대 '-ㄴ데'의 경우, 뒤에 조사가 결합할 수 있으면 띄어 쓰고, 결합할 수 없으면 붙여 쓴다. (9ㄱ)의 '많은데' 뒤에 조사가 결합하면 문장이 부자연스럽지만 (9ㄴ)의 '하는 데'에 조사 '-에'를 결합하면 자연스럽다. 따라서 (9ㄱ)의 '-ㄴ데'는 어미이므로 앞말에 붙여 쓰고, (9ㄴ)의 '데'는 의존 명사이므로 앞말과 띄어 쓴다. 또한 '-ㄴ바'의 경우도 '-ㄴ데'의 기준을 적용하면 쉽게 구분할 수 있다. (9ㄷ)의 '들은바'는 뒤에 조사가 결합할 수 없으므로 붙여 쓰고, (9ㄹ)는 '어찌할 바를 모르겠다.'와 같이 조사 '-를'이 결합할 수 있으므로 띄어 쓴다.

'-ㄴ지'의 경우는 '기분이 좋은지'를 '기분이 좋은가'로 비교해 보면 이해하기 쉽다. 즉, (9ㅁ)의 '-ㄴ지'에 '-ㄴ가'를 바꾸어 쓰니 문장의 의미가 자연스럽다. 이때 '-ㄴ지'는 어미이므로 앞말에 붙여 쓴다. 하지만 (9ㅂ)과 같이 관형형 어미

'-ㄴ'과 의존 명사 '지'로 이루어진 경우에 '지'는 '시간의 경과'를 뜻하므로 앞말과 띄어 쓴다.

⑦ 이십여 년 / *이십 여년

(10) 십여, 이십여 년, 백여 개, 한 시간여, 삼 년여

(10)의 '-여'는 수량을 나타내는 말 뒤에 붙어 '그 수를 넘음'의 뜻을 더하는 접미사이므로 앞말에 붙여 쓴다.

⑧ 전 국민/ *전국민

(11) ㄱ. 전 국민, 전 세계, 전 학교, 전 학생
ㄴ. 범국민적, 범세계적
ㄷ. *범학생적, *범단체적

관형사는 명사 앞에서 명사를 수식하는 말로 뒤에 오는 명사와 띄어 쓴다. 간혹 관형사와 접두사를 혼동하여 띄어쓰기를 잘못하는 경우가 있다. (11ㄱ)의 관형사 '전'은 '국민, 세계, 학교, 학생' 등과 같이 다양한 명사를 수식한다. 하지만 (11ㄴ)의 접두사 '범-'은 '국민적, 세계적'과 같은 일부 명사만 쓸 수 있다. 관형사는 다양한 명사를 수식하므로 그 쓰임이 광범위하고 명사를 수식하는 속성 때문에 뒷말과 띄어 쓴다. 접두사는 뒤에 오는 말이 제한적일 뿐만 아니라 품사 특성상 접사이므로 항상 뒷말과 붙여 써야 한다.

(12)의 '각, 고, 귀, 동, 매, 별' 등의 관형사 목록은 뒷말과 붙여 쓰는 경우가 많으므로 띄어쓰기에 주의해야 한다.

(12) ㄱ. 각 가정, 각 개인, 각 학교, 각 부처
ㄴ. 고 홍길동
ㄷ. 귀 회사, 귀 학교, 귀 연구원
ㄹ. 동 회사, 동 학급, 동 부서

ㅁ. 매 경기, 매 회계 연도
ㅂ. 별 사이, 별 부담 없이

하지만 (13)과 같이 이미 굳어진 관형사는 뒷말과 붙여 쓴다.

(13) ㄱ. 각처, 각계각층
ㄴ. 고인(故人)
ㄷ. 귀사(貴社)
ㄹ. 동년
ㅁ. 매년, 매회
ㅂ. 별일

⑨ 며칠/ *몇일

'며칠'은 흔히 '몇 년'이나 '몇 월'과 비교하여 '몇'과 '일'로 분석하여 '몇 일'로 적는 경우가 있다. 하지만 '몇일'은 '며칠'로 적어야 한다. 만약에 '며칠'의 원형이 '몇+일(日)'의 구성이라면 [며칠]로 소리 나지 않고 [며딜]로 소리가 나야 한다. 이는 '몇 월'이 [며뒬]로 소리 나는 것과 같다. 그러나 이 단어가 [*며딜]이 아니고 [며칠]로 소리가 난다는 점은 '며칠'이 '몇'과 '일'의 합성으로 이루어진 단어가 아니라는 것이다. 즉 '며칠'은 그 어원이 분명하지 않기 때문에 소리 나는 대로 적는다.

(마) 구별해서 써야 할 말

구별해서 써야 할 말은 의사소통에는 별 문제가 없지만 글로 쓸 경우에는 구별하여 적지 않으면 오해가 생기기도 한다.

① 가름/갈음

'따로따로 갈라놓는 일'을 뜻하는 '가름'은 '아내와 남편의 도리가 저마다 가름이 있어야 한다.'와 같이 쓰고, '본디 것 대신에 다른 것으로 가는 일'을 뜻하는

'갈음'은 '새 책상으로 갈음하였다.'와 같이 쓴다.

② 거치다/걷히다

'무엇에 걸려 스치다, 어떤 처소를 지나거나 잠깐 들르다, 경험하다, 과정을 밟다.' 등을 의미하는 '거치다'는 '우체국을 거쳐 학교로 가다.' '서류 심사를 거쳤다.'와 같이 쓴다. 반면에 '물건(돈)을 받아들이다'의 의미인 '걷히다'는 '외상값이 잘 걷히다.', '이번 달 회비가 잘 걷힌다.'와 같이 쓴다.

③ 걷잡다/겉잡다

'걷잡다'는 '잘못 치닫거나 기우는 형세를 붙들어 바로잡다.'라는 의미로 '번지는 불길을 걷잡지 못하다.', '쏟아지는 눈물을 걷잡을 수 없다.'처럼 쓴다. '걷잡다'는 주로 '못하다, 없다' 등의 서술어와 함께 쓰인다. '겉잡다'는 '대강 어림잡다.'의 의미로 '겉잡아 두 말은 되겠다.'처럼 쓴다.

④ 느리다/늘이다/늘리다

'느리다'는 '속도가 더디다.'의 의미로 '걸음이 느리다.'로 쓰고, '늘이다'는 '아래로 길게 처지게 하다.'의 의미로 '커튼을 늘이다.'처럼 쓴다. '늘리다'는 '늘게 하다.'의 의미로 '재산을 늘리다.'처럼 쓴다.

⑤ 다리다/달이다

'다리다'는 '다리미로 문지르다.'의 의미로 '옷을 다리다.'처럼 쓰고, '달이다'는 '끓여서 진하게 하다.'의 뜻으로 '간장을 달이다.'처럼 쓴다.

⑥ 다치다/닫히다/닫치다

'다치다'는 '부딪치거나 맞거나 하여 상하다.'의 뜻으로 '교통사고로 많은 사람들이 다쳤다.'처럼 쓰고, '닫히다'는 '닫음을 당하다.'의 의미로 '문이 바람에 닫혔다.'처럼 쓴다. '닫치다'는 '문이나 창 따위를 힘주어 닫다.'의 의미로 '문을 힘껏

닫치다.'처럼 쓴다.

⑦ 마치다/맞히다

'마치다'는 '하던 일을 끝내다.'의 뜻으로 '회의를 마치다.'처럼 쓰고, '맞히다'는 '물음에 옳은 답을 대다.'의 뜻으로 '답을 맞히다.'처럼 쓴다.

⑧ 목거리/목걸이

'목이 붓고 몹시 아픈 병'을 의미하는 '목거리'는 '목거리가 덧났다.'처럼 쓰고, '목에 거는 물건'을 뜻하는 '목걸이'는 '금 목걸이'처럼 쓴다.

⑨ 바치다/받치다/밭치다/받히다

'바치다'는 '남을 위해서 아낌없이 다하다.'의 의미로 '교육에 일생을 바치다.'처럼 쓰고, '받치다'는 '어떤 물건 밑에 다른 물체를 올리거나 대다.', '우산이나 양산을 펴들다.'의 의미로 '아가씨들이 양산을 받쳐 들고 거리를 거닐고 있다.'처럼 쓴다. '밭치다'는 '건더기가 섞인 액체를 체 따위 걸러 국물만 받아 내다는 뜻의 밭다의 힘줌말'로 '콩국을 체에 밭치다.'처럼 쓰고, '받히다'는 '머리나 뿔 따위로 세차게 부딪치다의 의미인 받다의 피동'으로 '마을 이장이 소에게 받혀 꼼짝을 못한다.'처럼 쓴다.

⑩ 반드시/반듯이

'반드시'는 '꼭'의 의미로 '지시 사항에 대한 이행 여부를 반드시 확인해라.'처럼 쓰고, '반듯이'는 '생김새가 반반하고 말끔하다.'의 뜻으로 '고개를 반듯이 들어라.'처럼 쓴다.

⑪ 부딪치다/부딪히다

'부딪치다'는 '물체와 물체가 세게 마주 닿다를 의미하는 부딪다의 힘줌말'로 '차와 차가 마주 부딪쳤다.'처럼 쓰고, '부딪히다'는 '부딪음을 당하다.'의 의미로

'정신없이 달려가다가 자전거에 부딪혔다.'와 같이 쓴다.

⑫ 부치다/붙이다

'부치다'는 '힘이 미치지 못하다.', '편지를 보내다.', '논밭을 다루어서 농사를 짓다.'와 같은 뜻으로 '나에게는 힘에 부치는 일이다.', '편지를 부치다.', '논밭을 부치다.'처럼 쓴다. 반면에 '붙이다'는 '떨어지지 않게 하다.', '가까이 닿게 하다.', '둘 사이를 어울리게 하다.', '불이 붙게 하다.' 등의 의미로 '우표를 붙이다.', '책상을 붙이다.', '흥정을 붙이다.' 등으로 쓴다.

⑬ 시키다/식히다

'시키다'는 '무엇을 하게 하다.'의 의미로 '일을 시키다.'처럼 쓰고, '식히다'는 '식게 하다.'의 의미로 '머리도 식힐 겸 여행을 다녀와야겠다.'처럼 쓴다.

⑭ 아름/알음/앎

'아름'은 '양팔을 벌려 껴안은 둘레', '둘레의 길이'의 의미로 '아기를 아름 속에 품어 안은 어머니, 두 아름이나 되는 기둥'과 같이 쓴다. 반면에 '알음'은 '아는 사이'라는 뜻으로 '그는 옛날의 알음으로 우리 집에서 며칠을 묵었다.'처럼 쓰고, '앎'은 '알다'에 명사형 어미 '-ㅁ'이 결합한 것으로 '아는 일'의 뜻으로 '앎이 힘이다.'처럼 쓴다.

⑮ 안치다/앉히다

'안치다'는 '삶거나 찌거나 끓일 물건을 솥에 넣다.'의 의미로 '솥에 쌀을 안치다.'와 같이 쓴다. 반면에 '앉히다'는 '앉게 하다.', '어떤 지위를 차지하게 하다.'의 의미로 '자리에 앉히다.', '집을 남향으로 앉혔다.'와 같이 쓴다.

⑯ 이따가/있다가

'이따가'는 '조금 뒤에'라는 의미의 부사로 '이따가 말해 줄게.'처럼 쓰지만, '있다가'는 '있다'에 어미 '-다가'가 결합한 것으로 '돈은 있다가도 없다.'처럼 쓴다.

⑰ 저리다/절이다

'저리다'는 '신경이 마비된 듯한 느낌'의 의미로 '너무 오래 꿇어앉아 있었더니 발이 저리다.'처럼 쓰고, '절이다'는 '소금, 식초 등으로 절게 하다.'의 의미로 '배추를 절이다.'처럼 쓴다.

⑱ 조리다/졸이다

'조리다'는 '양념으로 바특하게 끓이다.'의 의미로 '생선을 조리다.'처럼 쓰고, '졸이다'는 '조마조마 애를 쓰다.'의 의미로 '마음을 졸이다.'처럼 쓴다.

⑲ 주리다/줄이다

'주리다'는 '배를 곯다.'의 의미로 '여러 날을 주리다.'처럼 쓰고, '줄이다'는 '줄어들게 하다.'의 의미로 '종업원 수를 줄이다.'처럼 쓴다.

⑳ -노라고/-느라고

'-노라고'는 화자 자신의 행동에 대한 의도나 목적을 나타내는 어미로 '하노라고 했는데 마음에 드실지 모르겠습니다.'처럼 쓰고, '-느라고'는 '앞 절의 사태가 뒤 절의 사태에 목적이나 원인이 되는 것을 의미하는 어미로 '철수는 어제 책을 읽느라고 밤을 새웠다.'처럼 쓴다.

㉑ -으러/-으려

'-으러'는 '가거나 오거나 하는 동작의 목적'을 나타내는 의미로 '점심을 먹으러 집에 간다.'로 쓰고, '-으려'는 '어떤 행동을 할 의도나 욕망을 가지고 있음', '곧 일어날 움직임이나 상태의 변화'를 나타내는 의미로 '새싹이 돋으려 한다.', '그를 잡으려 했지만 용기가 없었다.'처럼 쓴다.

㉒ -로서/-로써

'-로서'는 '지위, 신분, 자격'을 의미하는 조사로 '그것은 교사로서 할 일이다.' 처럼 쓰고, '-로써'는 '물건의 재료나 원료', '어떤 일의 수단이나 도구', '시간을 셈할 때 셈에 넣는 한계' 등의 의미로 '콩으로써 메주를 쑤다.', '꿀로써 단맛을 내다.', '고향을 떠난 지 올해로써 20년이 된다.'처럼 쓴다.

㉓ -느니보다/-는 이보다

'-느니보다'는 앞 절을 선택하기보다는 뒤 절의 사태를 선택하는 것을 나타내는 의미로 '나를 찾아오느니보다 집에 있거라.'로 쓰고, '-는 이보다'는 관형사형 어미 '-는'에 의존명사 '이', 조사 '-보다'가 결합한 것으로 '오는 이가 가는 이보다 많다.'처럼 쓴다.

㉔ -리만큼/-(으)ㄹ 이만큼

'-리만큼'은 '-(으)ㄹ 정도로'의 의미로 '한 걸음도 더 걷지 못하리만큼 지쳤었다.'처럼 쓰고, '-(으)ㄹ 이만큼'은 관형사형 어미 '-(으)ㄹ'에 의존명사 '이' 그리고 조사 '-만큼'이 결합된 것으로 '찬성할 이도 반대할 이만큼 많을 것이다.'처럼 쓴다.

㉕ -므로/-ㅁ 으로써

'-므로'는 '까닭, 근거'를 나타내는 어미로 '상대가 너무 힘이 센 선수이므로 조심해야 한다.'처럼 쓰고, '-ㅁ 으로(써)'는 명사형 어미 '-ㅁ'에 조사 '-으로(써)'가 결합하여 '수단, 방법'의 의미로 '그는 믿음으로써 산 보람을 느꼈다.'처럼 쓴다.

(바) 틀리기 쉬운 외래어 표기

외래어의 기본 원칙을 중심으로 일상생활에서 자주 틀리는 외래어 표기에 대해서 알아보기로 한다.

① 외국어와 외래어

요즘 주변에서 낯선 외래어의 사용을 흔하게 볼 수 있다. 외래어는 외국에서 들어온 말로 국어의 일부분으로 받아들여진 말로 다른 나라의 언어를 가리키는 외국어와는 그 의미가 다르다. 외래어와 외국어를 구분하는 중요한 기준은 발음의 변화이다. 외국어가 우리말에 들어와 쓰이게 되면 본래 발음이 유지되지 못하고 국어의 소리로 대치된다. 예를 들면 영어 'file'의 [f]는 윗니로 아랫입술을 살짝 물었다가 놓으면서 내는 소리인데 우리말에는 이 소리가 없기 때문에 이 소리와 가장 가까운 [ㅍ] 소리로 바뀌게 되어 '화일'이 아니라 '파일'로 발음이 바뀐다.

이처럼 외래어는 다른 나라 말에서 비롯한 것이므로 말소리가 우리말과는 상당히 다르다. 그런 말들을 일정한 규칙 없이 제각각 적게 된다면 글을 쓰거나 말을 할 때 소통의 어려움이 발생할 것이다. 예컨대 'cake'를 사람에 따라 '케익, 케잌, 케이크'로 다양하게 표기하게 되면 당연히 언어생활은 혼란스러울 것이다. '외래어 표기법'은 이러한 혼란스러움을 줄이고 외래어를 한글로 적을 때 일정한 규칙을 정해놓은 것이다. 따라서 외래어 표기법은 다양한 어형이 존재할 가능성이 있는 외래어에 대해 표준어를 정하는 기준이 된다. 하지만 외래어 표기법이 만들어지기 전에 이미 굳어진 것들도 있기 때문에 표기법에 따라 정확하게 적기란 쉽지 않은 일이다. 다만 '외래어 표기법'의 기본 원칙을 간단하게 익혀 두면 어느 정도는 도움이 된다. 다음은 영어를 대상으로 기본 원칙을 간단하게 살펴본다.

② 외래어 표기의 기본 원칙

- **받침에는 'ㄱ, ㄴ, ㄹ, ㅁ, ㅂ, ㅅ, ㅇ' 7개만을 쓴다.**

  커피숖 → 커피숍, 디스켙 → 디스켓, 코너킼 → 코너킥, 워크샾 → 워크숍

  테잎 → 테이프, 케잌 → 케이크, 케찹 → 케첩, 라켙 → 라켓, 포켙 →포켓

- **'ㄲ, ㄸ, ㅃ, ㅆ, ㅉ'과 같은 파열음은 된소리를 쓰지 않는다.**

  까페 → 카페, 써비스 → 서비스, 꼴키퍼 → 골키퍼, 싸이클 → 사이클

  쎈타 → 센터, 빠리 → 파리, 쎄븐 → 세븐, 꽁트 → 콩트, 쌤플 → 샘플

- [f] 소리는 'ㅍ'으로 적는다.

  훼밀리 → 패밀리, 후라이 → 프라이, 휘트니스 → 피트니스, 후레시 → 플래시 후레쉬 → 프레시, 후라이팬 → 프라이팬, 환타지 → 판타지, 환타스틱 → 판타스틱, 화이버 → 파이버, 후렌치후라이 → 프렌치프라이, 화일 → 파일

- [ou]는 '오', [auə]는 '아워'로 적는다.

  보우트 → 보트, 스노우 타이어 → 스노 타이어, 옐로우 → 옐로, 윈도우 → 윈도 타우어 → 타워, 파우어 → 파워, 아이젠하우어 → 아이젠하워

- 장모음은 따로 적지 않고 줄여 적는다.

  그리이스 → 그리스, 티임 → 팀, 루우트 → 루트, 도오쿄오 → 도쿄
  유우머 → 유머

- 'ㅈ'이나 'ㅊ' 뒤에 이중모음이 결합한 형태를 사용해서는 안 된다.

  레져 → 레저, 챤스 → 찬스, 벤쳐 → 벤처, 쥬스 → 주스, 비젼 → 비전
  챠트 → 차트, 스케쥴 → 스케줄

- 어말의 [ʃ]는 '시', 자음 앞의 [ʃ]는 '슈', 모음 앞의 [ʃ]는 뒤따르는 모음에 따라 '샤, 섀, 셰, 쇼, 슈, 시'로 적는다.

  flash 플래시, fresh 프레시, shoes 슈즈, supermarket 슈퍼마켓, sash 새시
  fashion 패션, english 잉글리시

- 낱말 중간의 [l]이 모음 앞에 오거나 모음이 뒤따르지 않는 비음(m, n, ŋ) 앞에 올 때 'ㄹ ㄹ'로 적는다.

  프라자 → 플라자, 크리닉 → 클리닉, 드라이크리닝 → 드라이클리닝

틀리기 쉬운 외래어 표기 목록

틀린 표현	맞는 표현
가디건	카디건
까페	카페
까운	가운
내프킨	냅킨
넌픽션	논픽션
다이알	다이얼
라스베가스	라스베이거스
레파토리	레퍼토리
렌트카	렌터카
리모콘	리모컨
매니아	마니아
브라인드	블라인드
발렌타인데이	밸런타인데이
스페샬	스페셜
악세사리	액세서리
앙케이트	앙케트
초콜렛	초콜릿
칼라	컬러
카다로그	카탈로그
컨텐츠	콘텐츠
테잎, 테입, 테프	테이프
프라자	플라자
팬더	판다
후레쉬, 후레시	플래시

틀린 표현	맞는 표현
기브스	깁스
가스렌지	가스레인지
나레이터	내레이터
넌센스	난센스
도너츠	도넛
드라큐라	드라큘라
라이센스	라이선스
레포트	리포트
리더쉽	리더십
맛사지	마사지
밧데리, 빳데리	배터리
부페	뷔페
프라스틱	플라스틱
센타	센터
앵콜	앙코르
워크샵	워크숍
콜렉션	컬렉션
카바	커버
컨닝	커닝
케익	케이크
팜플렛	팸플릿
플랭카드, 프래카드	플래카드
후라이팬, 후라이판	프라이팬
할리웃, 헐리웃	할리우드

4. 올바른 문장 쓰기

올바른 문장을 쓰기 위해서는 주어와 서술어, 목적어와 서술어, 부사어와 서술어 등의 문장 성분이 서로 호응하는지 살펴보는 것이 우선적으로 고려되어야 한다. 또한 문맥에 맞지 않은 표현, 부적절한 단어의 선택, 군더더기 표현과 같이 글의 내용을 바르고 정확하게 이해하는 데 방해가 되는 요소를 제거하고 올바른 표현으로 고치는 작업이 필요하다.

(1) 문장 성분의 호응

올바른 문장 쓰기를 위해서는 우선 구어와 문어의 차이를 알아야 한다. 구어(口語)는 일상적인 대화에서 쓰는 말로 입말이라고 하고, 문어(文語)는 문장에서만 쓰는 말로 글말이라고 한다. 구어는 문장 성분의 생략이 자유롭고, 어순 또한 자유롭다. 또한 문장이 완결되기보다는 구나 절 단위의 사용이 빈번하다. 반면에 문어는 문장 성분의 생략이 자유롭지 않고 어순 또한 정형화되어 있다. 더욱이 기본 단위가 구나 절 단위로 끝맺지 않고 종결어미로 완결되어야 한다.

구어는 발음의 편리함과 경제성의 원리에 영향을 받고, 문어는 주어, 목적어, 서술어 등의 문장 성분이 정확하게 사용되어야 하는 정확성의 원리에 영향을 받는다. 따라서 올바른 문장 쓰기는 정확성의 원리에 따라 문장 성분이 바르게 사용되었는지 살피는 것에서부터 시작된다.

올바른 문장 쓰기는 문장 성분의 호응, 수식어와 피수식어, 정확한 조사의 사용, 문장의 의미, 군더더기 표현, 부적절한 명사문의 사용 등을 중심으로 살펴보기로 한다.

(가) 주어와 서술어의 호응

(1) ㄱ. <u>천안추모공원 조성사업이</u> 연내 공사 완료를 목표로 <u>속도를 내고 있다</u>.
ㄴ. <u>천안 추모공원 조성 사업이</u> 연내 완공을 목표로 빠르게 <u>진행되고 있다</u>.

(1)에서 '천안추모공원 조성사업'과 '속도를 내고 있다'는 호응하지 않는다. 즉 '속도를 내고 있는'의 주체가 사람이 아닌 사물이므로 주어에 맞춰 서술어를 바로 잡거나 서술어에 맞춰 주어를 바로 잡아야 한다. 따라서 (1ㄴ)처럼 '천안 추모공원 조성 사업'이라는 사물 주어에 맞춰 '진행되고 있다'로 서술어를 바로 잡아야 주어와 서술어가 호응하게 된다.

(나) 목적어와 서술어의 호응

(2) ㄱ. 표정은 볼 수는 없지만 느낄 수는 있습니다.
ㄴ. 표정을 볼 수는 없지만 느낄 수는 있습니다.

(2ㄱ)에서 목적어와 서술어는 서로 호응하지 않는다. 즉, '보다'는 목적어를 취하는 타동사이므로 '표정은'이 아니라 '표정을'로 바로 잡아야 목적어와 서술어가 호응하게 된다.

(다) 수식어와 피수식어

(3) ㄱ. ~ 기능성 농특산물단지 조성 등을 발전방향으로 정하고 새로운 도약의 전기를 마련했습니다.
ㄴ. ~ 기능성 농·특산물 단지 조성 등을 발전 방향으로 정하여 새롭게 도약하는 전기를 마련했습니다.

수식어와 피수식어의 관계가 명확하지 않으면 의미 파악이 모호해진다. (3ㄱ)에서 '새로운 도약의 전기를 마련했습니다.'에서 관형어 '새로운'이 관형어 '도약의'를 수식하고 있다. 관형어는 주로 명사를 수식하는 성분인데, 이 문장에서는 관형어가 다시 관형어를 수식함으로써 수식관계가 명확하지 않다. 따라서 (3ㄴ)처럼 관형어 '새로운'을 부사어 '새롭게'로 수정하여 '새롭게 도약하는 ~'처럼 바로잡아야 한다.

(2) 군더더기 표현

(4) ㄱ. ~ 후반 마차도와 이진호가 동점, 역전골을 터뜨려 2-1 역전승을 거두고 챔피언 결정전에 올랐다.

ㄴ. ~후반에 이진호가 동점, 역전골을 터뜨려 2-1로 챔피언 결정전에 올랐다.

(5) ㄱ. 국세청에서는 2006년부터 납입 증명자료를 금융회사로부터 직접 취합하는 연말정산 프로세스가 도입되어, 별도의 관련서류 제출이 없이도 증빙이 가능하므로 편리하게 이용하실 수 있습니다.

ㄴ. 국세청에서는 2006년부터 납입 증명자료를 금융회사로부터 직접 취합하는 연말정산 프로세스가 도입되어, 별도의 서류 제출이 없이도 증빙이 가능하므로 편리하게 이용하실 수 있습니다.

군더더기 표현은 쓸데없이 덧붙는 말로 의미가 중복된 표현이나 불필요한 단어를 사용할 때 나타난다. (4ㄱ)에서 '역전골을 터뜨려 2-1 역전승을 거두고'라는 표현은 의미가 중복된 표현이다. (4ㄴ)처럼 '역전골을 터뜨려 2-1로'만으로도 의미가 명확하게 전달된다. 또한 (5ㄱ)의 '별도의 관련서류'는 (5ㄴ)의 '별도의 서류'와 의미가 같다.

(3) 조사의 사용

(가) 조사의 생략

(6) ㄱ. 지난해 시공사 부도 후 올 4월 공사를 재개하여 박차를 가한 결과 현재 전체 38% 공정을 보이며 순조로운 진척을 보이고 있다고 21일 밝혔다.

ㄴ. 지난해 시공사가 부도난 후에 중단된 공사를 올해 4월부터 재개하여 박차를 가한 결과 현재 전체 38% 공정을 보이며 순조롭게 공사가 진척되고 있다고 21일 밝혔다.

(6ㄱ)의 '지난 해 시공사 부도 후 올 4월 공사를 재개하여'라는 구절에서 '시공사, 부도, 후' 등의 명사에 조사를 정확하게 사용하지 않아서 문장의 의미를 명확

하게 파악하기 어렵다. 따라서 정확한 의미 파악을 위해서 '지난해 시공사가 부도난 후에 중단된 공사를 올해 4월부터 재개하여'로 바로잡아야 한다.

(나) 잘못된 조사의 사용

(7) ㄱ. 여러분의 관심과 기대 속에 ○○시 구청 역사의 첫걸음을 내디뎠습니다.
ㄴ. 여러분의 관심과 기대 속에 ○○시 구청 역사에 첫걸음을 내디뎠습니다.

조사 '-에'는 앞말이 목표나 목적 대상의 부사어임을 나타내는 격조사이므로 '구청 역사의 첫걸음'을 '구청 역사에 첫걸음'으로 바로잡아야 한다.

(4) 피동과 사동 표현

(가) 이중 사동 표현

(8) ㄱ. 좋은 사람 있으면 소개시켜 주세요.
ㄴ. 좋은 사람 있으면 소개해 주세요.

사동은 어떤 인물이 다른 인물이나 사물로 하여금 어떤 일을 하게 하는 것인데 타동사에 '시키다'라는 말을 붙이면 이중 사동의 표현이 된다. 그런데 이중 사동의 표현은 문법에 어긋난 표현이므로 '시키다'를 붙일 때는 그 어휘가 자동사인지 타동사인지 확인할 필요가 있다.

(나) 피동이나 이중 피동

(9) ㄱ. 기차가 도착되고 있습니다.
ㄴ. 기차가 도착하고 있습니다.
ㄷ. 그의 실험을 통해 의문이 풀려졌다.
ㄹ. 그의 실험을 통해 의문이 풀렸다.

자동사는 피동형으로 쓰일 수 없다. '도착하다'는 자동사이므로 (9ㄱ)의 피동형

'도착되다'는 잘못된 표현이다. (9ㄴ)의 '풀려지다'는 '풀다'에 피동 접미사 '-리-'에 '-어지다'가 겹쳐진 이중 피동이다. 이러한 이중 피동은 문법에 어긋난 표현이므로 '도착되고'는 '도착하고'로, '풀려졌다'는 '풀렸다'로 바로잡아야 한다.

문제

1 | 다음 문장에서 올바른 표현에 O표 하세요.

(01) 대관령 (휴게소/휴계소)에서 쉬었다 가자.
(02) 이 글을 신문 (독자난/독자란)에 보내야 겠다.
(03) 나도 한마디 (계시판/게시판)을 이용해 주시기 바랍니다.
(04) (과연도/과년도) 예산에서 남은 금액이 이월되었다.
(05) 오늘따라 왜 이렇게 (법석이니/법썩이니)?
(06) (핑게/핑계) 없는 무덤이 없다고 하더라.
(07) (년말연시/연말년시/연말연시)는 가족과 함께 보냅시다.
(08) 이 앨범의 제작 (연도/년도)는 1996년입니다.
(09) 횡단보도로 (갑짜기/갑자기) 아이가 뛰어나와 교통사고를 낼 뻔 했어.
(10) 우리 학원은 전국에서 명문대 (진학율/진학률)이 가장 높습니다.
(11) 일기예보에서 오늘 (강수량/강수양)이 얼마라고 했어요?
(12) 이런 분위기로는 공부의 (능율/능률)이 오르지 않습니다.
(13) 제발 (답란/답난)에 정확하게 정답을 쓰세요.
(14) 이번 홍수로 (적잖은/적찮은) 피해를 입었다.
(15) 아직 운전에 (익숙지/익숙치) 않아서요.

2 | 문장의 의미에 알맞은 띄어쓰기에 O표 하세요.

(01) 우리 밥 (한번/한∨번) 먹자.
(02) (집에서만이라도/집에서∨만이라도/집에서만∨이라도) 좀 쉬세요.
(03) 열심히 할 (수밖에/수∨밖에) 없어요.
(04) 행사 (참여시/참여∨시) 준비할 물건
(05) (맘대로/맘∨대로) 하세요.
(06) (지칠대로/지칠∨대로) 지쳐서 말을 할 수가 없다.
(07) 그 영화는 (볼만큼/볼∨만큼) 보았다.
(08) 그 일을 (하는데/하는∨데) 시간이 많이 걸렸다.
(09) 볼 것은 (많은데/많은∨데) 시간이 없다.
(10) (검토한바/검토한∨바) 문제가 있어서 알려 드립니다.
(11) (조사한바/조사한∨바)를 상사에게 알렸다.
(12) 집을 (떠난지/떠난∨지) 세 시간 만에 회사에 도착했다.

(13) 공사 때문에 (이틀간/이틀∨간) 휴업합니다.
(14) (각지방/각∨지방)에서 올라온 지원자
(15) (각처/각∨처)에서 올라온 지원자

3 | 다음에서 띄어쓰기가 바른 것에 O표 하세요.

(01) 지역간의 갈등(　　)/지역 간의 갈등(　　)
(02) 근무중(　　)/근무 중(　　)
(03) 무의식중에(　　)/무의식 중에(　　)
(04) 첫사랑(　　)/첫 사랑(　　)
(05) 허락없이(　　)/허락 없이(　　)
(06) 새신랑(　　)/새 신랑(　　)
(07) 소꿉장난(　　)/소꿉 장난(　　)
(08) 재미 있는(　　)/재미있는(　　)
(09) 한 달간(　　)/한 달 간(　　)
(10) 증권계의 큰손(　　)/증권계의 큰 손(　　)
(11) 경찰의 감시하에서(　　)/경찰의 감시 하에서(　　)
(12) 이 일을 끝내야겠다.(　　)/이 일을 끝내야 겠다.(　　)
(13) 삶의 기본을 갖추기위해(　　)/삶의 기본을 갖추기 위해(　　)
(14) 양말한 켤레(　　)/양말 한켤레(　　)/양말 한 켤레(　　)
(15) 이 일을 끝내야한다.(　　)/이 일을 끝내야 한다.(　　)

4 | 다음에서 올바른 외래어 표기에 O표 하세요.

(01) 알레르기(　　)/ 알러지(　　)
(02) 밸런스(　　)/ 발란스(　　)
(03) 바베큐(　　)/ 바비큐(　　)
(04) 크리닉(　　)/ 클리닉(　　)
(05) 컬럼(　　)/ 칼럼(　　)
(06) 드라이크리닝(　　)/ 드라이클리닝(　　)
(07) 라이센스(　　)/ 라이선스(　　)

(08) 소세지(　　)/ 소시지(　　)
(09) 써비스(　　)/ 서비스(　　)
(10) 슈퍼마켙(　　)/ 슈퍼마켓(　　)
(11) 윈도(　　)/ 윈도우(　　)
(12) 플랭카드(　　)/ 플래카드(　　)
(13) 팡파르(　　)/ 팡파레(　　)
(14) 카렌다(　　)/ 캘린더(　　)
(15) 케익(　　)/ 케이크(　　)

5 | 다음에 제시된 문장에서 밑줄 친 곳을 바르게 고쳐 보세요.

(01) 표정은 볼 수는 없지만 느낄 수는 있습니다.

➡ ____________________

(02) 지난해 시공사 부도 후 올 4월 공사를 재개하여 박차를 가한 결과 현재 전체 38% 공정을 보이며 순조로운 진척을 보이고 있다고 21일 밝혔다.

➡ ____________________

(03) ~ 후반 마차도와 이진호가 동점, 역전골을 터뜨려 2-1 역전승을 거두고 챔피언 결정전에 올랐다.

➡ ____________________

(04) 쓰레기를 함부로 버리는 자는 10만 원의 과태료가 부과됩니다.

➡ ____________________

(05) 기재 사항의 정정 또는 금융 기관의 수납인 및 취급자인이 없으면 무효이다.

➡ ____________________

참고문헌

국립국어원. 2010. 우리말의 이모저모.

김미형・서은아. 2010. 국어 표기법의 이해. 한국문화사.

김미형・서은아. 2010. 한국어 정서법과 교열. 한국문화사.

박동규. 1997. 글쓰기를 두려워 말라. 문학사상사.

박동근. 2012. 한글 맞춤법. 우리말글 바로 쓰기(상명대학교 충청남도 지방공무원 국어능력 향상 교육과정 교재). 상명대학교 국어문화원.

서은아. 2012. 띄어쓰기. 우리말글 바로 쓰기(상명대학교 충청남도 지방공무원 국어능력향상 교육과정 교재). 상명대학교 국어문화원.

이상임・김수이・고인환・김동건・김진해. 2010. 상상과 창조의 글쓰기. 경희대 출판문화원.

이진원. 2010. 우리말 사용 설명서. 서해문집.

유하라. 2011. 한글 맞춤법. 바른 국어 생활(국어문화학교 국어전문교육과정). 국립국어원.

유하라. 2012. 띄어쓰기. 바른 국어 생활(국어문화학교 국어전문교육과정). 국립국어원.

정희창. 2010. 띄어쓰기. 바른 국어 생활(국어전문교육과정). 국립국어원.

Ⅱ

논리적인 글 읽기와 쓰기

1. 인문학과 독서

인문학은 인간에 대한 탐색과 모색, 인간이란 무엇인가라는 질문에 대한 추적이다. 인간은 언어와 논리, 상징체계를 통해 사유하는 존재이다. 사유는 이성 능력을 바탕으로 하는 합리성을 추구한다. 세계와 자신에 대한 인간의 사유는 인문학의 분화를 가져왔다. 인문학의 주된 영역인 문학, 역사, 철학은 사회와 문화의 모든 영역을 대상으로 한다. 다양한 대상을 다루고 있는 인문학에 접근하기 위해서는 관심을 넓히고 공부를 폭넓게 해야 할 것이다. 이렇듯 방대한 지식을 담고 있는 인문학에 접근하는 방법 중 하나가 독서이다. 다음에 제시되는 글을 통해서 인문학과 독서의 관계에 대해서 생각해 보자.

읽기자료 1

인문학은 어떤 학문인가

인문학은 학제적 분류 개념들 가운데 하나이다. 모든 학문들 간의 학제적 구별은 절대적이 아니며 때로는 모호하다. 그럼에도 불구하고 이러한 구별을 하는 것은 실질적으로 불가피하고 편이하기도 하다. 인간의 자의적 지적 활동이자 그 산물인 학문은 일차적으로는 순수한 지적 호기심의 표현이자 결과인 서술적인 것과, 생물학적 욕망의 표출이며 결과인 실천적인 것으로 구별된다.

이 두 종류의 학문들은 이론적 학문과 도구적 학문으로 부를 수 있다. 서술적 학문을 이론적 학문으로 부를 수 있는 이유는 서술적 학문의 목적이 단순히 어떤 대상을 서술하는 것에 그치지 않고 그 대상의 다양한 현상의 원리를 파악하고자 하는 데 있기 때문이다. 서술과 이론은 모두 어떤 현상 서술의 표상이란 점에서는 동일하다. 그러나 서술적 표상이 그 대상의 복사를 지향하는 데 반해 이론적 표상은 그 대상의 여러 특수성을 추상적이면서 자연적 법칙 혹은 객관적 원리에 근거한 연역적 해명을 의도한다는 점에서 사뭇 다르다. 서술적 앎으로서의 사진, 그림, 소설은 어떤 사물이나 사건을 사실적으로 재현해준다. 그러나 서술적 앎은 그러한 사물이나 사건이 발생하게 되는 원리나 법칙을 밝히지는 못한다. 반면 이론적 앎으로서의 뉴턴의 역학, 다윈의 진화론, 마르크스의 역사적 유물론, 종교의 교리, 애덤 스미스의 국부론 등은 특정 원리 혹은 법칙에 비춰 물리현상, 생명체의 다양성, 역사의 변화, 우주의 기원과 그 안에서 벌어지는 모든 현상, 경제현상 등의 메커니즘을 밝혀낸다. 그러나 이론적 앎은 그러한 것들을 사실적으로 재현해주지는 못한다.

또한 이론적 앎은 탐구대상이 존재론적으로 물질적 현상이냐 정신적 현상이냐는 판단에 따라 독일의 사회과학자 막스 베버의 용어를 빌리면 전통적으로 물리학·화학·생물학 때로는 심리학을 포함하는 자연과학과 역시 전통적으로 문학·역사학·철학 때로는 심리학 그리고 사회학·경제학·정치학·인류학 등을 포괄하는 정신과학으로 분류된다.

정신과학은 대상의 여러 현상들이 자연과학의 경우와 마찬가지로 자연법칙에 따라 인과적으로 설명될 수 있느냐, 아니면 자연과학의 경우와는 달리 문화적 규범에 따라 논리적으로 이해할 수 있느냐 하는 것으로 사회과학과 인문학으로 구분된다. 사회과학에는 사회학·경제학·정치학·인류학 등이 포함되고, 인문학에는 문학·역사학·철학 등이 포함된다. 이러한 점에서 인문학은 결코 과학이라고 말할 수 없다. 인문학도 일종의 앎을 추구한다는 점에서 널리 사용되는 인문과학이란 개념은 자기 모순적이다. 인문학에는 그냥 인문학이란 개념이 더 적절하다. 객관성은 앎이 지향하는 바이고 자연과학적 앎이 가장 객관적 앎이란 점에서 모든 앎의 이상이기는 하지만, 모든 앎이 자연과학으로 환원될 수는 없다.

인문학을 대표하는 문학·역사·철학 등은 앎의 대상이 물리적 혹은 물리적 현상으로 보여진 현상이 아니라 기호 혹은 기호적으로 보여진 현상이라는 점에서 동일하다. 학문으로서의 문학의 대상은 문자적 기호로서의 문학작품이고, 역사학의 대상은 문자적 기호로서의 역사적 기록 혹은 기호로 볼 수 있는 역사적 유물·유적이다. 또한 철학의 대상은 문자적 기호로서의 철학 텍스트 혹은 기호로 볼 수 있는 철학적 사유 활동이다. 기호는 해석의 대상이며 해석은 언제나 의미의 해석이다. 그러므로 기호를 앎의 대상으로 하는 인문학은 지각할 수 있는 기호 안에서 비지각적인 의미를 찾아내고 해석을 해석하는 학문, 즉 일종의 기호학이다. 기호의 의미는 어떤 물리적 현상・사건・상황일 수 있고, 기호를 표시한 인간의 감정이나 의도 혹은 생각일 수 있다.

기호로서의 문학작품은 작가가 자신의 상상을 통해 머릿속에 꾸며보는 자연적・사회적 모습 혹은 인간의 지적・미학적・도덕적 삶의 다양한 모습을 지칭하거나 의미를 나타내기 위해 사용된 언어적 매체이다. 그러므로 문학작품의 해석을 목적으로 하는 학문으로서의 문학의 기능은 문학작품이라는 기호가 표상하는, 작가가 보는 인간세계와 이러한 세계에 대한 작가의 정서적・지적 반응을 읽어내는 데 있다. 학문으로서의 이러한 문학작품 해석을 통해 우리는 세계, 사회, 인간의 모든 문제를 새로운 각도에서 바라보고, 생각하고, 느끼며 인간의 삶에 관한 시야를 넓힐 기회를 갖게 된다.

역사는 시간의 축에서 본 인류의 집단적 삶의 변화에 대해 역사 서적과 같은 문자적 기호, 문명의 유적이나 유산 같이 비문자적 기호로 기록된 이야기이며, 기호 그 자체이다. 이러한 역사적 기호를 통해 우리는 인류로서의 우리의 객관적 자화상과 그 의미를 배울 수 있다. 이런 점에서 역사적 기호의 해독, 즉 역사학의 기능은 인류의 집단적 자기 인식에 있고, 이러한 자기 인식의 의미는 지평선상에서 인류의 삶의 의미를 발견하는 데 있다.

철학은 인간의 경험을 가장 포괄적인 동시에 체계적으로, 또 가장 심도 있는 동시에 투명하게 설명한다. 학문으로서의 철학은 이러한 철학적 의도의 표시이며 결과로 볼 수 있는 철학적 기호 혹은 텍스트의 해석을 통해 과거 위대한 철학자들이 파악한 세계관을 이해하고 배우는 데 있다. 그러나 더욱 중요한 기능은 세계 전체에 대한 진리를 발견하기에 앞서 모든 기호의 의미를 논리적으로 투명하고 정확하게 사유하는 데 있다. 자연과학이 자연현상에 관한 학문이라면 인문학은 마음에 관한 학문이다.

인문학은 왜 중요할까

동서를 막론하고 과거 전통적 교육의 핵심에는 인문학이 있었다. 동양 특히 한국의 고려 시대에는 불경佛經이, 조선 시대에는 사서오경四書五經의 암기와 이해가 교육 내용의 전부였다. 수학 교육이 빠지지 않았던 그리스 전통을 이어받은 서양에서도 신학・철학・문학의 고전들이 교육 내용의 거의 전부였다.

근대적 대학의 설립과 아울러 학문이 학제적으로 틀을 갖추면서 인문계・사회계・자연계・공학계・예능계 등으로 정착되었다. 인문학의 구체적 연구대상이 사서오경과 서양의 고전으로만 제한되지 않고 문학・역사・철학적 사유에 관한 제 문제로 확장된 후 20

세기 초까지만 해도 인문학은 여전히 가장 중요한 교육 대상으로 인식되었다. 이러한 사실은 단과대학들을 포괄한 종합대학의 핵심에 행정적으로 문학·역사학·철학 교육을 목적으로 하는 인문학과 기초과학의 교육을 목적으로 하는 문리과대학이 늘 중심에 있었고, 불과 반세기 전까지만 해도 문리과대학의 중심에는 늘 인문학이 있었다는 사실에서 확인할 수 있다. 이러한 역사적 사실은 동서를 막론하고 교육적 관점에서 인문학이 얼마나 중요하게 인식돼왔는가 하는 사실을 잘 말해준다.

이러한 상황은 반세기 전부터 조금씩 변해왔는데 최근에는 변화의 속도가 더욱 빨라지면서 전통 학문의 가치 계열에 대한 인식이 완전히 뒤바뀌었다. 이러한 현상은 문리과대학 안에서도 인문계보다는 자연계 학과에, 문리과대학보다는 사회계열의 대학에, 사회계열대학보다는 공과대학에 학생들이 몰리고, 국가적·사회적 투자가 집중되고 있는 사실로 나타난다. 전통적으로 종합대학의 중심이었던 문과대학은 썰렁해지고 학문의 여왕으로 자타가 공인했던 철학은 시녀의 신세로 천대받기에 이르렀다.

그러나 사실상 따지고 보면 이유는 너무 간단하고 명확하다. 봉건적 농경사회가 지역적 자본주의 산업사회로, 초기의 경쟁적 자본주의 산업사회가 지구적 경쟁이 불가피한 첨단 과학기술의 국제자본주의 사회로 급변하면서 물질적 가치가 정신적 가치를 압도적으로 지배하게 되면서, 이러한 사회에서 날로 치열해만 가는 경쟁에서 살아남기 위해서는 전문화된 기술 습득이 필수조건이기 때문이다. 이러한 사회적 현실에서 인문학에 대해 소홀해지거나 아예 내팽개치고 전문기술 학과에만 몰리는 학생들이나 그들의 부모를 무조건 비판할 수는 없다. 누가 생존을 거부할 수 있으며, 누가 물질적 풍요를 마다하겠는가?

그럼에도 불구하고 인문학은 역시 중요하다. 오늘날과 같은 사회적 현실에서 인문학은 다른 어느 때보다도 교육적으로 더욱 중요하다고 할 수 있다. 개인, 사회, 교육자, 피교육자 모두 이러한 사실을 알고 있다. 현재 학계와 교육계에서 중요한 화두의 하나가 되고 있는 '인문학 위기'라는 개념은 이러한 사실의 실증이다. 그렇지만 인문학의 중요성에 대한 근거는 아직 분명하지 않다.

그렇다면 인문학은 왜 중요할까? 흔히 인문학의 도구적 가치를 근거로 인문학의 중요성을 주장한다. 여기서 인문학의 도구적 가치는 경쟁에서 승리하기 위한 도구적 가치와 개인과 사회의 발전에 필요한 도구적 가치로 양분할 수 있다.

첫 번째 주장은 대략 다음과 같은 논리로 전개된다. 우리는 모두 잘 살기를 바란다. 그러자면 오늘날 전 세계적으로 벌어지고 있는 개인적·집단적·국가적으로 치열한 모든 종류의 경쟁, 특히 경제적 경쟁에서 이겨야만 한다. 그렇게 하자면 갖가지 기술, 특히 과학기술 개발의 경쟁에서 남들보다 앞서야 하며, 경쟁에서 앞서려면 창의력이 필요하다.

그러나 과학기술개발 자체는 역설적으로 기술적이 아니라 창의성의 문제이며, 창의성은 논리적 사유의 기계적 결과가 아니라 논리적으로 설명할 수 없는 상상력의 산물이다. 창의적 상상력은 문학작품의 이해와 분석을 통해 가장 효과적으로 훈련할 수 있다. 왜냐하면 문학작품 자체가 누군가의 풍부한 상상력이 빚어낸 예술작품이기 때문이다.

두 번째 주장은 대략 다음과 같은 논리로 전개된다. 오늘날 세계가 날로 복잡해지고, 지식과 직업이 급속도로 세분화되며, 생활이 갈수록 더욱 바빠진다. 그럴수록 필요한 것은 자신의 행동과 사유 그리고 역사와 사회의 분산된 모든 현상을 종합적으로 파악해서 반성적으로 비판하고 개혁할 수 있는 적절한 거리 유지가 필요하다. 지적 기능 최고의 결정체인 문학·역사·철학의 고전들은 이러한 능력을 자극하고 계발하는 데 빼놓을 수 없는 교과서로서 우리의 지적 능력을 키우는 데 도구적 가치를 지니고 있다.

물론 인문학이 위와 같은 도구적 기능을 할 수 있지만, 이러한 도구적 가치는 우연적이고 피상적 속성이지 본질적인 것은 아니다. 인문학의 본질적 가치는 내재적 가치, 즉 목적을 위한 수단이 아니라 그 자체가 바로 목적이라는 데 있다. 문학작품에서 느끼는 감동, 역사 공부를 통해 경험하는 인류의 일원으로서의 자아의식, 그리고 철학을 통해 배우는 사유의 투명성은 물질 이상으로 인간의 삶을 풍요롭게 해주는 정신적 양식인 것이다.

이러한 점에서 인문학적 가치야말로 인간을 인간답게 하는 유일한 조건인 것이다. 결론적으로 말해서 인문학이 중요한 것은 그것이 추구하는 가치가 곧 인간으로 존재하는 우리 자신의 가치이기 때문이다.

박이문, 「인문학의 중요성」, 『통합의 인문학』, 知와 사랑, 2009.

연습문제 1

1 | 우리 사회에서는 인문학의 위기를 언급하는 한편 인문학 관련 책들이 출판되면서 인문학에 대한 관심이 증대되고 있다. 이러한 인문학에 대한 열기에는 오해 또한 만연해 있다. 인문학에 대한 '오해'가 무엇인지 생각해 보고, 이에 대해 토론해 보자.

2 | 한때 우리 사회에서 '기술만이 살길이다'라는 식의 과학만능이데올로기가 강조된 적이 있다. 이러한 이데올로기가 지닌 문제에 대해 토론해 보자.

3 | 교양이 결여되었을 때 구체적으로 야기될 수 있는 문제들을 자신의 경험과 결부시켜 말해 보자.

문제 2

1 | 앞에서 배운 '요약하기'의 방법에 따라서 '인문학의 개념'과 '인문학의 중요성'에 대해 1000자 내외로 요약해 보자.

2 | '교양'의 사전적 의미를 찾아보고, '확대 정의'의 방식으로 자신이 생각하고 있는 교양의 개념과 그 필요성에 대해서 두 단락으로 써 보자.

3 | 베스트셀러 목록 중에서 '인문학' 분야의 책을 조사해 보자. 그 중 한 권을 선택하여 읽고 자신의 감상을 A4 한 페이지에 써 보자.

읽기자료 2

책의 날을 기하여 책을 읽는 국민이 되어야 한다는 말을 많이 듣는다. 이것이 가능하기 위해서는 사회 분위기와 제도 개선이 필요하다. 그러나 외적인 조건을 만드는 일은 그에 따르는 마음-책 읽기의 마음을 만들어냄으로써 완성될 것이다.

프랑크푸르트 도서전 주빈국 행사의 중요한 항목의 하나로서 한국문학 낭독회가 있다. 이 한국문학 낭독회는 지난 3월 15일 라이프치히에서 시작되어, 지난주 쾰른 낭독회를 비롯하여 독일 각지에서 계속되고, 오는 10월에 가서 프랑크푸르트에서 끝나게 될 것이다. 나는 지난 3월의 라이프치히 낭독회를 참관할 기회가 있었다. 그러면서 그런 낭독회가 어떤 의미를 가질 수 있는가를 생각해보지 않을 수 없었다. 그것은 절로 책 읽기에 작용하는 마음이 무엇인가를 생각하는 일이 되었다.

우리는 작품과 독자가 이어지는 방식으로 공중 장소에서 작품을 낭독하는 것이 효과적인 방법일까 하는 의심을 가질 수 있다. 낭독은 작가에게도 간단한 일이 아니지만, 청중의 입장에서 볼 때 낭독회장에 가서 가만히 앉아 시나 소설의 한 부분을 듣는다는 것은 그렇게 재미있는 일이 아니기 쉽다. 이런 판단이 우리 사회에 문학 낭독의 행사가 별로 많지 않은 이유일 것이다. 그러나 독일의 사정은 우리나라와 사뭇 달라서 낭독은 널리 행해지고 제도화된 문화 행사의 방식으로 보인다. 한국문학 낭독회가 성공적이었다면, 우리 작가들의 노력 못지않게 독일의 문학 낭독의 제도로 인하여 가능한 것이었다.

낭독회가 의미 있는 것이 되려면 청중이 사람의 말에 귀를 기울일 수 있는 준비가 되어 있어야 한다. 남의 말에 귀를 기울인다는 것은 얼마나 어려운 일인가. 특히 문학 낭독회에서 청자는 메시지의 요지만이 아니라 말들의 섬세한 뉘앙스까지도 예민하게 그 자리에서 감지해야 한다. 이것은 우선 마음을 비움으로써만 가능하다. 그래서 들리는 말이 그대로 내 마음 안으로 들어올 수 있게 하여야 한다. 다른 사람의 말을 귀담아 듣기 위하여 내 마음을 비우는 것은 어느 시대에나 쉬운 일이 아니지만, 오늘 같은 소음의 시대에는 특히 어려운 일이다. 이 소음은 밖에서도 나고 내 안에서도 인다. 내 마음의 소음은 검토되지 아니한 주장들이기도 하고, 단순한 마음의 설렘이기도 하다. 고정하지 못하는 마음은 끊임없이 자극을 찾아서 자극에서 자극으로 옮겨간다. 여기에 대응하는 것이 영상물이나 자극적인 이야기 또는 마구 흡수되는 정보의 단편들이다.

그러니까 역설적으로 자극을 추구하는 마음은 앞에서 말한 것과는 다른 의미에서 공허하고 수동적인 상태에 있다. 그것은 밖에서 오는 자극에 끌려 다닌다. 그러나 이것은 스스로가 원하는 것이기도 하다. 이에 대하여 작품을 읽는 작가의 말에 귀를 기울이는 것은 마음을 수동 상태에 두면서 동시에 마음을 가장 유연하게 스스로의 힘으로 움직이게 한다는 것을 의미한다. 낭독을 듣는 마음은 말의 하나하나에 주의하면서, 동시에 그것을 전체의 의미 속에서 파악해야 한다. 이러한 마음의 주의와 구성의 작용은 성급한 움직임 속에서는 일어나지 않는다.

그것은 문학 작품의 경우에 특히 그러하다. 문학 작품은 독자에게 직접 말을 걸어오지 아니한다. 작가는 말로서 나를 겨냥하는 것이 아니라 하나의 세계를 만들어 나간다. 독자는 이 건축 작업을 넘겨보면서, 거기에서 메시지를 읽어낸다. 들려오는 말에 귀 기울이면서 그것이 그리는 궤적을 전체적으로 하나로 보아야 하는 것이다.

이 과정에서 마음이 전체를 그려본다는 것은 멈추어 서는 여유를 갖는다는 것을 말한다. 많은 시들은 이미지를 그 어휘로 한다. 이미지는 상상으로 재생되기 전에는 독자에게 큰 의미를 갖지 못한다. 또 여러 이미지들은 하나의 통일된 공간에 놓여야 한다. 이미지가 없는 글의 경우에도 독자는 단어나 문자의 의미를 이해하고 그것을 마음의 공간에 병치하여 그것들 사이의 의미 관계를 하나로 보아야 한다. 이때 마음의 공간은 단순히 듣거나 읽는 말의 의미가 만들어 내는 공간이 아니다. 그것은 거기에 들어 있지 않는 의미의 가능성들을 포함하는 마음 그 자체이다. 이러한 마음의 공간에 스스로를 맡기는 것은, 조금 거창하게 말하면 다음의 바탕으로 또 마음과 세계가 일치하는 어떤 바탕으로 돌아가는 일이다. 얼마 전까지도 사람들 사이에 애송되던 <성불사의 밤>은 산사에 머무는 나그네가 한밤에 홀로 깨어 풍경소리를 듣고 있는 것을 주제로 삼고 있다. 그런데 가사는 "저 손아, 마저 잠들어 혼자 울게 하여라" 하며, 나그네에게 아무도 듣지 않는 상태에서 풍경이 울리게 할 것을 요청한다. 이 요청의 깊은 의미를 이해하기 위해서는 독자는 (적어도 가사의 경우) 잠깐 멈추어 듣는 사람이 없는 공간으로 퍼져 나가는 소리가 어떤 것일까를 상상해야 한다. (이 노산 이은상의 시조의 메시지도 객관적이고 엄정한 진리의 과정에 필요한 思無邪의 경지에 관한 것이다. 그렇다고 이것이 반드시 보통 사람은 알 수 없는 심오한 경지만을 말하는 것은 아니다.)

이러한 복잡한, 그러나 저절로 일어나는 마음의 움직임이 개입되는 것이 낭독의 현장이다. 이러한 마음의 움직임은 낭독에서나 독서에서나 비슷한 것이지만, 아마 낭독의 경우에 이것은 더 집중적으로 일어날 것이다. 말하여지는 말과 듣는 일이 더욱 정확하게 맞아 떨어져야 하기 때문이다. 한편 책에 쓰인 다른 사람의 말은 이미 내 자의의 영역에 들어와 있어서 그러한 정확한 동시성을 요구하지 않는다고 할 수 있다. 그렇기는 하나 어느 경우에나 필요한 것은 마음을 수용의 상태에 두면서 동시에 그 구성작용을 자유롭게 하는 일이다. 그런데 이것은 갈수록 어려운 일이 되어 간다.

이 며칠 사이 책을 읽어야 한다는 말을 많이 듣지만, 되새겨야 할 중요한 사항의 하나는 자유롭고 여유 있는 마음이 의미 있는 책 읽기의 전제라는 사실이다. 또 그것이 교육적 독서의 중요한 목표이다. 독서는 시험과 효용에 의하여 검증되고 엄숙한 의무로 부과

되어서 의미 있는 일이 되지는 않는다. 미국의 저술가 모티머 아들러는 아동들이 책을 읽고 그것을 좋아하게 하는 방법은 책이 가득한 장소에 그들을 그대로 풀어 놓는 것이라고 말한 일이 있다. 물론 그 공간은 조용한 공간이라야 한다. 그리고 책 읽는 마음이 되려면 시간이 자유롭고 마음이 자유로워야 한다. 이러한 책 읽는 환경은 사회 전체의 삶의 조건으로서만 성립한다.

라이프치히의 한국문학 낭독회는 골리셔 슐로쉔(골리스 小城)에서 열렸다. 그것은 18세기 세워진, 바로크식 정원이 있는 바로크 건축물이다. 건물이 서 있는 거리는 극히 한적한 곳이었다. 낭독회는 이 성의 우아한 그러면서 소박한, 너무 크지도 작지도 않은 객실에서 개최되었다. 청중들은 방에 놓인 의자에 조용히 앉아서 우리 작가들의 낭독과 거문고와 칠현금과 생황으로 구성된 트리오의 연주에 귀를 기울였다. 낭독의 공간은 쾌적했다. 그러나 물리적 환경과 진지한 청중보다도 낭독의 의미를 살리는 데 더 중요한 것은 독일 사회가 (아직은) 나지막하게 들려오는 귀중한 말에 귀 기울일 수 있는 마음을 지닌 사회라는 사실일 것이다.

김우창, 「책 읽기와 책 읽는 마음」, 〈경향신문〉, 2005. 4. 28.

연습문제 1

1 | 필자는 우리 사회를 '소음의 시대'로 규정하고 있다. 우리 주변에서 '소음'은 어디에서 비롯되는지, '소음'을 유발하는 것은 무엇인지 생각해 보자.

2 | 한국문학 낭독을 들어 본 적이 있는가? 다음의 팟캐스트 중 하나를 선택하여 들어 보고, 느낀 점에 대해서 이야기해 보자.

- 이동진의 빨간 책방 – http://www.wisdomhouse.kr/sns/redbooks/redbooks.xml, https://itunes.apple.com/kr/podcast/id519983684
- 김영하의 책 읽는 시간 – https://itunes.apple.com/kr/podcast/id356061083
- 창비 라디오 책다방 – http://pod.ssenhosting.com/rss/changbi.xml
- 문학동네 채널1 문학이야기 – https://itunes.apple.com/kr/podcast/munhaks-podcast/id681094018?l=en

문제 2

1 | 자신의 독서 체험을 떠올려 보고, 기억에 남는 책 혹은 작가에 대해서 소개하는 글을 A4 1장으로 써 보자.

2 | 제시문은 '독서'의 전제로 '사회적 환경'이 조성되어야 한다고 역설하고 있는 글이다. '사회적 환경'과 함께 개인적으로 필요한 요건은 무엇일지 생각해 보고, 자신의 독서 환경에 대해서 서술해 보자.

읽기자료 3

책 읽는 소리에 담 넘은 처녀

옛날에는 책을 눈으로 읽지 않고 입으로 읽었다. 아이들은 서당에서 훈장이 읽는 소리에 따라 낭랑하게 목청을 돋우며 읽었다. 훈장은 몸을 앞뒤로 흔들면서 읽고, 아이들은 앞뒤로 조금씩 흔들면서 읽었다. 몸의 움직임에 따라 리듬이 저절로 생겨나겠지? 책 읽는 소리는 사람의 기분을 참 좋게 해준다.

송나라 때 유명한 학자 예사(倪思)는 이렇게 말했다.

> 솔바람 소리, 시냇물 소리, 산새 소리, 풀벌레 소리, 학 울음소리, 거문고 소리, 바둑 두는 소리, 비가 섬돌 위로 떨어지는 소리, 창문에 눈발이 흩날리는 소리, 차 달이는 소리 등은 모두 소리 중에서도 지극히 맑다. 하지만 낭랑하게 책 읽는 소리가 가장 좋다. 다른 사람이 책 읽는 소리를 들으면 그렇게까지 기쁘지는 않은데, 자식의 책 읽는 소리만큼은 기쁨을 이루 말로 다 할 수가 없다.

≪암서유사(巖棲幽事)≫라는 책에 실려 있는 내용이다. 예나 지금이나 자식이 공부하는 것을 바라는 부모 마음은 같구나. 다른 어떤 소리보다 책 읽는 소리가 좋고, 특히 자식이 책 읽는 소리는 기쁨을 다 표현할 수 없다는구나. 조선 중기 문장가 이정구(李廷龜)라는 이도 세상에서 가장 아름다운 소리가 깊은 산골 초가집에서 영특한 선비가 시를 읊는 소리라고 말한 적이 있다. 눈이 쌓인 깊은 산골의 작은 오두막집에서 밤낮없이 들려오는 시 읊고 책 읽는 소리는 얼마나 듣기 좋은 음악이었겠니.

가락에 맞춰 자꾸 되풀이해서 글을 읽다 보면 글의 가락이 나도 모르게 머릿속에 스며들어 뜻을 잘 몰라도 글을 줄줄 외울 수가 있다. 옛말에 '독서백편의자현(讀書百遍意自見)'이란 말이 있다. 책을 1백 번 읽으면 의미를 굳이 알려 하지 않아도 저절로 알게 된다는 뜻이다.

옛날 아이들은 어려서부터 사랑채에서 들려오는 어른들의 글 읽는 소리를 들으면서 자랐다. 총명한 아이들은 그 소리를 듣고 배우지도 않은 글을 외워 어른들을 놀라게 하기도 했지. 조선 후기 유명한 학자인 권상하(權尙夏) 같은 분은 어려서 할아버지가 품에 안고서 ≪시경(詩經)≫을 외우곤 했는데, 다음날 아침이면 전날 들은 내용을 한 글자도 빠뜨리지 않고 줄줄 외워 나중에는 책 전부를 통째로 외웠다고 하는구나.

책 읽는 소리 때문에 벌어진 재미난 일도 많았단다. 이웃집 젊은이가 밤마다 낭랑한 목소리로 글을 읽으면 옆집에 사는 처녀는 목소리의 주인공이 궁금해서 혼자 이런저런 상상을 하곤 했겠지. 그러다 보니 자신도 모르게 이웃집 젊은이를 연모하는 마음이 싹트곤 했다. 옛날이야기에는 옆집 젊은이의 책 읽는 소리에 마음을 빼앗긴 처녀가 용기를 내서 담을 넘어가서 사랑을 고백하는 이야기가 심심찮게 나온다.

세종 임금 때 한글 창제에 참여한 집현전 학사 정인지(鄭麟趾)에게도 그런 일이 있었단다. 정인지가 맑은 목소리로 밤낮없이 책을 읽자, 옆집 처녀가 담장 사이로 그 모습을 엿보고는 흠모하는 마음을 품었던 거야. 어느 날 밤 마침내 처녀는 담을 넘어 정인지의 방에 들어가서 사랑을 고백하게 되었지. 정인지는 옆집 처녀를 잘 타일러서 돌려보내려고 했지만, 처녀는 자기 마음을 받아 주지 않으면 소리를 질러 사람들에게 알리겠다며 버텼어. 정인지는 참 난감했겠지. 결국 내일 날이 밝으면 부모님에게 말씀드려 정식으로 청혼해서 아내로 맞이하겠다는 말로 처녀를 겨우 달래서 돌려보냈다. 그러고는 아침에 지난밤 일을 어머니에게 얘기한 후, 조용히 이사를 가버렸단다. 그 처녀는 결국 상사병으로 죽고 말았다는구나.

조선 중종 임금 때 사림(士林)을 이끈 조광조(趙光祖) 같은 큰 학자는 담장을 넘어온 처녀의 종아리를 때려서 호되게 꾸짖어 돌려보내기도 했단다. 아무튼 이런 이야기가 심심찮게 전해지는 것을 보면, 실제로 이런 일이 적지 않게 있었다는 것을 알 수 있다. 하기야 지금 생각해 봐도 깊은 밤중에 낭랑하게 들려오는 책 읽는 소리는 정말로 듣기 좋았을 것 같구나.

살인 부른 낭독의 힘

책도 여러 종류가 있지만 옛날 사람들이 가장 재미있게 읽은 것은 소설책이다. 그런데 일반 백성들은 글을 잘 읽지 못했기 때문에, 전문적으로 이야기를 들려주는 이야기꾼이 있었다. 직업적으로 소설을 읽어 주는 이런 사람을 전기수(傳奇叟)라고 불렀다. 조선 후기 시인 조수삼(趙秀三)이란 이가 이 전기수에 대해 자세하게 기록한 글이 ≪추재기이(秋齋紀異)≫란 책에 실려 있다. 함께 읽어 보자꾸나.

> 전기수는 동대문 밖에 사는데, 한글로 쓴 이야기책을 입으로 얘기해 주었다. ≪숙향전≫이나 ≪소대성전≫ ≪심청전≫ ≪설인귀전≫ 같은 이야기책이었다. 매달 1일에 청계천 첫 번째 다리 아래 앉고, 2일에는 두 번째 다리 아래 앉는다. 3일에는 배오개에 앉고, 4일엔 교동 어귀에 앉았다. 5일에는 대사동 어귀에 앉고, 6일에는 종각 앞에 앉았다. 아래로부터 거슬러 올라와서 7일부터는 물길을 따라 내려간다. 내려갔다가 올라오고, 올라왔다가 또 내려가면 한 달이 끝났다. 다음 달도 또한 이와 같이 했다. 워낙 잘 읽었기 때문에 곁에서 구경하느라고 그를 에워싸곤 했다. 가장 긴박하거나 몹시 재미난 구절에

이르면 갑자기 입을 꾹 다물고 아무 소리가 없다. 사람들은 그 다음 이야기를 듣고 싶어서 다투어 돈을 던져 주었다.

무슨 공연 같지 않니? 입에 침을 튀겨 가며 신나게 옛날이야기를 공연하는 이야기꾼의 모습을 상상해 보렴. 당시에는 별다른 오락거리가 없었으니까, 이런 공연은 오늘날 너희가 재미난 영화나 아이돌 가수들 공연을 보는 것 이상으로 흥미롭고 설레는 일이었을 게야.

이야기꾼들이 워낙 실감나게 이야기책을 읽어 주니까, 듣는 사람들은 완전히 그 이야기 속에 빠져서 헤어나지 못한 경우도 있었다. 다음 이야기는 실화, 그러니까 실제로 있었던 일이다. 옛날에 이야기꾼이 종로 담배 가게에서 사람들을 모아 놓고 ≪임경업전(林慶業傳)≫을 들려주고 있었단다. 모두들 이야기에 푹 빠져서 듣고 있었지. 그런데 끝부분에 악당이 주인공 임경업 장군을 해치는 장면이 나왔어. 그때 이야기를 듣고 있던 한 사람이 갑자기 앞으로 뛰어나오더니, "죽이면 안 돼, 이 나쁜 놈아!" 하면서 담배 써는 칼로 이야기꾼을 찔러 죽이고 말았단다. 이야기꾼의 이야기 솜씨가 얼마나 실감났으면 그랬을까? 그 청중은 이야기와 현실을 착각할 만큼 완전히 몰입되어 있었던 거지. 바로 유명한 종로 담배 가게 살인 사건이란다.

서양에서도 11세기부터 저글러(joglars)라는 떠돌이 이야기꾼이 있어서 궁정 앞이나 장터에서 자신이 직접 지은 시구나 예전부터 전해 오는 문학 작품을 노래했다는구나. 이처럼 소리를 내서 책을 읽는 것은 대단한 효과가 있다. 너도 어릴 때 엄마 아빠가 동화를 읽어 주던 때 생각이 나지? 이야기마다 호랑이 목소리를 어흥 하고 내고, 쥐가 찍찍 하는 소리도 내고, 또 여우 누이가 간을 빼먹을 때 하는 무서운 목소리도 흉내 냈다. 그러면 너는 무섭다면서 이불 속으로 파고들곤 했지. 책을 읽으면서 감정을 얹으면, 책 속의 장면이 더 생생하게 느껴지는 법이지.

요즘은 영화나 드라마가 모든 것을 아주 생생한 화면으로 보여주지만, 사실 책은 어떤 영화나 드라마보다 훨씬 더 생생한 화면을 보여 주고 있는 셈이다. 왜냐고? 영화나 드라마가 도저히 재현해 낼 수 없는 엄청난 장면도 글로는 얼마든지 보여줄 수 있기 때문이지. 또 글은 문자로 이뤄지지만, 그것을 읽으면서 머리로는 오만 가지 광경을 다 떠올릴 수가 있다. 그래서 책이 영화나 드라마보다 더 힘이 있고 영향력도 있을 수 있지.

소리 통해 얻는 기운

옛사람들이 굳이 힘들게 소리를 내서 책을 읽은 것은 소리를 통해 그 글 속에 담긴 기운이 내게로 전해진다는 생각 때문이다. 인성구기(因聲求氣)란 말이 있는데, 소리를 통해 기운을 구한다는 뜻이란다.

동양이든 서양이든 예전에는 무조건 큰 소리로 책을 읽었다. 소리 내지 않고 눈으로만 읽는 것을 목독(目讀) 또는 묵독(默讀)이라고 한다. 눈으로만 읽는 독서를 예전에는 오히려 괴이한 일로 여겼다. 옛사람들은 소리를 내서 읽어야만 책에 기록된 내용이 죽은 기호에서 살아 있는 말로 깨어난다고 생각했다는구나. 소리 내서 읽는 것은 성독(聲讀) 또는 낭독(朗讀)이라고 한다. 책을 읽는 것을 독서(讀書)라고 하는데, 독(讀)은 그냥 눈으로 읽는 것이 아니라 소리는 내서 읽는 것을 뜻한다. 눈으로만 읽는 것은 간서(看書)라고 한다. 간(看)은 말 그대로 본다는 뜻이다. 송서(誦書)란 표현도 있지. 독서가 책을 펼쳐 들고 소리 내서 읽는 것이라면, 송서는 책을 덮고 소리 내서 암송하는 것을 말한다.

옛날 서당에서는 요즘으로 치면 여러 학년의 학생들이 한데 모여 공부했다. 많은 학생들이 저마다 배우는 책을 소리 내서 읽으면 굉장히 시끄럽고 소란스럽지 않을 수 없겠지. 그래서 어떤 시인은 서당에서 아이들이 책 읽는 소리가 여름밤에 연못가에서 시끄럽게 울어 대는 개구리 울음소리 같다는 멋진 비유를 한 적도 있다. 그 점은 서양에서도 마찬가지였다. 무려 100만 권에 가까운 책이 있었다는 고대 알렉산드리아 도서관도 언제나 여러 사람들의 책 읽는 소리가 하루 종일 높은 천장 위로 웅웅 대며 떠다니는 소란스러운 공간이었을 게다.

앞에서 나온 홍석주는 지난날 보고 들은 것과 독서에서 얻은 것을 적은 ≪학강산필(鶴岡散筆)≫에서 이렇게 말하고 있다.

> 옛사람이 말하는 독서는 마음을 차분히 가라앉혀 깊이 생각하면서 그 내용을 음미하는 것을 말한다. 소리 내서 읽는 것만 가리키는 것이 아니었다. 하지만 붓을 한번 잡기만 하면 천 마디의 말을 끝도 없이 써내려 갈 수 있는 것은 소리 내서 읽는 데서 힘을 얻어야만 한다. 이 또한 깊이 힘써서 노력하지 않으면 안 된다.

오늘날은 소리 내서 읽는 성독의 전통이 대부분 사라지고 말았다. 좋은 글을 소리 내서 읽으면 읽기뿐 아니라 쓰기 공부에도 크게 도움이 된다. 훌륭한 글은 소리를 내서 읽어 보면 리듬이 자연스러워 읽기가 참 편안하게 느껴진다. 반대로 좋지 않은 글도 소리를 내서 읽어 보면 금방 알 수 있지. 말이 입에 잘 붙지 않고 빽빽하게 느껴지면 좋은 글이 아니라고 보면 된다. 너도 글을 쓰고 나면 꼭 소리를 내서 읽는 습관을 들여 보도록 해라. 글짓기에 크게 도움이 될 게다. 소리에는 이상한 힘이 들어 있거든.

정민, 「소리 내서 읽어라」, 『정민 선생님이 들려주는 고전 독서법』, 진경문고, 2012.

연습문제 1

1 | 읽기자료 3의 '살인 부른 낭독의 힘' 중에서 ≪추재기이(秋齋紀異)≫에 실린 전기수와 관련된 부분을 차례로 '묵독(默讀)'과 '낭독(朗讀)'으로 읽어 보고 차이점에 대해서 이야기해 보자.

2 | 독서법에는 많이 읽는 방법(다독(多讀))과 꼼꼼히 읽는 방법(정독(精讀))이 있다. 각각의 방법에 대해서 장단점을 토론해 보자.

문제 2

1 | 읽기자료 2와 읽기자료 3은 오늘날 우리 사회에서 '낭독'이 사라진 현상에 대해서 서술하고 있는 글이다. 두 제시문을 바탕으로 하여 지금 우리 사회에서 '낭독'이 사라진 이유에 대해 자신의 생각을 자유롭게 써 보자.

2 | 청중에게 들려주는 '낭독'의 대상은 주로 시나 소설과 같은 문학작품이다. 시와 소설의 어떤 특성으로 말미암아 문학작품이 낭독의 대상이 되었다면 그 특성이 무엇인지에 대해 생각해 보자. 아울러 현대사회에서 전기수(傳奇叟)나 저글러(joglars)의 역할을 대체하고 있는 대상을 떠올려 보고 그 대상의 특성 및 의미하는 바에 대해서 비교·대조의 방법으로 한 편의 글을 써 보자.

3 | 읽기자료 2와 읽기자료 3은 '독서'의 중요성에 대해서 강조하고 있는 글이다. 우리에게 독서의 실상은 읽은 책과 읽지 않은 책을 명확하게 구별하기 어려울 때가 종종 있다. 이와 관련하여 피에르 바야르는 『읽지 않은 책에 대해 말하는 법』에서 '책을 읽었다'는 말이 매우 다양한 수준의 의미를 갖고 있음을 제시한다. 저자가 이 책에서 사용하고 있는 범례들을 참고해 보면, '전혀 접해보지 못한 책', '대충 뒤적거려본 책', '다른 사람들의 이야기를 듣고 알게 된 책', '읽었지만 내용을 잊어버린 책' 등이 우리가 읽은 책의 목록을 구성한다. 엄밀한 관점에서 보면 '읽었다고 말할 수 없는 책', '제대로 읽지 않은 책'의 목록이기도 하다. 앞에서 제시한 범례에 따라 '전혀 접해보지 못한 책', '대충 뒤적거려본 책', '다른 사람들의 이야기를 듣고 알게 된 책', '읽었지만 내용을 잊어버린 책'의 목록을 작성해 보자. 그리고 이 책들에 대한 자신의 생각을 에세이의 형식으로 써 보자.

참고문헌

김상환 외, 『문학과 철학의 만남』, 민음사, 2000.
김우창, 『시대의 흐름에 서서』, 생각의나무, 2005.
도정일, 『대담－인문학과 자연과학이 만나다』, 휴머니스트, 2005.
디트리히 슈바니츠, 『교양』, 인성기 역, 들녘, 2001.
박이문, 『박이문의 문학과 철학 이야기』, 살림, 2013.
신영복, 『강의－나의 동양고전 독법』, 돌베개, 2004.
월터 카우프만, 『인문학의 미래』, 이은정 역, 동녘, 2011.
이현우, 『로쟈의 인문학 서재』, 산책자, 2009.
정민, 『책 읽는 소리』, 마음산책, 2002.
피에르 바야르, 『읽지 않은 책에 대해 말하는 법』, 김병욱 역, 여름언덕, 2008.

2. 공동체와 개인

국가는 개인에게 시민의 의무를 강조한다. 그러나 진정으로 자아를 실현하기 위해서는 시민의 의무에서 벗어나 개인적 삶에 더 중요성을 부여해야 하지 않을까? 물론 보다 많은 개인의 자유에 대한 갈망에도 불구하고 개인의 안전을 위해 공동체의 존재는 필수불가결하다. 국가는 개인의 자유를 한정하는 동시에 그것을 보장해 주고 다른 사람들과의 공존을 가능하게 해주는 삶의 기반이다. 공동체와 개인의 갈등은 오랫동안 철학자들의 관심을 모았으며 개인의 자유가 증대된 민주주의 사회에서 더욱 중요한 쟁점이 되고 있다. 공동체는 어떤 의미에서 개인을 억압하고 어떤 의미에서 개인에게 필수적인지 살펴보기로 하자.

읽기자료 1

개인주의와 국가간섭주의

20세기는 개인보다 사회 전체의 공익을 우선시하는 전체주의와 개인의 이익과 자유를 우선시하는 개인주의가 크게 충돌한 시기였다. 전체주의는 한 사회를 머리, 몸통, 팔다리로 구성된 유기체로 이해했고 따라서 신체의 각 기관이 유기체 속에서 각각의 역할과 위치를 부여받는 것처럼 각 개인들도 그들의 역할을 수동적으로 부여받아 자신을 희생하면서까지 국가 전체의 이익을 위해 노력할 것을 권유했다. 그러나 무솔리니의 파시즘, 히틀러의 나치즘, 일본의 군국주의, 스탈린의 공산주의 등으로 대표되는 전체주의는 20세기 후반에 가서 거의 실패한 사상으로 나타났다. 반면 개인주의는 자본주의와 결합하여 현대인의 삶을 주도하고 있다.

개인주의란 개인이 모든 가치의 근원이자 중심인 첫 번째 현실을 구성한다는 것을 의미하는 사상으로 역사적으로 보면 개인주의는 르네상스 이후의 근대 유럽에서 태어난 사상 형태이다. 사회질서의 기본으로 여겨졌던 '국가'나 '가족'을 제치고 사회의 기본 단위로 부상한 '개인'은 그 자체가 '자유'와 동일시된다. 개인주의에서 한발 더 나아간 무정부주의는 국가나 정부기구는 본래가 해롭고 사악한 것이며 인간은 그것들 없이도 올바르고 조화로운 삶을 영위할 수 있다는 신념을 밝힌다. 무정부주의자들에 의하면 개인이 국가 이전에 존재하며 국가는 의무의 이름으로 개인을 인위적으로 통제하는 억압적 기구에 불과하다.

그러나 무정부주의자들이나 루소가 주장하는 것처럼 과연 자연상태에서 인간은 평등하고 행복했을까? 홉스(T.Hobbes)에 따르면 "모든 것이 모두에게 허락된 자연상태는 가장 끔찍한 종속관계보다 더 나쁜 자유상태일 것"이며 인간은 서로가 서로의 늑대가 되는 이 자연상태에서의 죽음을 두려워하기에 법으로 자신들을 통치할 권력체인 '리바이어던'을 만들어 폭력의 문제를 해결하게 된다. 요컨대 개인의 선천적인 선함이 제도에 의해 억압되었다고 믿는 무정부주의자들의 주장과 달리 모순적이게도 가장 강하고 엄격한 국가 안에서만 개인의 사적 영역이 보장될 수 있기에 국가의 탄생은 개인에게 필연적이라는 것이 홉스의 주장이다. 홉스는 인간을 이기적인 존재로 인지했기에 강제된 평화와 질서가 이기적인 인간들의 갈등을 종식시키기에 가장 적합하다고 생각했으며 그러기 위해선 폭군적 힘과 불평등이 필요하다는 다소 냉소적인 국가관을 제시했다. 헤겔 역시 국가는 개인보다 우선하는 것이라고 믿었다. 헤겔에 따르면 국가가 국가로서 존재하지 않는 곳에 인륜적으로 구성된 가족과 시민사회, 개인은 원칙상 존재할 수 없다.

이처럼 국가를 긍정적으로 평가하는 사람들의 주장에 따르면 개인을 우선시하는 정책은 결국 개인에게 불리하게 작용할 확률이 높다. 토크빌(Tocqueville)은 개인을 최고로 여기는 사회는 결국 사회 분열에 이르게 될 것이라고 말한 바 있다. 자신의 이익만을 추구하다 보면 사회관계 자체가 무너질 것이며 개인주의는 사회의 아노미 현상, 전체 규범의 상실과 사회분열을 초래할 수도 있다고 지적하는 목소리들도 많다. 즉, 개인의 행복이 곧 전체의 행복으로 이어진다는 개인주의적 사상의 문제점은 이기주의와의 경계선이 불분명하다는 것이다. 특히 경제문제와 관련 자본주의 사회의 개인주의는 이익과 권리의 문제에 있어 특권층이 그들의 이익을 충족시키기 위해 다수의 재산권을 침해하는 것을 허용하는 등 사회적 불평등의 심화로 이어진다는 지적을 받고 있다. 여기서 우리는 이익과 권리를 구분하여 생각해 볼 필요가 있다. 이익은 근본적으로 개인의 문제이지만 권리는 상호성을 함축한다. 어떤 행동을 할 권리가 나에게 있다면 다른 사람들도 동일한 권리를 지녀야 한다. 그리고 이 권리수호의 문제에 있어 필연적으로 요구되는 것이 바로 법과 제도이다. 힘의 논리가 강한 자의 이익만을 옹호한다면, 공동체의 법은 모든 구성원의 권리를 수호한다. 만약 법이 나의 이익을 지켜준다면 이것은 특별히 나를 좋아해서라기보다는 내 경우를 통해 사회조직 전체를 지키기 위함이다. 이처럼 권리의 보편성은 동등한 위치에 있는 사람들에게 적용되며 특권층의 이익을 위해 다른 사람들의 권리가 희생되는 것을 견제한다. 그러나 현실적으로 사회적 법이 보편적으로 지켜지고 있는지, 모든 사람의 권리를 동등하게 수호하고 있는지에 대해서는 의문의 여지가 있다. 마르크스는 1792년 발표된 모든 사람의 자유와 평등을 강조한 인권선언문에 대해 인류 전체가 아닌 부르주아의 이익을 충족시키는 법이라고 비난한 바 있다. 인권선언에서 강조된 고상한 자유의 개념 뒤에는 정치적 간섭을 배제한 기업운영의 자유가, 평등이라는 이상 뒤에는 단지 경쟁의 평등만이 존재하므로 궁극적으로 경쟁에서 불리한 약자와 피지배자에게 불리할 수 있다는 것이다. 같은 논지에서 마르크스는 루소의 사회계약론 역시 현실을 옹호하는 보수주의 이데올로기로 이용당할 수 있다는 점을 지적했다.

국가의 역량을 신임하는 사람들은 시장논리에 따른 경제력 남용의 방지, 국민복지 등을 위해 국가가 경제 분야에서 적극적인 규제와 조정을 할 수 있으며 더 나아가 개인의 선택권을 제약하거나 보호자적인 역할을 수행할 수 있다고 주장한다. 이들은 사회복지정책과 세금이 기업가에게 부담이 된다 하여도 결과적으로 노동자를 보호할 것이므로 얼마간의 생산성 저하를 감수하고라도 정당한 이익분배를 위한 국가의 개입이 필요하다고 본다. 그러나 이러한 간섭주의를 거부하는 측은 어떤 형태로든 개인을 위한다는 명분을 들어 정부가 개인 대신 결정을 내리는 것은 잘못되었다고 본다. 이들에 따르면 국가간섭주의는 개인과 국가엘리트 간의 관계를 대등하게 보지 않는 것에서 시작하는데, 만약 자신의 선택이 잘못된 것일지라도 개인은 그러한 실수의 과정을 거쳐 발전하게 되므로 일일이 간섭하고 제약하는 것은 옳지 못하다는 것이다. 애덤 스미스(Adam Smith)로 대표되는 자유주의자들은 이미 18세기에 정부는 경제시장에 개입해서는 안 된다고 주장했다. 중상주의를 비판하고 신흥부르주아의 합리적 경제활동을 지지했던 그들은 경제적·사회적 영역에서의 국가의 개입은 개인의 주도권을 훼손한다고 비판했다. 개인의 이윤창출을 이기주의로 간주하고 공동체를 위해 봉사하라는 국가중심적 사고를 권장할 경우 자유주의 시장에서 개인은 무력해질 수밖에 없기 때문이다. 그들의 주장에 따르면 정부의 역할은 완전한 상업적 자유를 보장하는 것뿐이다. 애덤 스미스는 이기적 개인의 자유로운 경제활동은 '보이지 않는 손'의 역할을 하는 시장에 의해 조정된다고 말하면서 인간 본성을 사회형성의 원리로 삼았다. 즉, 경제는 스스로를 조절하는 기능을 지니므로 어떤 제약도 없이 일할 경우 경제인은 더 많은 생산을 할 것이고 국가는 부유해질 것이라는 것이 그의 일관된 주장이었다. 그러나 만약 애덤 스미스가 부활한다면, 전세계가 자신의 이론을 받아들여 자본주의 체제가 된 것을 보고 감탄을 하겠는가, 아니면 경악을 하겠는가? 자본의 세계화에 따라 갈수록 심화되는 독점의 문제, 빈부격차의 문제는 보이지 않는 손의 능력에 의문을 갖게 한다.

역사가이자 경제학자인 시스몽디(J. C. Sismondi)[1]는 국가가 부강해진다고 해서 반드시

---

1) 시스몽디(J. C. Sismondi, 1973~1842) : 스위스의 역사가·경제학자. 파리를 중심으로 한 프랑스의 사상가·학자 서클에 출입하면서 다채로운 문필활동을 하였다. 특히 경제사상에서 그는 과소소비설(過少消費說)에 입각한 경제공황 이론을 구상하였다. 대표작인 『정치경제학신원리(政治經濟學新原理)』(2권, 1819)에서 D. 리카도 등의 영국 고전학파 경제학을 비판하고 자본의 구체적·현실적 운동을 이론화하여 전반적인 과잉생산 공황발생의 필연성을 밝혔다. 그 밖의 저서에 『중세이탈리아 제공화국사(諸共和

국민 모두가 부유해지고 행복해지는 것은 아니라며 자유주의의 한계를 지적했다. 그는 또한 자유주의는 소수의 특권층에만 유리한 제도이므로 다수의 안전을 위한 조치를 국가가 마련해야 한다고 주장했다. 애덤 스미스보다 50년 후에 『정치경제학신원리』를 쓴 시스몽디는 자본주의의 병폐와 현실을 목격할 수 있었고, 어떤 사회보장제도도 없는 상황에서 벌어지는 비참함을 관찰할 수 있었다. 그리고 이로부터 공동체는 개인과 약자를 보호해야 할 의무가 있음을 강조하게 된다.

말하자면 공동체주의는 극단적 개인주의로 인해 개인의 삶이 오히려 황폐해질 수 있다는 위기의식에서 출발한다. 어떤 보호막도 없이 주위에 대한 무관심으로 무장한 무한경쟁은 실패한 자를 절망으로 몰아넣을 것이며 빈부격차를 심화시킬 것이다. 또 모든 것을 개인이 책임져야 한다는 자유의 절대의무에 따른 강박과 우울증은 증가할 것이며 잘못된 개인주의는 가족해체와 이기주의, 시민간의 상호 신뢰성의 부재를 야기하게 될 것이다. 자신 외에 아무것도 믿을 수 없는 세상이 과연 바람직한 세상일까?

최영주 편, 「공동체는 개인의 자유를 억압하는가」 중에서, 『세계의 교양을 읽는다』, 휴머니스트, 2005.

國史)』(16권, 1807~1818), 『프랑스사』(31권, 1821~1844) 등이 있다.

연습문제 1

1 | 국가의 권력은 시민의 자유를 위해 필요한지에 대해서 토론해 보자.

2 | '다 본다'라는 뜻을 지닌 팬옵티콘(panopticon)은 영국의 공리주의 철학자 제레미 벤담(Jeremy Bentham)이 1791년 고안한 원형감옥이다. 벤담이 원형감옥을 구상한 것은 원형감옥의 중간에 감시탑을 세워 한눈에 죄수들을 감시하자는 뜻도 있었지만, 간수는 죄수를 볼 수 있지만 죄수는 간수를 볼 수 없다는 데에 핵심이 있다. 죄수들의 방은 밝고 간수의 감시탑은 어두워, 죄수는 간수를 볼 수 없지만 간수는 죄수를 볼 수 있다. 즉 죄수는 누군가 자신을 끊임없이 바라보고 있다는 생각을 함으로써 스스로를 통제할 수 있다는 것을 벤담은 목표로 제시했다. 이렇게 극단적인 감옥 구조가 아니더라도 감옥은 감시와 복종, 부자유의 공간을 상징한다. 이러한 감옥의 구조와 유사한 면이 있는 '공간'에 대해 생각해 보자.

문제 2

1 | 외교적 · 정치적 · 경제적 이유로 보호되어야 하는 국가의 비밀을 국민에게 알려야 할까? 이 문제에 대해서 두 가지 의견이 있다. 우선 비밀이 유출될 경우 국가는 위험에 처할 수 있고 그것은 국민에게 불리하게 작용하게 될 것이므로 모두의 이익을 위해 몇몇 진리는 은닉되는 편이 낫다는 주장이다. 반면 국가의 비밀이라는 명목하에 은닉되는 정보는 특권층에게 유리하게 적용되므로 일반시민들도 알 권리가 있다. 모든 사람은 알 권리가 있고 그 사실을 무시하는 것은 평등의 원칙에 어긋난다는 주장이다. 두 입장 중 어느 주장이 더 설득력을 갖고 있다고 생각하는지 자신의 입장을 밝혀 써 보자.

2 | 우리 사회에서 현실적으로 공표되지 않았던 기밀이었으나 이후에 공개된 기밀로는 무엇이 있는지 조사해 보자.

읽기자료 2

지난 주말 SBS 텔레비전이 내보낸 <외국인 대설전! 한국인은 왜?>라는 프로에서는 한국어를 할 줄 아는 외국인 80명이 나와 그들의 눈에 비친 한국 사회의 이모저모를 짚었다. 처음 거론된 것은 한국인들이 내면화하고 있는 '인종의 위계'였다. 토론의 실마리를 마련하기 위해 제작진이 택시 잡기와 이성 교제를 소재로 시행한 시뮬레이션에서, 한국인이 흑인들에게는 차갑고 백인들에게는 비교적 너그럽다는 것이 새삼 확인되었다. 시뮬레이션의 결과로 한국인의 인종주의를 일반화해서는 안 되겠지만, 평균적 한국인이 인종적 편견에서 그리 자유롭지 않고 그 인종주의가 유색인들에게 더 공격적이라는 것을 부정할 수는 없을 것이다.

외국인 출연자들은 한국어가 사뭇 유창했고, 그 유창함을 부분적으로 설명하듯 그들 가운데 일부는 한국인을 배우자로 두고 있었다. 그러니까 출연자 가운데 일부는 혼혈 자녀를 한국에서 키우고 있을 터였다. 서울의 경우 외국인이 주민집단의 1%에 이른다고 하고 다른 지역에도 외국인 거주자가 늘어나는 추세인 만큼, 한국인과 외국인 사이의 결혼도 점차 늘어날 것이다. 그리고 그 2세들 상당수는 한국에서 자라게 될 것이다.

그런데 이 아이들이 자라날 한국 사회는 어떤 사회인가? 순혈에 대한 열망은 어느 사회에서나 더러 발견되지만, 한국에서 그것은 거의 병적 집착의 수준에 다다라 있다. 이주 노동자에 대한 배척도 단지 사회경제적 이해관계의 엇갈림만이 아니라 섞임과 스밈을 두려워하는 문화심리적 순혈주의에 상당 부분 떠밀리고 있는 듯하다. 그래서 그 순혈주의를 정면으로 거스른 혼혈인들은 한국 사회 인종 사다리의 맨 아래에 깔려 있다. 실상 한국은 혼혈아들이 정상적으로 자라나기가 불가능한, 매우 드문 사회 가운데 하나다. 한국인 배우자와의 사이에 자식을 두고 있는 SBS 출연자들도 아이와 관련해서 이미 좌절감을 맛보았거나 이내 맛볼 것이다.

그러나 그들만 해도 대개 중간층에 속한 사람들인 것이다. 한국 경제의 한 귀퉁이를 떠받치고 있는 이주 노동자들이 한국인 배우자와의 사이에 둔 아이들 대부분은 방송의 문화 프로그램에 토론자로 얼굴을 내밀 수 있을 만큼 형편 좋은 부모를 만나기 어려울 것이다. 그들은 대체로 가난할 것이고, 그런 가난에 대한 사회경제적 편견은 순혈주의에 바탕을 둔 인종적 편견과 어우러져 그들의 삶을 정녕 힘들게 만들 것이다.

그것은 해방 이후 미군이 한반도에 주둔하면서 생기기 시작한 혼혈인들의 처지를 보아도 또렷하다. 그들은 가난만이 아니라 따돌림으로 학교를 거의 마치지 못했고, 일자리를 구할 수 없었고, 결국 제도권 바깥에 머물 수밖에 없었다. 혼혈인들의 인권 상황을 살펴온 박경태 씨의 추산(『당대비평』 봄호)에 따르면 미군과 한국인 여성 사이에 태어난 혼혈인은 3만~5만에 이르지만, 그 가운데 현재 한국에 남아 있는 사람들은 5백여 명에 지나지 않는다. 정부가 이들의 삶을 북돋우는 정책을 펴기는커녕 해외 입양을 비롯한 국외 이주 정책을 통해 혼혈인들을 한국 사회에서 솎아내는 쪽을 택했기 때문이다.

그 점에서 비판받아야 할 것은 정부만이 아니다. 정작 비판받아야 할 것은 정부로 하여금 궁극적 분리 정책을 고를 수밖에 없도록 한 한국인 일반의 순혈주의일 것이다. 그 순혈주의는 나와 다르다고 판단된 것에 대한 두려움과 미움에 바탕을 두고 있다. 그리고 그 두려움과 미움의 시선은 모든 '잡스러움'을 말끔히 씻어내려는 덧없는 욕망으로 이글거린다.

그러나 섞임과 스밈은 문화적·생물학적 진화의 피할 수 없는 요건이다. '순수한 한국인'이라는 것 역시 상상 속에서만 존재하는 허깨비다. 설령 그런 것이 존재한다고 할지라도, '순수한 한국인'만으로 이뤄진 사회는 흉측하기 짝이 없는 전체주의 사회일 것이다. 아름다움은 섞임 속에, '잡스러움' 속에 있다.

고종석, 「섞인 것이 아름답다」, 〈한국일보〉 2004. 3. 11.

연습문제 1

1 | 우리 사회에서의 소수, 마이너리티에 대해서 조사해 보자.

2 | '소수', '마이너리티'에 대해 '우대', '배려', '또 다른 차별'이라는 세 가지 입장 중 하나를 선택하여 토론해 보자.

문제 2

1 | 앞에서 조사한 소수, 마이너리티를 옹호 혹은 비판하는 입장 중 하나를 선택하여 자신의 생각을 글로 써 보자.

2 | 한국인이 다른 사회에서 소수 혹은 마이너리티가 되었던 사례를 조사한 뒤, 이에 대해서 짧은 글을 써 보자.

읽기자료 3

불문학자 김붕구 선생이 세상을 뜨기 전에 쓴, 더 정확히 말하면 그 긴 투병생활을 하기 전에 쓴, 그러니까 1960년대 말에 쓴, <한국의 대학생들>이라는 수필이 있다. 그 시절 한국의 젊은이들이, 그나마 형편이 조금 나은 편에 속하는 대학생들까지, 얼마나 불행한 삶을 살고 있는지 그 실정을 조목조목 들추어내는 이 글은 선생의 열정적인 문체와 현실을 바라보는 안타까운 시선이 어우러져 이상한 시정을 자아냈다. 소를 팔아 대학에 들어와서도 학비와 생활비를 벌기 위해서 아르바이트하는 시간이 공부하는 시간보다 더 많다. 서울 생활이 어려워도 고향의 가족을 생각하면 늘 죄의식에 사로잡혀 살아야 한다. 책과 현실의 괴리는 큰데 현명한 말을 해주는 스승은 없다. 이런 내용들을 줄줄이 열거하고 나서 선생은 다음과 같은 문장으로 끝을 맺었다. "아 그리고 군대에 가야 한다."

내가 40년도 넘게 이 글을 기억하고 있는 것은 나 자신이 "아 그리고 군대에 가야" 할 사람으로서 감동이 컸기 때문이다. 문제는 하던 공부를 중단해야 한다는 것만이 아니었다. 군대를 마친 선배들의 '모험담'을 나는 너무 많이 들었다. 그 시절 군대의 폭압적인 질서와 열악한 복무 환경도 두려웠지만, 폐쇄된 조직 내에서 자행되고 있다는 온갖 비리가 나를 더욱 떨게 했다.

나는 무사하다고 말할 수 있는 상태로 현역 복무를 마쳤지만, 정말로 사건이 없었던 것은 아니다. 내 건의를 묵살한 상급자의 실수로 내가 일주일간 영창생활을 해야 했던 것은 작은 일화일 뿐이고, 정작 크게 입은 상처는 누구에게도 고백할 수 없는 종류에 속한다. 전역 후에 재향군인회가 내 의사와 관계없이 나를 회원으로 가입시키고, 내 의사와 전혀 다른 정치적 성명을 발표할 때, 내가 느낀 모욕감도 그 고통의 연장이었다. 그런 중에도, 심신이 건강한 대한민국의 남자라면 누구도 빠짐없이 국방의 의무를 이행한다는 생각이 위안이라면 위안이었다. 그 생각은 내가 당하는 고통을 우리가 함께 나누는 고통으로, 그래서 견딜 만한 고통으로 바꿔준다.

세상도 군대도 많이 바뀌었다. 그러나 군대 문제는 여전히 젊은이들을 괴롭힌다. 대학에 입학한 남학생들이 한두 해를 방황 속에 허송하다가 '복학생 아저씨'가 되고 나서야 공부에 전념하는 경우가 적지 않다. 이를 두고 어떤 사람은 군대생활이 사람을 만들었기 때문이라고 주장하지만, 그보다는 오히려 군대 문제가 해결되기 전까지 사람이 사람답게 살 수 없었기 때문이라고 보는 편이 옳다.

우리에게서 군대 문제는 많은 모순을 담고 있는 것이 사실이지만, 그것이 사회적 의제로 떠오르기는 쉽지 않다. 우선 막강한 힘을 가진 국가 이데올로기도 있지만, '누구나 다 겪는 고통'이라는 생각도 군대 문제를 의제로 내걸 수 있는 길을 막는다. 방위산업체 근무자나 이공계 대학원생들, 특별히 국위를 선양한 젊은 인재들에게 군 입대를 면제해

주는 정책도 사실상 의제화의 길을 막는다. 그러나 '누구나'가 실은 '누구나'가 아니라는 사실이 알려지면 억눌렸던 의제는 가짜 의제가 되어 폭발한다. 가수 유승준 씨의 경우는 군대 문제가 전면에 걸려 있었지만, 최근에 미국으로 돌아간 가수 박재범 씨의 불행에도 그 이면에는 '누구나 겪는 고통'에서 면제된 사람에 대한 원한이 있다고 생각한다.

최근에 자신의 종교적 신념이나 세계관에 반해서 군대에 입대하기보다는 차라리 감옥행을 선택하는 젊은이들이 나타났다. 내가 그들에게 기대를 거는 이유는 그들의 용기와 희생이 자주 원한 폭발의 형식으로 나타나는 가짜 의제를 마침내 진짜 의제로 바꿔 줄 것이라고 믿기 때문이다.

황현산, 「군대 문제」, 〈한겨레〉, 2009. 9. 11.

연습문제 1

1 | 종교적 혹은 정치적 신념을 이유로 병역을 거부하는 것을 '양심적 병역거부'라고 한다. 이는 단순한 병역기피와는 구별된다. 양심적 병역거부자들은 군입대 대신에 감옥행을 택하는 것도 주저하지 않는다. 최근 이런 양심적 병역거부가 무죄라는 판결이 났다. 개인과 국가가 충돌할 경우 국가에 대한 의무를 더 중시했던 과거와 비교해 본다면 양심적 병역거부라는 문제가 언급되고 있다는 사실 자체가 놀라운 변화라고 할 수 있다. 양심적 병역을 찬성하는 입장과 반대하는 입장의 주장을 찾고 이에 대해서 찬반토론을 해 보자.

2 | 우리 사회에서는 유명인 혹은 연예인의 병역 문제와 관련하여 민감한 반응을 보이는 경우가 많다. 그 이유에 대해서 생각해 보자.

문제 2

1 | 다음은 앞글의 필자가 쓴 에세이의 일부분이다. 이 에세이에는 '군대 문제'에 대한 필자의 생각이 더욱 분명하게 드러나 있다. 다음의 글에서 언급하고 있는 내용에 대해서 자신의 생각을 밝혀 써 보자.

단축된 복무연한을 되돌린다는 생각은 북한과의 관계를 제대로 관리하지 못한 결과를 가장 만만한 사병들의 책임으로 돌린다는 점에서 역시 생각이 될 수 없는 생각이다. 가산점 제도를 되살린다는 생각은 더욱 심각하다. 군인으로 복무하는 젊은이는 수십만인데, 그 혜택을 받는 것은 한 해에 300~400명을 넘지 못할 터이니 그 혜택을 사병들이 체감할 수 있는 수준은 아니다. 반면에 여성들이 공직에 들어갈 길을 막아버린다는 나쁜 효과는 확실하다. 어느 인사가 '여성들도 군인의 어머니이고 장모이니 가산점 제도를 반대하지 않을 것'이라고 했다는데, 그는 여성들이 딸들의 어머니이고 며느리들의 시어머니라는 생각은 왜 하지 않았을까.

연습문제 2

2 | 군대 문제와 관련된 내용을 다루고 있는 신문 사설을 찾아서 스크랩하고 사설에 대해 자신의 입장을 밝혀 써 보자.

참고문헌

리처드 도킨스, 『이기적 유전자』, 홍영남, 이상임 역, 을유문화사, 2010.
베네딕트 앤더슨, 『상상의 공동체』, 윤형숙 역, 나남출판, 2002.
박노자, 『하얀 가면의 제국』, 한겨레 신문사, 2003.
마이클 샌델, 『정의란 무엇인가』, 이창신 역, 김영사, 2010.
황현산, 『밤이 선생이다』, 난다, 2013.
이성재, 『지식인』, 책세상, 2012.
김두식, 『불편해도 괜찮아』, 창작과비평사, 2010.

3. 과학기술과 현대 사회

과학과 사회의 관계는, 사회가 과학을 지원하고 과학이 연구를 통해 사회의 지원에 보답한다는 데에 머물러 있었다. 최근 과학기술을 이용한 사건이나 과학적 사실의 수용이 사람들의 가치, 정책에까지 영향을 미치는 점을 고려하면 지금 우리가 경험하는 과학과 사회의 관계는 더 밀접하고 예측이 어려운 방식으로 변화하고 있음을 알 수 있다. 과학과 사회의 복잡한 네트워크와 변화를 인식하기 위해서는 사회의 다양한 구성 요소들과 과학의 상호침투를 읽어내야 할 것이다.

읽기자료 1

르네 데카르트는 17세기 유럽이 낳은 과학자 겸 철학자였다. 그는 엔지니어이자 수학자였던 베크만(Ernst Otto Beckmann, 1853~1923)에게 과학과 수학을 배우고, 친구 메르센(Marin Mersenne, 1588~1648)을 통해 유럽의 지성들과 교류했다. 오랜 연구와 사색을 통해 데카르트는 인간만이 영혼을 가지고 있다고 결론지으면서, 동물은 영혼이 없는 기계와 마찬가지라고 주장했다. 그의 후계자들은 파티 장소에서 동물을 잔인하게 죽이면서 즐거워했고, 동물이 고통에 겨워서 지르는 소리를 기계가 찌그러질 때 나는 파열음과 같다고 간주했다고 한다.

그렇지만 18세기 사상가 달랑베르(Jean Le Rond of Alembert, 1717~1783)는 "내가 키우는 개의 눈을 가만히 들여다보면, 저 동물이 사람과 같은 감정을 가지고 있다는 것을 부인하기 어렵다"고 했으며, 이러한 성찰은 더 많은 사람들로 하여금 데카르트의 결론에 의문을 제기하게끔 만들었다. 이후 과학의 발전은 인간과 동물의 차이가 크지 않음을 드러냈고, 동물도 고통을 느낌은 물론 인간과 유사한 감정을 가지고 있음을 보여주었다. 동물의 고통에 대해서 다시 생각하게 되면서, 인간의 윤리는 훨씬 더 성숙해졌다.

이렇듯 과학기술의 발전은 윤리 명제를 바꾸고, 윤리적 성찰은 과학기술의 발전을 바꾼다. 20세기 초에 수학자 푸앵카레(Jules-Henri Poincare, 1854~1912)는 과학과 윤리가 한 점에서 접하기만 하는 두 개의 원과 같이 별개의 영역이라고 했다.(그림1) 하지만 과학기술과 윤리의 관계는 서로 겹치는 부분이 있고 그 접면에 구멍이 숭숭 뚫려 있어서 서로 영향을 미치면서 서로를 바꾸는 것에 더 가깝다고 볼 수 있다.(그림2)

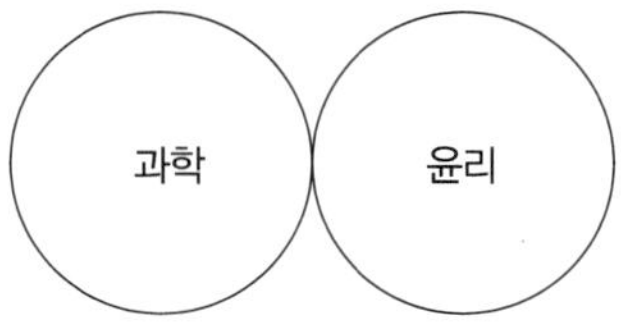

그림 1

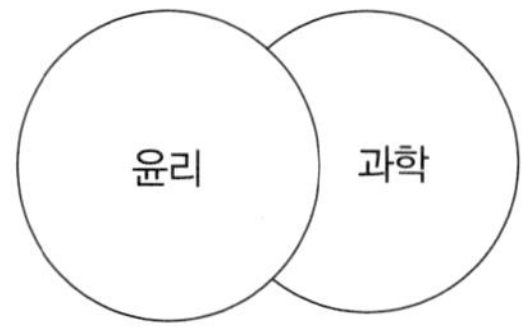

그림 2

과학기술 시대의 윤리

과학기술자들이 모인 자리에서 과학기술 연구자들이 윤리적 문제에 대해서 진지하게 고려해야 한다고 얘기를 하면, 적지 않은 저항에 직면한다. 내게는 당연한 명제이지만, 이에 반발하는 사람들은 다음과 같은 몇 가지 근거를 내세운다.

1) 현대 과학기술의 발전은 근본적으로 가치중립적인 것이다. 이는 좋은 방향으로도 혹은 잘못된 방향으로도 사용될 수 있는 '양날의 칼'이다. 결국 문제는 그것을 어떻게 이용하느냐에 달렸는데, 이는 과학기술자의 몫이 아니라 정치인과 시민 사회의 몫이다.
2) 기술에 대해서는 윤리나 가치와 같은 얘기를 할 수 있지만, 과학에 대해서 윤리를 얘기하는 것은 의미가 없다. 왜냐하면 과학 연구는 자연의 사실을 발견하는 것이고, 이는 가치중립적인 것이기 때문이다.
3) 현 단계에서 분명하지도 않은 미래의 윤리 문제를 걱정한다면, 현재 연구가 낳을 수 있는 무한한 가능성을 스스로 훼손하는 결과를 낳을 수 있다. 1950년대에 DNA 구조가 이중나선이라는 것을 밝혀냈을 때, 인간 유전자에 대한 연구가 가져올 잠재적 문제를 너무 걱정한 나머지 연구를 중단하도록 했다면 지금과 같은 바이오 혁명이 있을 수 있었겠는가?
4) 설령 과학기술이 야기하는 윤리적 문제가 있다고 해도, 이러한 문제는 과학기술자들이 아니라 생명윤리학자와 같은 전문가들이 다루고 논의해야 할 주제이다. 과학기술자들이 윤리 문제에 개입하면, 오히려 "과학기술 연구는 결국 인류의 복지를 증진시킨다"는 주장만 할 가능성도 있다.

이러한 얘기에 일말의 타당성이 없지는 않다. 하지만 그렇다고 전적으로 옳지도 않다. 나는 이러한 지적에 대해서 다음과 같이 얘기하곤 한다.

1) 과학기술은 그 자체에 특정한 발전 방향의 경향성을 가지고 있다. 어떤 과학기술은

양날의 칼인 경우가 있지만, 다른 과학기술은 좋게 사용될 가능성보다 나쁘게 사용될 가능성이 훨씬 더 크다. 예를 들어 과도는 과일을 깎을 때에도 쓸 수 있고 사람을 위협할 때에도 쓸 수 있다. 그렇지만 일본도는 사람을 해치는 것 이외의 용도로 사용하기에는 아주 불편하게 만들어진 칼이다.

2) 현대 사회에서 과학과 기술의 뚜렷한 경계를 설정하는 일은 현실적으로나 인식론적으로나 쉽지 않다. 과학은 기술 발전으로 이어지며 기술 발전은 과학의 발전을 낳는다. 그리고 무엇보다도 현대 과학은 자연에 존재하는 법칙을 발견하기 위해서 실험실에서 특수한 인공적 상황을 만들어낸다. 과학은 발견하는 만큼이나 구성하는 것이다.

3) 과학기술 연구가 어떤 방향으로 발전할 것인가를 예측하는 것은 쉽지 않다. 그렇지만 우리가 20세기 과학사를 통해서 배울 수 있는 교훈은, 사회에 엄청난 영향을 미친 과학 연구의 경우 그것이 한참 진행된 다음에는 그 방향을 돌리기 힘들다는 것이다. 즉 조금이라도 위험하다고 생각되는 연구는 다 막아야 한다는 뜻이 아니라, 연구가 눈덩이처럼 커져서 엄청난 모멘텀(momentum, 본래 물리학 용어로 물체가 한 방향으로 지속적으로 변동하려는 경향을 말함)을 가지기 전에 그 초기 단계에서 가능한 미래의 위험이나 부작용을 자세히 고찰해보아야 한다는 뜻이다.

4) 생명윤리학자들처럼 과학과 윤리의 문제를 연구하는 학자들이 있지만, 이들의 연구가 영향력을 가지기 위해서도 실제 연구에 종사하는 과학자들의 참여가 필수적이다. 지금의 연구가 계속 진행되었을 미래에 그 연구가 인간 사회나 생태계에 미치는 영향을 예측하는 것은 결코 만만한 작업이 아니고, 여기에는 또 많은 전문 지식이 필요하기 때문이다.

지식의 사유화와 불확실성의 증대

과학자들이 과학과 관련된 윤리적 문제에 눈을 감아서는 안 될 이유는 또 있다. 최근에는 연구 주제의 선정부터 그 결과의 배포에 이르기까지 연구비를 지원하는 집단이나 기관의 영향력이 점점 커지고 있기 때문이다. 예를 들어, 대규모 제약 회사의 연구비를 받는 생물학자나 의사들의 연구는 소위 많은 돈을 벌게 해주는(즉 많은 사람이 앓는) '블록버스터 치료약'(blockbuster drug)에 집중되지, 소수의 사람들이 앓는 질병은 상대적으로 무시하는 경향을 보인다. 게다가 연구비를 지원한 기업이 원하던 결과가 나오지 않았을 때 과학자들의 논문 출판을 막는 경향도 있다. 영국의 거대 제약사인 부츠(Boots)사가 연구비를 댄 과학자의 연구 결과가 자신들에게 불리하게 나오자 이를 출판하지 못하도록 했다는 예는 잘 알려진 경우이다. 비슷한 예는 또 있다. 담배 회사 필립모리스의 경우 자신들에게 불리한 연구 결과에 압력을 넣어 세간의 지탄을 받은 일이 있다.

사실 이렇게 잘 알려진 예 말고 출판되지 않았고 사회 문제도 안 되었기 때문에 우리가 모르는 경우가 더 많다고 볼 수 있다. 최근에 제약 회사들은 신약의 효능에 대해 서로 다른 여러 연구 팀에게 연구를 시켜서, 이 중 우호적인 결과를 보여주는 통계 자료만 모아서 출판을 하고 다른 통계는 무시하는 방법을 쓰기도 한다. 겉으로 보기에는 아무 문제가 없지만, 교묘한 방법으로 자신들에게 유리한 연구만을 선택하는 것이다. 과학자들은 이러한 행위에 대해서 적극적으로 문제 제기를 못하는 형편이다. 그 이유는 연구비에 대한 유혹을 저버리기 힘들기 때문이다. 연구비 문제는 과학자의 부정행위를 낳는 한 가지 중요한 요인일 뿐더러, 과학자들로 하여금 자신들의 연구를 공유하고 회람시키는 것을 꺼리게 하는 요인이 되고 있다.

20세기 이전의 과학자들은 자연현상에 대한 호기심으로 충만해서 과학 연구를 수행하곤 했다. 뉴턴은 죽기 직전에 자신을, 미지의 대양과 맞닿아 있는 해변에서 조개껍질을 발견하면서 즐거워하는 소년으로 묘사했다. 그런데 20세기 이후의 현대 과학이 과거의 과학과 다른 측면은, 첫째 과학 연구가 사회적 지원 없이는 수행되기 힘들 정도로 그 규모가 커졌으며, 둘째 과학기술의 살상력이 상상을 초월할 정도로 증대되었고, 셋째 과학기술 연구의 발전 방향과 그 사회적 영향을 예측하기가 무척 어려워졌다는 것이다.

이 셋째 문제는 조금 더 자세히 얘기할 필요가 있다. 20세기 초엽에 사용되기 시작한 자동차는 말똥에 의한 오염을 해결하는 새로운 미래 기술로 각광받았지, 그 자체가 오염의 주범이 될 줄은 아무도 몰랐다. 기술 문명의 발달은 빈곤과 기아로부터 해방을 낳았지만 동시에 과거에는 생각도 못했던 환경오염을 낳았다. 또 농업과 보건의 향상은 인구 폭발과 노령화 사회를 가져오고 있다. 19세기에만 해도 어떤 결과를 예측하고 과학기술을 발전시키면 대략 그 결과가 나왔는데, 이제는 예측한 결과 이외에 다른 많은 결과들이 부수적으로 나타나면서 사회적 불확실성과 위험(risk)을 증가시킨다. 과학기술의 발전으로 사회의 네트워크가 복잡해지고, 이를 통제하기 위한 복잡한 과학기술이 발달했지만, 이것이 다시 사회의 복잡성을 증가시키면서 사회와 과학기술 모두 예측하기 힘들어지고 있는 것이다.

현대 사회는 과학기술이 가져오는 혜택과 그만큼의 위험이 공존하는 사회이다. 과학기술자들이 과학기술의 사회적·윤리적 문제에 무관심해서는 안 되는 이유가 여기에 있다.

과학과 윤리가 만났을 때 : 우리의 과제

과학과 윤리의 문제를 생각할 때, 많은 사람들은 과학은 '사실'(is)의 문제를 다루고 윤리는 '당위'(ought)의 문제를 다룬다고 얘기한다. 사실 명제로부터 당위 명제가 유도될 수 없다는 것은 일찍이 영국의 경험주의 철학자 데이비드 흄이 지적한 것으로서, 과학철학에서는 이를 '자연주의적 오류'라고 부른다. 1940~1950년대에 미국에서 수소폭탄을 제조했던 과학자들은 자신들의 연구가 '사실'의 영역에 국한된 것이며, 따라서 이러한 연구를 수행하는 것을 두고 어떠한 윤리적 문제도 고려할 필요가 없다고 얘기하곤 했다. 에드워드 텔러(1908~2003) 같은 물리학자는 심지어 "해야 하는(수소폭탄과 관련된) 연구를 하지 않는 것은 과학자로서 책임을 방기하는 것이"다고 주장했으며, 어떤 과학자는 과학 연구의 "적극적 무책임성"이라는 궤변을 주창하기도 했다.

1960년대 미국과 옛 소련의 냉전 시기에 게임 이론의 방법을 사용해 위험천만한 핵전략을 만들었던 미국의 한 과학자는, 1980년대에 모스크바를 방문하고 그곳 붉은 광장에서 수많은 젊은이들이 어울려 노는 것을 보고 그만 울음을 터트렸다고 한다. 그가 랜드 연구소(1948년에 미국 공군의 위촉을 받아 민간 과학자와 기술자들이 창설한 비영리적 연구개발 기관) 같은 곳에서 만들던 핵전략에서 모스크바는 언제든지 소멸될 수 있는 그래프상의 한 점이었지 사람이 사는 도시가 아니었다. 그런데 모스크바에 막상 가본 뒤에야 거기도 미국의 도시처럼 젊은이들이 노니는, 사람이 사는 도시였음을 깨달았던 것이다. 그는 미국에 돌아와서 자신이 하던 연구를 중단하고, 핵무기에 반대하는 시민들의 모임을 조직해서 그 모임의 리더가 되었다. 핵전략에 대한 그의 연구는 사회적 · 윤리적 문제를 배제한 과학 연구가 어떤 결과로 이어지는가를 잘 보여준다. 또한 이 과학자의 변신은 과학과 윤리가 만났을 때 만들어지는 바람직한 상호작용의 실례라고 볼 수 있다.

서구에서는 냉전이 종식된 1990년대부터 과학기술자들이 기존의 과학과 윤리에 대한 이분법을 비판하기 시작했다. 과학은 과학이고 윤리는 윤리라는 식의 태도가 과학기술 발전에도 도움이 되지 않는다고 보았던 것이다. 냉전이 종식되면서 그 이전에 넉넉하게 지원을 받던 거대 과학 연구에 대한 지원이 격감했고, 과학기술이 발전하면서 해결되리라고 생각했던 빈곤과 건강 같은 문제들이 지속적으로 첨예한 사회적 갈등을 불러일으켰기 때문이다. 한 예로, 1999년 유네스코 주관 하에 헝가리 부다페스트에서 열린 세계과학회의(World Conference Science)에서는 '과학과 과학 지식의 이용에 관한 선언'과 '과학 의제 : 행동 강령'을 채택했다.

뿐만 아니라 서구 과학기술계는 시민 사회와 적극적인 대화를 통해 과학기술에 대한 시민들의 신뢰를 회복함으로써 이러한 위기를 해결하려고 노력하고 있다. 과학기술자들은 자신들의 논문과 연설에서 '신뢰' '책임'과 같은 단어를 부쩍 자주 사용한다. 이러한 변화는 결국 과학기술이 사회적 지원을 받고 그 힘이 커진 정도에 비례해서 과학기술자들이 그에 부합하는 책임 의식과 윤리 의식을 가져야 함을 인식했음을 보여준다. 과학기술과 시민 사회의 거리가 가까워지면 과학기술과 윤리는 자연스럽게 접합점이 찾아진다.

미래 한국 사회를 이끌어갈 집단을 물어본 2004년의 한 설문 조사에서 시민들은 삼성을 1위로(13%), 시민 단체를 2위로(12%) 꼽았다. 과학기술자들은 정치인들과 더불어 4%의 지지를 받는 데 그쳤다. 한국 사회에서 정치인들이 인기가 없음을 고려할 때, 결코 높은 수치가 아님을 알 수 있다. 물론 삼성이 가진 저력의 근원을 기술력으로 볼 수도 있다. 하지만 그럼에도 시민들은 대학이나 연구소에 있는 과학기술 연구자들보다 삼성이라는 걸출한 기업을 우리의 장래를 책임질 주체로 간주하고 있는 것이다.

과학기술의 사회적 책임에 대해서도 과학기술자들과 시민들의 생각은 엇갈리는 부분이 있다. 시민들은 원전 핵 폐기장 문제나 생태계 파괴 문제, 환경 호르몬 문제, 농약의 과다 사용, 복제와 같은 생명과학의 발전이 불러일으킨 사회적 파장을 과학기술이 야기한 문제라고 본다. 반면에 과학기술자들 중에는 이런 문제가 돈을 버는 데 급급한 자본주의적 기업의 문제, 인구 폭발이 낳은 사회적 문제라고 생각하는 사람들이 많다. 이런 생각에 일리가 없는 것은 아니다. 하지만 이러한 생각은 과학과 기술이 사회에 복잡하게 얽혀 있는 현대 사회에서 과학의 문제, 기술의 문제, 기업의 문제, 자본주의의 문제를 칼로 두부를 자르듯이 분명하게 구분할 수 없다는 점을 간과한 것이다. 뿐만 아니라 이러한 생각은 과학이나 과학자가 사회에 대해서 책임질 일이 없다는 주장으로 이어질 수 있다는 더 큰 문제를 안고 있다.

지금 과학기술계에서는 다양한 윤리 강령이 만들어지고 있다. 물론 윤리 강령을 제정하고 낭독한다고 해서 과학기술과 시민 사회의 관계가 갑자기 바람직한 모습으로 자리 잡는 것은 아니다. 그 헌장이나 강령의 정신을 과학기술자들이 일상적 실천 속에 담아내는 것이 더 중요하다. 이러한 의미에서 윤리 강령의 제정은 과학기술과 시민 사회의 바람직한 관계를 위한 중요한 첫발이라고 할 수 있다.

홍성욱, 「과학기술과 윤리」, 『홍성욱의 과학 에세이-과학, 인간과 사회를 말하다』, 동아시아, 2008.

연습문제 1

1 | 생명복제 기술은 사회적 · 윤리적 쟁점이 되고 있는 주제이다. 배아복제를 중심으로 하는 유전공학은 잠정적으로 인간이 대상이 될 수 있기 때문에 심각성이 지대하다. 줄기세포 연구에 찬성하는 사람들은 다음과 같은 이유를 제시한다. "난치병 치료에 가장 뛰어난 수단이다.", "배아를 인간으로 보기 어렵다." 반면에 반대하는 사람들의 주장은 다음과 같다. "배아는 인간으로 성장할 수 있는 생명체이다.", "인간복제에 악용될 수 있다.", "여성이 출산의 도구로 전락할 수 있다." 생명복제 기술에 대한 이러한 주장에 대해서 토론해 보자.

2 | 과학기술로 탄생한 배트맨, 슈퍼맨, 스파이더맨을 '인간'으로 볼 수 있을까? 이에 대해서 이야기해 보자.

문제 2

1 | 과학의 발전에 따라 윤리학자와 과학자들 간의 논의가 활발하게 이루어지고 있다. 특히 유전공학의 생산력은 다양성과 인간존엄성의 무시라는 그림자를 동시에 가지고 있다. 유전공학이 인간을 변화시킬 수 있는지, 그에 따른 문제점은 무엇인지에 대해 써보자.

2 | 과학기술의 파급 효과와 관련하여 과학자들이 다른 전문가 집단과 갈등을 빚은 사례를 조사해 보자.

읽기자료 2

21세기 대한민국은 '외로움'이 일상화된 시대. 영화를 보려고 극장을 찾는 관객의 35퍼센트는 혼자 영화를 보러 온 사람들이며 여행을 떠나는 관광객의 41퍼센트는 친구 없이 홀로 길을 나선 이들이다. 이 같은 추세라면 2030년에는 도시에 사는 젊은이의 60퍼센트가 형제 없이 자라고, 20대의 55퍼센트는 부모와 떨어져 혼자 생활하게 될 전망이라고 한다.

그러다 보니 요즘 젊은이들 사이에선 '혼자서도 재미있게 노는 법'이 인기다. 인터넷에 올라온 온갖 종류의 '혼자 노는 법'에 놀라게 되는데, 그중에서도 셀카는 '혼자 놀기의 진수'다. 인터넷 서핑과 컴퓨터 게임, 웹툰과 더불어, 아인슈타인의 '일상적 상대성이론(시간의 속도는 때와 장소에 따라 다르다)'을 체험할 수 있는 대표적 '시간 죽이기' 문화다.

기술이 만들어낸 문화

셀카란 카메라로 자신의 모습을 직접 찍는 행위를 말한다. 자신의 모습을 카메라에 직접 담는 것은 사진의 역사에서도 이미 오래전부터 '셀프 포트레이트Self-Portrait'라는 장르로 익숙한 문화다. 처음 사진 기술이 발명되면서 가장 먼저 등장한 장르 중의 하나도 바로 '초상 사진'이었다. 왕실과 영주들에게 억압과 착취만 당했던, 그때까지 자신의 초상화를 갖지 못했던 소시민들에게 카메라를 이용해 '초상화'를 선사하게 된 것은 사진 기술의 문화사적 의미이기도 하다.

1970년대 후반, 미국의 여성 사진작가 신디 셔먼[1]은 <무제 필름 스틸Untitled Film Stills>이라 불리는 일련의 작품을 통해 기존의 작가들처럼 사진 속에 '작가가 말하고자 하는 메시지'를 담으려고 하지 않고 평범한 포즈로 새롭게 변화하는 자신의 모습을 담아 당시 사진예술계에 충격을 주었다. 요즘 젊은이들이 셀카를 찍는 것 역시 '개인사적 순간의 기록'으로서가 아니라 자연스러운 자신의 일상을 매 순간 담아내려는 소박한 노력이라는 점에서 우리 모두는 '신디 셔먼'이다.

셀카가 이처럼 자연스러운 문화로 자리 잡을 수 있었던 것은 생활필수품이 되어버린 디카(디지털 카메라)와 폰카(휴대전화 카메라) 덕분이다. 특히나 휴대전화와 디지털 카메

---

1) 미국의 여류 사진 예술가로 '여성'과 '몸'이라는 주제를 다루면서 모더니즘과 가부장적 남성사회가 규정한 여성상을 비판하며 여성의 진정한 자아확립과 주체 회복에 대한 메시지를 표현했다. 그녀의 작품에서는 카메라의 뒷면이라는 관음자적 모더니즘 주체가 아닌, 카메라 앞에 나와서 보여주는 포스트모더니즘적 주체를 볼 수 있다. 즉, 사진가의 시각에 모델을 대하는 것이 아니라 스스로 작품의 모델이 되어 시선의 주체와 객체를 모두 담당했다. 주요 작품으로 <무제 필름 스틸> 시리즈, <패션사진> 시리즈 등이 있다.

라가 만나면서 생긴 문화라는 점에서, 과학자들은 21세기 셀카 문화를 기술이 인간의 문화를 바꾼다는 테제의 유용한 예로 간주한다. mp3가 음악 감상 문화를 바꾸고, 포토샵이 대통령 선거 풍토를 바꿨듯이 말이다(2004년에는 휴대전화 중 28퍼센트에만 카메라가 내장되어 있었으나, 2009년에는 출시된 휴대전화 89퍼센트에 카메라가 내장되어 있다.).

삶을 자동으로 기록하는 '라이프로그'

기술적으로 휴대전화 안에 디지털 카메라가 들어가는 것이 쉽지 않았던 이유는 고화소(megapixel)의 CCD 카메라 모듈과 대물렌즈의 사이즈를 줄이는 데 한계가 있었기 때문이다. 그러나 수요가 있으면 과학기술자들은 밤을 새우도록 강요받는 법이다. 그들이 밤을 새우면, 스티븐 킹(Stephen King)의 소설 제목처럼 '결국 모든 일은 벌어진다.' 놀랍도록 줄어들고 있는 디지털 카메라 덕분에 셀카 문화는 앞으로도 한동안 융성하리라 짐작된다.

과학자들이 자신이 이끌어낸 셀카 문화에서 가장 크게 배운 것은 '일상적 삶을 기록하는 것의 소중함'이었다. 사람들은 마치 일기를 쓰듯 자신의 소소한 삶을 기록해줄 무엇을 오랫동안 찾고 있었다는 것. 그래서 요즘 문화기술학 분야에서 가장 중요한 화두 중 하나는 삶을 자동적으로 기록해주는 일명 '라이프로그 시스템(Life-log system : 일상생활 기록장치)'을 개발하는 것이다. 블로그처럼 자신이 글을 써서 올리는 것이 아니라, 내 주변에 설치된(혹은 내가 들고 다니는) 장치가 내 모습과 목소리, 심지어 내 생각과 감정을 읽고 기록하는 장치를 만드는 것이다.

야후(Yahoo)에서 하고 있는 거대한 라이프로그 프로젝트도 그중 하나다. 나의 일상이 낱낱이 블로그에 사진과 함께 자동적으로 올라가는 시스템을 구축하는 것이 그들의 목표다. 쉽진 않지만 언젠가 성공한다면 '대박'이지 않겠는가!(이 경우에도 스티븐 킹의 예언이 들어맞을까?)

일본의 과학자들도 '라이프로그 시스템'에 관심이 매우 큰데, 그들의 접근은 더욱 엽기적이다. 집에 카메라 24대를 설치해놓고 나와 내 가족의 삶을 24시간, 365일, 70년간 찍겠다는 것이다. 그렇게 해서 쌓일 동영상 데이터의 양은 2층짜리 건물 한 채 크기에 달한다. 문제는 이 거대한 데이터 더미에서 다시 보고 싶은 순간을 찾을 때 난감하다는 것이다. 원하는 데이터를 어떻게 효과적으로 찾을 수 있을까 하는 것이 그들이 풀어야 할 숙제다(일상이 데이터화 된다는 것은 이처럼 고된 일이다.).

그런 점에서 젊은이들이 집이나 카페에서 셀카를 찍는 정도는 '애교'다. 그러나 아이러니하게도 주머니에서 쉽게 꺼내 가장 가까운 거리(카메라와 나 사이의 거리는 70센티미터)에서 내 모습을 담는 셀카는 점점 '정직한 삶의 기록'으로부터 멀어지고 있다. 왜 그럴까? 여기에는 두 가지 이유가 있다.

하나는 현재 휴대전화에 들어 있는 카메라, 즉 폰카가 피사체와 렌즈 사이의 거리와 각도, 조명 등에 따라 크게 변형된 이미지를 만들어낼 수밖에 없는 기술적 한계 때문이다. 포토 집적회로기기의 발달로, 회전식 LCD와 회전식 렌즈가 디카에 장착되면서 카메라의 크기는 매우 줄어들었지만, 여전히 '사진의 질'에는 한계가 있다. 과학자의 눈에는 인터넷과 싸이월드에 올라와 있는 수많은 셀카 이미지들이야말로 '과학기술에 의한 정보의 왜곡 현상'을 보여주는 귀중한 사례로 보인다.

더욱 중요한 것은 셀카족들은 정확한 자신의 모습을 찍기 원하는 것이 아니라 '셀카만의 이미지'를 즐기고 있다는 점이다. 그들이 원하는 것은 정확한 삶의 기록이 아니라 지금 이 순간 내 모습을 가장 예쁘게 변형해서 담고 있는 '나르시시즘적 욕망의 구현'이다. 그들은 이미 테크놀로지 위에 올라탄 것처럼 보인다. 수많은 시행착오로 폰카의 단점을 파악하고 때론 그 변형을 극대화한다.

이른바 '얼짱 각도'가 바로 그것 아닌가! 45 · 15도(팔을 쭉 뻗어 옆으로 45도, 위로 15도 정도 위치에서)로 사진을 찍으면, 눈은 크게, 얼굴은 갸름하게 나온다는 셀카 촬영의 이 고전 기법은 셀카족이 오랜 경험을 공유해 터득한 '폰카 왜곡 기술 활용법'이다. 여기에 고수는 '조명발'까지 활용한다.

내가 찍는데도(혹은 내 가장 가까이에서 찍는데도), 나의 진짜 모습이 아니라 '가장 왜곡된 모습'을 담아낸다는 점에서 셀카는 '삶의 기록'이 아니라 '욕망의 기록'이다. 우리는 셀카 안에서만큼은 눈이 사탕만큼 크고, 턱이 송곳처럼 가늘며, 얼굴이 핏기 없이 뽀얀 '일본 만화의 주인공'이 된다. 그리고 그 사진을 인터넷에 올리고 보여주며, 그것이 내 진짜 모습인 양 '얼짱 대화'를 치른다.

우리들의 낡은 앨범에 담긴 어린 시절 사진들과 달리 셀카에는 배경이 없다. 내 삶의 중요한 순간임을 알아챌 어떠한 실마리도 존재하지 않는다. 오로지 '나', 그리고 내 옆에서 나와 얼굴을 비비고 있는 사람과의 '관계'만이 포착된다. 과학자들이 휴대전화에 와이드 앵글 렌즈를 담아주면, 셀카족들이 '배경'도 함께 담으려고 노력할까? 아마도 그들은 카메라를 더욱 가까이 당겨 클로즈업된 자신을 담을 것이다. 21세기 '폰카', 과학자들은 지금 '욕망을 찍는 사진관'을 연구하고 있는 것이다.

정재승, 「셀카에는 배경이 없다」, 정재승 · 진중권, 『크로스』, 웅진, 2012.

문제 1

1 | 앞의 글은 기술이 인간을 바꾸는 예로 '셀카'에 대해 서술하고 있다. 이 글에서 필자는 셀카가 '정직한 삶의 기록'이 될 수 없다고 판단하고 있다. 이와 관련하여 필자가 어떠한 이유를 제시하고 있는지 찾아보고, '셀카는 정직한 삶의 기록이 될 수 없다'는 필자의 입장에 대해 찬성과 반대의 측면에서 토론해 보자.

2 | 아날로그 시대에 카메라가 '집단적'이었다면 폰카의 기능은 '개인적'이라고 할 수 있다. 그 이유에 대해서 이야기해 보자.

연습문제 2

1 | 블로그 혹은 SNS에 올린 사진 속의 얼굴이 환상 혹은 이상이라면 거울에 비친 얼굴은 현실이다. 둘 사이에는 넘을 수 없는 간극이 존재한다. 그럼에도 불구하고 디지털 시대의 대중은 블로그 혹은 SNS에 자신의 얼굴을 아름답게 연출하기 위해 노력한다. 이러한 대중의 태도에 대해서 자신의 생각을 짧은 글로 써 보자.

2 | 블로그 혹은 SNS는 타인과의 소통을 위한 매체이다. 이를 통한 의사소통의 특징에 대해 생각해 보고, '자본주의 시대'에서 '블로그' 혹은 'SNS'를 통한 의사소통의 의미가 무엇인지에 대해 한 편의 짧은 글로 써 보자.

읽기자료 3

선진국의 정보기술 독점을 앞장서 쟁점화한 미국의 과학자는 매사추세츠 공대(MIT)의 컴퓨터과학연구소를 23년 동안 이끈 마이클 더투조스이다. 1999년 더투조스는 전화기나 자동차처럼 누구나 쉽게 사용할 수 있는 컴퓨터를 개발하는 옥시전 프로젝트(Oxygen project)를 추진했다. 옥시전은 산소를 뜻한다. 더투조스는 우리가 마시는 산소처럼 옥시전 시스템이 널리 퍼져 누구나 컴퓨터를 마음대로 사용할 수 있는 세상을 꿈꾼 것이다.

1999년 세계 인구는 60억 명을 돌파했지만 통신망에 연결된 컴퓨터는 약 1억 대에 불과했다. 세계 인구의 1.7%를 밑도는 수치이다. 정보기술이 부자 나라에 의해 독점되고 있음을 보여주는 통계이다. 선진국은 정보기술을 활용하여 갈수록 부자가 되지만 후진국은 속수무책이었다.

이러한 디지털 양극화(digital divide) 상태가 지속되면 인류의 공존공영은 기대할 수 없다. 더투조스는 옥시전이 전 인류를 대상으로 개발될 것임을 천명하고 선진국의 정보기술 독점에서 비롯되는 폐해가 옥시전으로 해결되기를 희망했다.

2001년 더투조스는 옥시전 프로젝트의 개념과 의의를 소개한 저서인 <미완의 혁명(The Unfinished Revolution)>을 펴냈다. 그는 오늘날처럼 사람이 컴퓨터의 기능에 맞추는 것이 아니라, 옥시전 프로젝트처럼 컴퓨터를 사람의 능력에 맞추는 '사람 중심의 컴퓨터(human-centered computer)'가 개발되지 않으면 정보기술을 제대로 활용할 수 없기 때문에 정보혁명은 미완의 상태라고 강조하였다. 더투조스는 이 책을 펴내고 얼마 뒤에 세상을 떠났다. 향년 64세.

한발 앞서간 더투조스 · 네그로폰테

선진국과 개발도상국 사이의 디지털 격차를 해소하기 위해 발 벗고 나선 또 다른 과학자는 MIT 미디어연구소의 설립자인 니컬러스 네그로폰테이다. 2005년 네그로폰테는 가난한 나라의 어린이들에게 컴퓨터를 공짜로 나누어주기 위해 오엘피시(OLPC) 재단을 설립했다.

OLPC는 'One Laptop Per Child(어린이 한 명에게 랩톱컴퓨터 한 대씩)'의 약자이다. 오엘피시 재단은 열악한 환경에서도 작동하는 100달러짜리 컴퓨터를 대량 생산하여 아프가니스탄, 이라크, 아이티처럼 전쟁이나 재난을 겪은 나라를 포함해서 남아메리카, 아프리카, 아시아의 개발도상국 어린이들에게 공짜로 제공했다. 2011년 말까지 300만 대 가량의 컴퓨터가 40여 개 지역의 어린이에게 25개 언어로 무상 보급되었다. 후진국의 어린이들이 이 컴퓨터로 인터넷을 사용할 수 있으므로 선진국과의 디지털 격차를 좁히는 데 보탬이 될 것 같다.

더투조스와 네그로폰테는 기술과 휴머니즘(인본주의)의 융합을 통해 기술 발전의 열매가 가난한 사람들에게도 골고루 제공되는 방안을 모색했다고 평가될 수 있다. 이를테면 정보기술이 인본주의와 융합하여 인류의 삶을 윤택하게 해 주는 이른바 '따뜻한 기술(frendly technology)'이 되기를 소망했다고 볼 수 있다.

따뜻한 기술은 한마디로 사람의 눈높이에 맞추어 삶의 질을 끌어올리는 사회적 기술이다. 기술의 발전에도 불구하고 혜택을 받지 못하는 아동·여성·노인·장애인 등 사회적 약자, 농어촌 주민·저소득층·다문화가정 같은 소외 계층, 희귀병 환자처럼 고통 받는 사람들, 궁핍한 생활을 하는 북한 동포와 제3세계 주민이 따뜻한 기술의 수혜 대상으로 분류될 수 있다.

제3세계에 보급된 따뜻한 기술의 상징적 사례로는 영국 회사인 프리플레이 에너지(Freeplay Energy)의 라디오를 꼽을 수 있다. 1994년 설립된 이 회사는 전지 대신 크랭크로 전력이 공급되는 휴대용 전자 제품을 판매한다. 골동품 가게에서 가끔 제트(Z)자 꼴로 굽은 크랭크를 돌려 시동을 거는 축음기를 볼 수 있다. 초기의 자동차도 물론 크랭크로 발동을 걸었다. 그러나 오늘날 장난감조차 태엽 장치로 움직이는 것은 찾아보기 어렵다.

1991년 영국의 한 발명가는 전력 공급도 원활하지 못하고 전지를 살 돈도 없는 아프리카 사람들을 위해 크랭크로 전기를 조달하는 라디오를 고안했다. 원리는 단순하다. 크랭크로 강철 스프링을 똘똘 감는다. 스프링이 풀리면서 전동장치(기어)가 발전기를 구동하면 라디오에 동력을 공급하는 전기가 발생한다.

이 라디오를 제작하는 프리플레이는 아프리카의 가난한 사람들에게 수천 대를 기증하여 에이즈 퇴치 방법, 일기 예보, 이산가족 찾기, 지뢰 매설 위치에 관한 정규 방송을 들을 수 있도록 배려했다. 사람의 손으로 전류를 발생시키는 참으로 원시적인 기술이, 참으로 원시적인 생활을 하는 사람들에게 따뜻한 구원의 손길을 내민 친구가 되어 준 셈이다.

프리플레이의 라디오는 적정기술(appropriate technology)의 한 가지 사례이다. 적정기술은 "현지에서 구한 재료로 소규모의 사람들이 생산할 수 있으며, 누구나 쉽게 배워서 사용할 수 있고, 에너지가 많이 필요하지 않은 환경 친화적인 기술"이라고 정의된다.

적정기술의 원조는 인도의 민족주의 지도자인 마하트마 간디(1869~1948)이다. 간디는 스스로 물레를 돌려 옷을 만들어 입을 정도로 소규모의 전통 기술을 중요하게 여겼다. 인도를 식민 통치하던 영국은 직물을 대량생산하는 기술을 들여왔다. 이런 상황에서 간디는 영국의 대량생산 기술이 대다수 민중을 희생하여 소수에게만 특혜를 주게 되므로 인도 사람은 빈곤에서 벗어날 수 없다고 주장했다. 그는 마을 중심의 전통 기술이 지역 경제의 자급자족에 필수적임을 설파하는 사회 운동을 펼쳐 적정기술의 씨앗을 뿌린 최초의 인물로 역사에 기록된다.

간디에 이어 적정기술의 이론을 처음으로 확립한 독일 출신의 영국 경제학자인 에른스트 슈마허(1911~1977)는 적정기술의 아버지라 불린다. 1973년 그가 펴낸 <작은 것이 아름답다(Small is Beautiful)>는 1970~1980년대에 적정기술 운동이 전 세계적으로 전개되게끔 촉매 역할을 톡톡히 했다.

제3세계 국가의 주민들을 위해 개발된 적정기술은 의식주는 물론 보건, 교통, 통신 분야에까지 광범위하게 적용되고 있다. 예컨대 MIT에서는 전기 대신 인력으로 돌아가는 세탁기인 바이슬아바도라(bicilavadora), 곧 '자전거 세탁기'를 개발했다. 이 세탁기는 드럼통이 자전거 바퀴 안에 들어가 있어 어린이도 발로 페달을 밟아서 돌릴 수 있다. 전기가 들어오지 않는 오지 마을 여인네들은 발로는 페달을 밟아서 바이슬아바도라를 돌려 빨래를 하고 동시에 손으로는 뜨개질을 하는 것으로 알려졌다.

적정기술의 아버지, 에른스트 슈마허

스위스의 사회적 기업이 개발한 개인용 정수기인 라이프스트로(LifeStraw), 곧 '생명의 빨대'는 식수를 확보하기 어려운 지역의 사람들에게 큰 도움이 된다. 이름 그대로 빨대처럼 생긴 이 장치에 입을 대고 더러운 물을 빨아 마시면 세균, 바이러스, 기생충 따위가 99.9%까지 걸러진다.

길이 31cm에 지름 30mm인 원통형의 빨대 통 안에 정수 여과 장치가 들어 있어 빨대 하나로 1000L의 물을 정화할 수 있다. 이는 한 사람이 일 년 동안 마실 물의 양에 해당한다. 라이프스트로는 가격이 비싸 가난한 사람들이 구입하기에는 부담스러워 국제적인 자선단체들이 무상으로 오지나 재난 지역 주민들에게 나누어 주고 있다.

라이프스트로는 2007년 미국 뉴욕에서 열린 '소외된 90%'를 위한 디자인(Design for the Other 90%) 전시회의 포스터에 등장해서 더욱 유명해졌다. 이 전시회를 계기로 그동안 산업 디자인의 혜택을 충분히 받지 못했다고 여겨지는 90%의 소외계층을 위한 작품 활동이 요구된다는 문화 운동이 전개되었다. 또한 20세기 말에 열기가 사그라졌던 적정기술에 대한 관심도 다시 살아나게 되었다.

사회공헌 디자인 또는 나눔 디자인이라고 불리는 이른바 '착한 디자인' 운동이 제3세계 사람들을 위한 적정기술 작품을 쏟아냈기 때문이다. 가령 아프리카에서 초음파를 발생시켜 모기를 퇴치하는 장치나 인도에서 연탄가스 중독을 줄이기 위해 재래식 아궁이를 개선한 조리 기구는 착한 디자인이 적정기술의 다른 이름임을 보여준다.

착한 디자인 운동이 세계적 추세가 됨에 따라 국내 디자인 전문가들도 이런 흐름에 적극적으로 동참하여 국제적 권위를 지닌 디자인상을 여러 차례 수상하기도 했다. 이런 의미에서 따뜻한 기술은 착한 디자인 운동을 통해 벌써 우리 사회에 뿌리를 내리기 시작했다고 보아도 무방할 것 같다.

하지만 따뜻한 기술은 아직 정책 연구 단계에 머물러 있는 실정이다. 따라서 지난 8월 한국공학한림원이 차기 정부가 중점적으로 추진해야 할 정책 과제를 도출하기 위해 마련한 정책 총서인 '대한민국의 새로운 50년, 과학기술로 연다'에서 따뜻한 과학기술의 중요성을 언급한 점은 높이 평가할 만하다. 왜냐하면 2013년 체제의 시대정신으로 자리 잡은 복지사회 구현을 위해 과학기술이 감당해야 할 역할이 중차대하다고 여겨지기 때문이다.

과학기술이 한국 사회의 보편적 복지에 기여하기 위해서는 무엇보다 과학기술의 수혜 측면에서 불평등 또는 양극화 문제를 해소하지 않으면 안 될 것이다. 이를테면 따뜻한 기술이 정부 차원에서 육성되어 고령자와 장애인 등 사회적 약자의 일자리를 창출하여 따뜻한 사회가 실현됨과 아울러, 개발도상국의 사회문제 해결에 필요한 기술혁신을 촉진하는 공적개발원조(ODA)사업도 추진하여 대한민국의 국격이 제고되어야 할 것 같다.

이런 맥락에서 따뜻한 기술과 착한 디자인에 대한 한국 사회의 관심을 불러일으키기 위해 10월 초에 국내 전문가 23명이 함께 펴낸 책에서 이런 대목이 눈길을 끈다.

> "따뜻한 기술의 목표는 단순히 복지의 실현에만 있는 것은 아니다. 기술 개발과 적용 그 모두가 사람 중심이 되는 지속 가능한 기술혁신을 통해 인간과 자연이 우선시되는 사회혁신을 이루고, 이를 토대로 지역 순환 경제를 활성화시켜 고용과 소득 창출에 대한 근본적인 해결책을 마련하는 데 더 큰 목표가 있다."

이인식, 「따뜻한 기술」, 〈중앙일보〉, 2012. 7. 5.

문제 1

1 | 앞의 글에서 언급된 사례 이외에 '따뜻한 기술' 혹은 '적정기술'의 사례에 대해 더 찾아 보자.

2 | 적정기술은 '제3세계의 자립을 위한 기술'이기도 하지만 하나뿐인 지구에서 자원과 에너지를 절약할 수 있는 '친환경 기술'이기도 하다. 우리 주변에서 '친환경 기술'의 사례를 찾아서 이야기해 보자.

연습문제 2

1 | EBS 프로그램 〈하나뿐인 지구〉 '자립하는 삶을 만드는 친환경 적정기술' 편을 보고 감상을 짧게 써 보자.

2 | 과거에 선진국이 과학기술을 독점했던 사례를 찾아보자. 앞의 글을 토대로 하여 정보기술의 독점으로부터 적정기술까지 과학기술이 변화해 온 과정을 정리해 보고, 앞으로 과학기술은 어떠한 방향으로 전개되어야 하는지 자신의 생각을 글로 써 보자.

참고문헌

최재천, 『개미제국의 발견』, 사이언스북스, 1999.

스티븐 존슨, 『이머전스』, 김한영 역, 김영사, 2004.

리처드 도킨스, 『만들어진 신』, 이한음 역, 김영사, 2007.

프리초프 카프라, 『생명의 그물』, 김용정 역, 범양사, 1998.

진중권, 정재승, 『크로스』, 웅진지식하우스, 2012.

홍성욱, 『홍성욱의 과학 에세이』, 동아시아, 2008.

제레드 다이아몬드, 『총, 균, 쇠』, 김진준 역, 문학사상사, 2005.

로버트 루트번스타인, 『생각의 탄생』, 박종성 역, 에코의서재, 2007.

토마스 S. 쿤, 『과학혁명의 구조』, 김명자 홍성욱 역, 까치글방, 2013.

4. 예술과 대중문화

현대사회에서 순수예술과 대중문화는 서로의 경계를 넘어서면서, 서로 융합하는 모습을 보이고 있다. 이러한 예술과 문화의 변화를 목격하는 상황에서 대중문화의 위상을 어떻게 바라볼 것인가? 예술과 문화에 대한 본질주의적 관점, 즉 예술이 고유한 기능을 갖는다는 생각을 포기하고, 현시점에서 나타나는 문화 현상들을 그대로 수용해야 하는 것일까? 다음의 글을 읽고 현대사회에서의 대중문화의 의미에 대해 생각해 보자.

읽기자료 1

대중사회에서의 예술

리드(Herbert Reed)는 1931년에 펴낸 그의 저서 『예술의 의미』에서 예술가와 사회와의 관계를 퍽 긍정적으로 보고 있다. 그에 의하면 예술가는 그가 사는 사회에 소재나 주제 또는 재료를 얻기 위해 크게 의존하지 않을 수 없다고 말하고 있다. 그러나 사회로부터 강력한 감정의 자극을 받게 마련이면서도 예술가는 전적으로 사회에만 의존할 것이 아니라 그 무엇을 이루어 보고자 하는 예술가 개인의 결정적인 의지가 있어야 한다는 것이다. 예술이란 주위 환경의 소산인 동시에 예술가 개인의 의지의 표현이 아니고는 어떤 특수한 시대의 특수한 예술로서 의존할 수는 없다는 것이 그의 주장이다. 한 걸음 더 나아가 그는 예술의 최고 가치란 개인이나 시대 그리고 환경을 초월하는 것이며, 예술가는 그의 직관을 표현하는 데 그가 사는 시대환경에 따라 그의 손에 들어오는 재료를 사용하게 마련이라는 것이다. 한때는 동굴의 벽에 그림을 그리기도 하고, 때에 따라서는 사원을 짓거나 장식도 해보고, 어떤 때는 제한된 감상가를 위해 캔버스에 그림을 그리기도 한다. 참다운 예술가란 그에게 주어진 여건이나 재료에 대해서는 무관심하다는 것이다. 예술가의 작품은 역사적 과정에서 그 특수한 환경에 따라 높이 평가되기도 하고, 위축되기도 하는데 이런 것을 예술가는 예언할 수가 없다는 것이다.[1)]

리드의 이러한 말은 오늘날의 예술가에게 적잖은 용기를 준다. 그러나 그가 이런 주장을 한 것은 1931년이다. 그가 말하는 사회와, 대중사회라고 불리는 오늘날의 사회 간에는 굉장한 차이가 있다. 급속도로 발달하는 과학문명을 예측은 했겠지만, 그는 핵무기를

1) Herbert Redd(ed.), The Meaning of Art, Penguin, 1967, pp. 196~197.

비롯한 대량살육용 전쟁도구도 몰랐고, 엄청나게 생활 구석구석까지 파고드는 매스미디어의 위력도 몰랐으며, 컴퓨터의 출현은 물론, 상품의 대량기계화 생산도 보지 못하고 있었다.

통상 우리가 말하는 대중사회는 지역적으로 넓은 사회, 많은 인구, 고도의 도시화 및 기계화된 사회, 대량생산, 교통수단의 발달, 특히 엄청난 매스미디어의 작용을 외형적인 특징으로 하고 있는 사회이다. 대중사회는 자연 대중의 생활수준을 향상케 하며 이에 따라 대중은 여가를 즐길 수 있고 오락산업을 발달시킨다. 대중사회 또는 중간사회에 대한 정의 자체에 대해서도 구구한 이견이 있지만 이것은 사회학도들에게 일임하고, 여기서는 전술한 일반적인 의미의 대중사회를 바탕으로 이야기를 전개하는 것이 편리할 것 같다. 물론 대중이라는 말 자체에 두 가지 개념이 있음을 말하지 않을 수 없다. 즉, 맑스주의자들이 말하는 대중 개념과 대중사회론에서 말하는 대중의 개념이다. 맑스주의에서 말하는 대중이란 그 계급론에서 발상되었기 때문에 프롤레타리아에 한정되어 있어 소수 지식층이나 특수한 전통적 생활을 영위하며 급속한 변화를 외면하는 서민들은 대중층에서 제외하고 있다. 따라서 이 연구에서 말하는 대중이란 프롤레타리아의 개념이 아님을 밝혀둔다.

전통적인 의미의 예술은 소수의 엘리트들이 역시 소수의 엘리트를 대상으로 생각하여 발표 또는 제공하는 상태에서 이루어졌다. 그러나 엘리트 그룹의 붕괴가 특징인 오늘날의 대중사회에서는 이러한 제한 속의 예술행위가 거의 불가능하다. 뿐만 아니라 예술가 각자의 존재 의의마저 의심될 정도로 대중사회에서의 예술은 심각한 위기에 처해 있다. 예술은 역사적으로 항상 한 시대의 문화권에서 중심적 역할을 해왔다. 그러나 오늘날의 사회에서는 과학기술의 엄청난 발달로 해서 예술이 전례 없이 왜소해진 것 같은 인상을 준다. 기계는 그 무서운 힘으로 예술을 현대사회에서 말살하거나 밖으로 밀어낼지도 모른다는 우려가 생기기 시작했다. 예술과 과학, 기술 간의 문제는 새삼스러운 것은 아니다. 손탁(Susan Sontag)이 지적하듯이 이 문제는 '산업혁명' 이후 줄곧 논의되어 왔다.[2] 손탁에 의하면 사람들은 '두 문화'(two culture), 즉 문화-예술문화(literary-artistic culture)와 과학문화(scientific culture)라는 두 세계에서 한쪽을 견지하기 위해 나머지 한쪽을 희생할 수밖에 없다는 절박한 상황 속에 놓여 있다고 생각하는 버릇이 있다는 것이다.[3] 그러니 대중사회란 과학문화 측이 절대적으로 우위에 서 있는 사회이기 때문에 예술의 장래란 막연하다는 생각이 들만도 하다.

이솝우화가 생각난다. 현대사회의 상징은 모가 난 고층건물과 공장의 굴뚝, 전파 송수신탑, 텔레비전 안테나라고 한다. 이것들은 흡사 고슴도치의 온몸을 덮고 있는 바늘과도

2) Susan Sontag, "One Culture and the New Sensibility", In McLuhan, Hot&Cool, G. E. Stearn(ed.), A Signet Book : N. Y., 1967, p.249.

3) Ibid., p. 250.

같다. 어느 날 고슴도치가 아늑한 굴을 찾아냈다. 그 굴의 본래 주인은 뱀이었다. 뱀은 인간의 역사와 더불어 대를 이어 살아왔다. 고슴도치는 그 굴속에서 살아 온 뱀에게 절대 방해를 하지 않을 터이니 같이 지낼 수 있게 해달라고 간청했다. 뱀은 이 신참자의 청을 쾌히 받아들였다. 날이 지나자 고슴도치는 비좁은 동굴에서 멋대로 뒹굴어 다녔다. 뿐만 아니라 몸집도 커졌다. 뱀은 움직일 때마다 고슴도치의 곤두세운 바늘에 찔려 온 몸이 아팠다. 참다못한 뱀은 고슴도치에게 불평을 했다. 그러자 고슴도치는 발칵 화를 내며 "싫으면 딴 데로 이사를 가라!"고 소리 질렀다.

이솝우화에 나오는 이야기다. 기계문명에 시달림을 받고 있는 현대인간의 운명 같은 것을 암시하는 듯한 느낌을 주는 이야기다. 어쩌면 우리는 뱀처럼 아늑한 거처를 빼앗겨 엘리엇(T. S. Eliot)이 말하는 '감각세계의 메마른 지대, 공상세계의 철거지대, 정신세계의 부작업 지대'[4]로 밀려나가고 있는지도 모른다.

그러나 예술은 한 시대와 사회의 산물이며 예술가는 그가 속해 있는 사회에서 살지 않을 수 없는 것이다. 뱀은 싫건 좋건 고슴도치와 공존할 수밖에 없는 것이다. 예술과 과학기술과의 공존이 불가능하다는 법은 없다. 그러나 과학기술이 몰고 온 이른바 오늘날의 대중사회에서 예술은 불안을 느끼지 않을 수 없다. 대중사회에서의 예술이 요즘처럼 심각하게 논의되어 본 적은 없었다. 모든 문제에 대한 논의의 결과가 그렇듯이 예술의 장래에 대해서는 비관적인 견해와 희망적인 의견이 엇갈린다.

강현두 편, 이근삼, 「대중사회에서의 예술」, 『현대사회와 대중문화』, 나남, 2008.

4) T. S. Eliot, "Desiccation of the world of sense, evacuation of the world of fancy, inoperancy of the world of spirit, Four Quartets Ⅲ.

문제 1

1 | 대중사회에서의 '예술'에 대한 필자의 입장에 대해서 정리해 보자.

2 | 당대에는 주류 예술로서 인정받지 못했으나 후대에 이르러 예술작품 혹은 예술가로서 인정받게 된 예를 찾아보자.

연습문제 2

1 | 대중사회에서 '예술적'이라는 표현이 어떠한 경우에 사용되는지 다양한 사례를 찾아보자. 이를 토대로 하여 현재 사용되고 있는 '예술적'이라는 말에 대해 정의를 내려 보자.

2 | 대중문화 분야 중에서 자신이 좋아하는 분야의 한 작품을 선택하여 이에 대한 기존의 평가를 조사해 보고, 대상 작품에 대한 자신의 관점이 표현된 에세이를 써 보자.

읽기자료 2

엄마, 왜 그렇게 잘 달리세요?

<마더>를 봤다. 워낙 스토리텔링이 좋은 감독이 만든 영화라 아무런 생각 없이 재미있는 이야기나 즐길 생각으로 극장에 들어갔는데, 머리만 더 복잡해져서 나왔다. 봉준호 감독은 왜 이런 영화를 만들었을까나. 좀 원망스러웠다고나 할까. 영화 속에서 엄마는 마구 달린다. 골목과 골목을, 도로 위를, 벌판을. 그걸 보는데 한 이십년 전쯤이 떠올랐다. 요새 그 시절이 자주 떠오른다. 늙어가는 모양이다. 1988년 무렵이랄까, 팔팔올림픽의 열기로 타오르던 시절이랄까. 그해 늦가을, 고등학교 3학년이었던 나는 자습시간에 몰래 빠져나와 일제 시대 때 지은 낡은 학교 건물의, 더 이상 사용하지 않는 교실에서 친구와 둘이 라디오를 켜놓고 백담사로 떠나는 전두환 전 대통령에 대한 뉴스를 듣고 있었다. 내 청춘이 언제 시작됐느냐고 묻는다면, 그 뉴스를 들을 때부터라고 대답할 수 있겠다.

전두환 전 대통령에 관한 뉴스를 듣고 난 그 다음해에 나는 대학에 들어갔다. 그러니까 89학번이다. 70년대 생의 맏형이 되고 싶었지만, 80년대 학번의 막내가 될 가망성이 많은 학번이랄까. 그 무렵, 영화 속의 엄마처럼 나도 자주 거리를 달렸다. 요즘의 '웰빙'이라는 말처럼 그 당시의 '운동'은 일종의 라이프스타일 같은 것이었다. 운동하는 삶은 독서를 포함한 취미생활, 헤어스타일, 복장과 태도, 식습관과 음주성향, 말투와 행동방식, 인간관계와 대화술, 심지어 연애관에 이르기까지 삶의 모든 국면에 영향을 끼쳤다. 그 모든 것을 관통하는 핵심은 바로 촌스럽다는 것이었다. 촌스럽다는 건 정치적으로 좋지 않은 표현이지만, 이번만 이해해 달라. 어쨌든 이십년 전의 일이라 촌스럽다는 게 아니라 삶의 모든 요소를 한 방향으로 줄지어 세우는 그 일사불란함이 촌스럽다는 것이다. 일사불란. 그렇기에 이 촌스러움에 손을 대본다면 우린 그 표면이 꽤나 매끄럽다는 걸 느끼게 될 것이다. 예컨대 이발소에 걸린 그림이나 부동산으로 갑자기 부자가 된 지방 유지의 집에 있는 고려청자 복제품처럼.

우리의 내면을 불편하게 재현한 첫 장면

<마더>에 나오는 엄마가 꼭 그런 모습이었다. 매끄럽게 촌스러운 느낌. <마더>에 나오는 엄마는 TV드라마를 통해 만들어진 이미지, 그러니까 국민 어머니를 복제한 듯한 느낌이 든다. 그런 국민 어머니라면 김혜자가 되겠다. 봉준호 감독은 이미 김혜자 때문에 <마더>를 만들었다고 말했다. 영화에서 김혜자는 TV드라마로 구축된 자신의 이미지를 복제해야만 하는데, 여기서 이상한 일이 발생한다. 김혜자는 김혜자를 그대로 재현하지 못한다. 균열이 생기는 지점은 바로 여기다. 나는 <마더>란 매우 이상한 방식으로 지금

우리 시대를 이야기하는, 정말 이상한 영화라고 생각하는데 그 생각의 연원이 바로 여기에 있다. 자신이 자신을 그대로 재현하지 못해서 생기는 균열, 내파, 내출혈, 마침내 정신착란의 세계. 이로써 <마더>는 모성을 다루는 영화가 아니라 정신분석적 처방이 필요한 심리적 공포영화가 된다. 기기묘묘한 첫 장면은 이로써 지금 우리의 내면을 가장 잘 형상화한 불편한 재현이 된다.

내가 가장 의아하게 생각한 것은 엄마가 의외로 잘 달린다는 점이었다. 벌써 금연한 지 1년이 넘은 고향친구의 영향으로 담배를 끊었다가 최근에 다시 피웠다. 담배는 달리기의 적이다. 하루에 10km씩 달리면 담배는 저절로 끊어진다. 반대로 담배를 피우면 하루에 10km씩 달리는 걸 꺼리게 된다. 오래전의 농담처럼 흡연을 위해서 지나친 건강을 삼가게 되는 것이니까. 다시 담배를 끊을 것이다. 그럭저럭 마흔이 되다보니 이런저런 사물에 추억의 찌꺼기들이 들러붙는다. 예를 들면 오래전에 헤어진 여자가 나만을 위해서 불러준 노래 같은 것에는 미처 다 해소하지 못한 심리적 찌꺼기들이 남아 있다. 이제 담배에도 그런 게 생겼다. 담배를 보면 어떤 상처가 떠오른다. 그래서 끊을 것이다. 안 그래도 하루에 10km씩 달리자면 담배를 끊을 수밖에 없다. 어느덧 마흔이니까.

그런데 저 늙은 엄마는 왜 저렇게 잘 달린단 말이냐? 그것도 어두운 골목길을. 이 영화가 모성을 다룬 영화라고 생각했을 때, 그녀는 진실을 찾아 달리는 것처럼 보였다. 진실은 아마도 여고생 문아정이 서 있던 그 어두운 골목 속에 있었을 것이다. 거기는 죽음과 공포의 공간이지만, 아들의 누명을 벗기기 위해서는 반드시 들여다봐야만 하는 공간이다. 그런데 그 공간 속으로 엄마는 일말의 반성도 없이 달려간다. 나는 그게 이상했다. 왜 달리는 것일까? 더듬더듬 하나하나 확인하며 천천히 걸어갈 수도 있지 않은가? 왜 엄마는 시종일관 달리고 또 달리는 것일까? 그건 아마도 엄마는 이미 그 공간이 텅 비어 있다는 걸, 거기에 진실이 부재한다는 걸 알기 때문일 것이다. 진실은 엄마에게 '이미' 있다. 그건 선험적으로 주어진 것이다. 엄마의 달리기, 즉 '운동'은 그 진실을 좀더 빨리 증명하려는 욕망일 뿐이다. 진실을 선취한 자들에게는 모든 건 시간의 문제니까. 세계는 저절로 본 모습을 드러내지만, 엄마는 그 세계를 마중하기 위해 달린다. 운동이란 본래 그런 것이다.

3인칭 전지적 시점을 가장한 1인칭 주인공

엄마의 촌스러움은 여기서 비롯한다. 진실을 선취한 자들은 삶의 모든 국면을 그 진실에 맞춰서 행동하기 때문에 어쩔 수 없이 촌스러워진다. 스스로 뼈를 분질러버리는 것처럼 아픈 이야기지만, 내가 스스로 나를 복제한다는 사실을 인정하기란 쉽지 않다. <마더>를 면밀하게 살펴보면, 3인칭 시점을 가장한 1인칭 시점을 사용했다는 걸 알게 된다. 이건 반칙이지만, 이 반칙은 우리 시대에 일반적이다. 서초동 검찰청사에 계신 분들뿐만 아니라 나 역시. 그리고 엄마 역시. 엄마는 3인칭 전지적 시점을 가장하는 1인칭 주인공이다. 거기에 모성이란 없다. 존재하는 건 스스로 복제하려는 분열된 자아뿐이다.

지난 5월 말, 1988년 이후 우리 세대가 흉내 내며 살았던, 거대한 3인칭 전지적 시점의 세계는 붕괴했다. 내 시점을 타인과 공유할 때, 3인칭 전지적 시점의 세계가 존재할 것이다. 하지만 이제 나와 타인 사이에는 거대한 장벽이 최종적으로 구축됐다. 여긴 상대성의 세계다. 고물상은 국민 어머니를 흉내 냈던, 그러니까 김혜자를 흉내 냈던 김혜자가 최종적으로 보게 되는 이 세계의 풍경이다. 그 풍경은 추악하기 짝이 없다. 이제는 그걸 인정해야만 할 것이다. 그게 우리가 사는 세계다. 기나긴 청춘이 이로써 끝났다. 이제 우리에게는 정신분석학적 치료가 필요하다. 허벅지를 찌르는 침술로는 어림도 없다. 봉준호 감독은 왜 이런 영화를 만들었을까? 며칠이 지났지만 아직도 원망스럽다.

김연수, 「엄마, 왜 그렇게 잘 달리세요?」, 〈씨네21〉, 2009. 6. 18.

연습문제 1

1 | 영화 〈마더〉를 보고, 작품 속에 나오는 등장인물의 성격, 역할 등에 대해서 주목해 보자. 자신의 입장에서 어떤 인물에 가장 몰입할 수 있었는지 혹은 어떤 인물에 가장 몰입할 수 없었는지에 대해서 이야기해 보자.

2 | 이 글은 영화 〈마더〉에 대한 에세이이다. 〈마더〉에 대한 이와 같은 형식의 다른 비평문을 찾아서 읽고 이 글과 어떻게 다른지 살펴보자.

문제 2

1 | 〈마더〉의 주인공인 '엄마'와 다른 영화 속에 등장하는 '엄마'에 대해 비교해 보자. 이와 관련하여 대중문화 속에서 '엄마'는 어떻게 그려지는지에 대해 살펴보고, 대중문화 속에서 '엄마'의 변천사에 대해 짧게 써 보자.

2 | 자신이 가장 좋아하는 영화를 떠올리고, 그와 관련된 하나의 '키워드(keyword)'를 중심으로 하여 영화의 줄거리를 써 보자. 그리고 기억에 남아 있는 장면 하나를 묘사해 보자.(미술 관련 전공자들은 그림으로 그려 보자.)

읽기자료 3

한국기원 연구생으로 7년을 보내고도 프로 입단에 실패한 '장그래'는 군복무를 마친 뒤 굴지의 종합상사 '원 인터내셔널'에 '낙하산'으로 입사합니다. 낙하산이라고 해봐야 바둑 후견인 덕분에 한 다리 건너 얻은 하루살이 인턴 자리. 그래도 장그래는 바둑 한 수를 복기하는 겸손한 마음으로 주어진 과제를 하나씩 수행해 일단 계약직 사원이 되는 데 성공합니다. 그러나 엘리트 사원들로 넘쳐나는 회사에서 고졸 학력에 특별한 기술도 없는 그가 정규직이 되기란 불가능에 가깝습니다. 연재 100회를 앞둔, 아는 사람은 다 아는 만화 <미생> 얘기입니다. 종합상사가 뭔지조차 몰랐던 장그래가 일을 배워가는 과정을 한 회씩 따라가는 동안, 일상성이 갖는 그 차분한 아름다움에 저는 여러 번 감동했습니다.

그 아름다운 세계를 만들어낸 사람은 놀랍게도 <야후>, <이끼>, <내부자들>처럼 어둡고 사회성 짙은 작품으로 유명한 윤태호 작가입니다. 경기도 성남시 분당 오리역 부근 작업실에서 만난 윤태호의 첫인상은 <미생>의 장그래보다 <이끼>의 '류해국'에 가까웠습니다. 자존심 강하고 까칠한 표정에서 은근한 '포스'가 느껴졌습니다. 작업실에는 세 명의 문하생이 일하고 있었습니다.

'미생'의 주인공 장그래는 나와 닮았다

－요즘도 문하생이 있군요?

"처음에는 연재 스케줄에 맞추기 위해 화실 후배들하고 의기투합한 수준이었고, 2000년대 초반부터 본격적으로 문하생을 뒀어요. <이끼> 끝나고 <미생> 시작할 때까지 3년 동안은 수입이 거의 없어서 월급 주느라 빚을 지기도 했죠."

－운영 부담이 적지 않을 텐데요.

"한국과 일본 만화는 연재 형식을 취하기 때문에 어쩔 수가 없어요. 저는 15페이지씩 주 2회 연재하는데, 제가 스토리까지 다 쓰거든요. 그림 그릴 시간을 줄여서라도 스토리를 고민해야 질 좋은 이야기가 나오기 때문에 무리해서라도 문하생을 둘 수밖에 없어요. 기본적으로 만화가는 단행본으로 먹고살아야 하고, 연재 고료는 제작비인 셈이거든요. 작가 혼자 단행본을 만드는 미국이나 유럽하고는 구조가 다르죠."

－저는 선생님 작품을 대부분 종이책으로 사봤는데, 웹툰의 그림이 오히려 선명하고 보기 좋더군요. 공짜로도 볼 수 있는데 사람들이 왜 만화책을 사 볼까요?

"발광체니까 모니터로 보면 색도 더 선명하고 예쁘죠. 그런데 가만히 보면 사람들이 의심이 많아요. 무슨 내용인지 모르고 상품을 사지는 않거든요. 영화를 볼 때도 먼저 인터넷에서 리뷰를 찾아보잖아요. 군중심리도 있고, 아는 내용을 확인하고 싶은 욕망도 있고, 신뢰의 문제도 있는 거죠. 포털에 웹툰을 올리는 것 자체가 그런 신뢰를 얻는 마케팅의 일환이고요."

-〈미생〉은 악인이 없으면서도 등장인물의 캐릭터가 살아있어서 좋더군요. 저는 '안영이'처럼 안정감 있는 캐릭터가 좋았어요.

"(깜짝 반기며) 그렇죠? 대부분 그런 사람이 어디 있냐고 하던데, 세상에는 그런 슈퍼우먼이 있어요!"

-장그래와 안영이가 연애라도 할 걸 기대했는데, 좀처럼 그런 일은 일어나지 않더군요.

"제가 <미생>에서 그리고자 한 게 있거든요. 하나는 임원의 품격. 회사 임원들이 회사 내 정치나 하고 룸살롱에서 술 먹고 국회의원 만나고 사장단끼리 여행이나 다닐 것 같지만, 그게 전부는 아니에요. 일을 잘 아는 사람이 임원이 되는 건 기본이죠. 둘째로는 회사 내에서 애정으로 발전하지는 않는 나이스한 남녀관계! 연애나 악인이 나오는 순간 만화의 태도, 톤이 달라지는데 그걸 원하지 않았어요. 뭔가 서로 동기를 촉발해 주는 사람의 존재를 그리고 싶었죠. 동성보다 이성 간에 그런 게 있을 수 있거든요. 건강한 경쟁관계도 가능하고."

-자기 회사가 원 인터내셔널의 모델이라는 사람을 여럿 봤습니다.

"회식 자리 나가보면 각 상사의 차장, 부장님들이 모두 '우리 회사가 모델이죠?' 물어요. 전반적인 회사 분위기는 대우인데, 회의 준비나 절차를 보면 삼성 스타일, 또 어떤 면은 엘지 같고."

-어두운 만화를 주로 그리다가 일종의 인생지침서나 자기계발서로 분위기를 확 바꿨습니다. 동기가 뭔가요, 혹시 먹히는 걸 한번 해보자?(웃음)

"출판사에서 계약금을 받고도 <이끼> 끝나고 3년 동안은 취재만 했어요. 바둑과 샐러리맨을 연결시킨 드라마를 만들고 싶었는데, 제가 두 분야 모두 문외한이잖아요. <가우스 전자>, <무대리>처럼 회사원들을 대상으로 한 유머러스한 만화는 많은데, 어떻게 극만화를 만들까 고민이 많았죠. 그렇다고 우리가 혼다를 무릎 꿇리는 식의 성공신화는 만들고 싶지 않았어요. 세상 사는 게 힘든 것은 악인 때문이 아니라 자기 스스로의 내적 모순 때문일 때가 많거든요. 자기 한계, 내 생각의 편협함 때문에 힘든 건데, 자기를 돌아보면서 발전하는 사람들의 작은 이야기를 그리고 싶었어요. 그러나 회사에 대한 개략적인 이해만 있을 뿐, 제가 현실을 모르잖아요. 취재하다 보니 다행히 디테일이 살아나고 갑자기 저 스스로 재미있어졌어요. 인생지침서나 자기계발서 같다? 이 책은 사실 제 개인의 고백서예요. 많은 에피소드들이 제가 살면서 후회했던 지점들에 대한 반성이에요. 왜 그때 그 노력을 하지 않았지? 왜 그때 용감하게 그 말을 하지 않았지? 왜 자기 합리화를 하고 도망쳤지? 인정받고 싶은 장그래의 욕망에 제 감정이 많이 이입되죠."

-어떤 점이 고백적인가요?

"그 친구(장그래)는 바둑 특기생으로 자랐고, 저는 미술 특기생으로 자랐어요. 똑같이 고졸이고 학업성취도가 많이 떨어지는 삶이었죠. 저도 세상에 나와서 만화가 아니면 뭘 했을까 싶을 정도로 일반적인 상식의 기초가 떨어지는 사람이에요. 문하생 때는 비슷한 또래끼리 생활하니 별로 부끄럽지 않았는데, 제 이름 달고 데뷔하면서 만나는 사람들이 많아지니까 영어 쓰는 사람 많고, 그런 사람들에게 꿀리는 게 싫어서 알아듣는 척하다가 돌아와서는 좌절에 빠지고, 전화해서 그게 무슨 뜻이었지 물어보고, 무식에 대한 공포가 컸어요."

-장그래와 비슷한 두려움을 느꼈군요.

"<미생>을 통해서 그런 두려움을 떨쳐내고 싶었어요. 그 전의 만화들에는 남을 깔보거나 무시하는 냉소적인 유머, 건강하지 못한 유머가 많았거든요. 어느 날 12살짜리 큰애가 8살짜리 동생에게 짜증을 내는데 말투가 딱 제 모습인 거예요. 저의 성향이 아이들에게 유전된다는 느낌이 들었어요. 애를 혼낼 게 아니고, 내가 바뀌어야 하는구나, 내가 바뀌려면 기본적으로 삶을 바라보는 태도가 바뀌어야겠구나 생각했죠. <미생>이 4~5회 지나니까 아내가 '처음으로 마음 편히 볼 수 있는 작품이라 좋다'고 하더군요. <이끼>는 반응이 뜨거웠지만 아내가 항상 조마조마해했거든요."

-저는 솔직히 〈야후〉를 보면서 너무 힘들었어요. 삼풍백화점을 비롯해서 내내 무너지고, 죽고, 죽이고.

"<야후>를 5년 동안 연재했는데, 주인공을 모두 죽이면서 끝냈죠. 진짜 두 생명을 죽인 것 같았고, 이후 3년의 슬럼프가 왔어요. 장모님한테 돈 빌려서 겨우 버텼죠. 그때 제가 해낸 큰일이라고는 아이가 타는 네발자전거를 두발로 바꿔 준 게 전부였어요. 창작자로서 정말 지옥이었어요, 뭘 해도 안 됐고."

—이전 작품에서는 주로 아버지만 나오는데다 그나마 대부분 비참하게 죽습니다. 〈미생〉에서 비로소 어머니가 등장하는데요.

"제 아버지는 꽤 거친 분이셔서 제가 많이 혼나면서 자랐어요. 아버지를 생각하면 머리 위에 맷돌 하나 올려놓은 것처럼 턱턱 걸리는 느낌일 때가 있어요. 그래서 <한 정신과 의사의 실존적 자기분석>이라는 책을 읽고 제가 바라본 아버지 입장에서 '아버지 일기'를 적은 적도 있어요. 아버지가 <한겨레> 보시기 때문에 더 자세한 말씀은 못 드리고요.(웃음) <미생>에서 어머니가 등장한 것은 제 내면의 새로운 출발을 의미해요."

1969년 광주에서 태어난 윤태호는 어려서부터 그림을 잘 그리고 각종 대회에서 상도 많이 받아 자연스럽게 미대 진학을 꿈꾸었습니다. 인사성 밝고 남을 웃기기 좋아한 소년의 별명은 '까불이'. 그러나 고1 때 미대를 생각할 수 없을 정도로 집안 형편이 어려워지면서 "어마어마한 방황"이 시작됐습니다. 동시상영 극장, 만화방 등을 전전하면서 친구도 없이 외로운 2년을 보내고 나니, 동년배 미대 준비생들과 뛰어넘을 수 없는 실력 차이도 생겼습니다. "돈이 없으면 미술학원 청소를 해주면서라도 그림을 배웠어야 했다"고 뒤늦게 깨닫고 나자 더 깊은 절망이 밀려들었습니다. 그 절망 속에서 "막연하게 생각했던 거라도 질러봐야지" 싶어 선택한 것이 만화가의 길이었습니다.

"88년 서울에 올라와 노숙하며 만화학원에 다닐 때 지하철에서 고교 동창을 만났어요. '반장에게 전화해 장소를 확인하고 동창회에 나오라'고 하더군요. 그런데 막상 반장은 난처한 목소리로 '대학 다니는 애들만 모이기로 했다'고 하는 거예요. 그 얘기 듣고 악다구니가 생겼고, '나는 25살까지 만화가로 데뷔하겠다'고 결심했죠."

—그 결심 때문에 허영만 문하생에서 조운학 문하생으로 옮겨가기도 했죠?

"문하생에도 단계가 있거든요. 1단계는 머리카락이나 눈동자를 먹칠하는 '뒤처리', 2단계는 인물을 제외한 모든 것, 예컨대 자동차나 건물을 그리는 '배경', 3단계는 인물을 펜으로 그리는 '잉킹', 4단계는 콘티를 받아 밑그림을 연필로 그리는 '데생'. 그런데 허영만 선생님은 데생을 직접 하시기 때문에 데생을 배울 방법이 없었어요. 그래서 조운학 선생께로 옮겼죠."

—데생은 고참 문하생이 하는 거라서 기회를 잡기가 쉽지 않았을 텐데요.

"그래서 제가 사고도 쳤어요. 화실에 40~50대의 고참 '선생님급'이 많았는데, 이분들이 밤이면 고스톱을 치는 거예요. 제가 그걸 보다가 참지 못하고 화투판을 엎었어요. '내가 당신들 술 심부름하러 여기 온 줄 알아, 내가 뭘 포기하고 여기 왔는데?' 하는 마음이 있었거든요. 25살 전에 데뷔하겠다는 복수심으로 버티던 시절이니까요. 그래서 그분들이 '저 새끼 안 자르면 우리가 집단으로 그만두겠다'고 해서 제가 무릎 꿇고 사과하고 난리가 났었죠. 그러고는 저 혼자 데생 연습을 하고 그걸 누가 빼앗지 못하게 팔꿈치로 누르고 화판에 엎드려 잠을 잤어요. 그러자 조 선생님이 저보다 나이든 사람을 모두 불러 모아 '태호한테 데생 시키려는데 반대하는 사람 손들어' 하고 물으셨어요. 아무도 손을 안 들었죠."

–나이를 뛰어넘은 파격인데 윤태호의 뭘 보고 데생을 시키기로 작정하셨을까요?

"(잠시 생각하다가) 그림의 성취를 느껴본 사람들은 지금 당장 잘 그리는 것보다 성취욕망이나 동기의 명확성 같은 기질을 보는 것 같아요. 안 시켜주면 당장 나갈 것 같아 붙잡으신 면도 있겠죠.(웃음)"

실제로 윤태호는 24살이 되던 93년 화실을 나와 <월간 점프>에 '비상착륙'이라는 작품으로 데뷔합니다. 그러나 막상 첫 작품이 인쇄된 걸 보니 "그건 만화가 아니라 쓰레기"였습니다.

–본인은 어떤 성격입니까?

"결혼 전 장모님이 궁합을 보니 저에 대해 '여자보다 몇 배 예민하다. 상처도 잘 받고 이상한 지점에서 시비를 걸 거'라고 하더래요. '예민하고 자기밖에 모른다, 내 딸이라면 결혼 안 시킨다'는 뜻이죠.(웃음) 네 군데에서 반대했는데, 다섯 번째 갔더니 '그냥 시켜. 합이 들었는데 뭘' 그러더래요. 장모님은 처음부터 결혼시킬 마음이셨던 거죠. 만화가 잘 안되면 모든 게 헝클어지는 걸 보면 점쟁이 말이 맞아요."

–웃기는 질문이지만, 윤태호에게 대학은 어떤 의미일까요?

"(잠시 생각) 20대 때는 완벽한 콤플렉스. 포장마차에서 술 먹다가 우연히 옆에 앉은 서강대 여학생이 너무 똑똑하고 지적이라서 '저렇게 선명하게 말을 잘하는 저 여자는 누구일까? 뭘 배웠기에 저렇게 똑똑한가?' 싶어 뒤따라가 말을 붙인 적도 있어요. 은행 계단에 앉아서 1시간쯤 이야기를 나눴죠. 제가 못 가본 세계에 대한 극도의 호기심이 있었어요."

–그 콤플렉스를 어떻게 극복했나요?

"20대에는 인생이 많이 다른 것 같지만, 군대 가고, 취업하고, 결혼하고, 집 사고, 애 낳고 이런 비슷한 경험을 거치다 보면 어느 순간 엑스(X)자 모양으로 인생이 모이는 시기가 있어요. '캠퍼스의 낭만은 내가 모르지만, 사고체계는 다를 게 없네. 만화 그리는 데는 오히려 내가 더 풍요로운 지점도 있네' 깨닫는 순간이 오는 거죠. 저는 모르는 영역은 얼추 모르는 게 아니라 백퍼센트 몰라요. 미술 빼고는 모두 바닥! 제가 문하생일 때 아내를 만났는데, 그때 아내가 생각했대요. 이 사람은 어떻게 글을 이렇게 못 쓸까, 그림 재능이 너무 아깝다!(웃음) 진짜 무식한 걸 알기 때문에 취재할 때 정말 열심히 물어봐요. 돌아와서 후회하지 않으려고 바보처럼 묻고 또 묻고."

-인천상륙작전 만화를 준비중이시죠?

"한국전쟁 당시 필름을 보면 완전히 민둥산, 초가집, 꼬불꼬불한 길뿐인데, 그 황량함에서 느껴지는 미묘한 서글픔, 비극적인 아름다움이 있어요. 그걸 그려보고 싶어요. 한국전쟁 영화나 드라마에는 너무 울창한 배경이 나와서 리얼리티가 떨어지는데, 드라마가 못하는 걸 만화는 할 수 있거든요. <드래곤볼>에서 아예 지구를 없애버리듯.(웃음)"

처음에 다소 서먹하던 분위기는 제가 그의 만화를 대부분 읽었다는 사실이 확인되자마자 확 녹아버렸습니다. 살아난 분위기는 저녁식사를 겸한 술자리로 이어졌고 막차 시간까지 가지 말라고 붙잡는 지경에 이르렀습니다. 천칭자리 두 명과 물병자리 한명의 특성을 나누느라 시간 가는 줄을 몰랐습니다. 천칭자리 윤태호는 수없는 오류를 수정하면서 자신을 성찰해온 사람이었습니다. 약점이었던 스토리는 그런 성찰을 통해 오히려 강력한 무기가 되었습니다. 모르는 걸 모른다고 할 수 있는 사람, 흔치 않은 자신감의 소유자를 만나 유쾌한 시간이었습니다. 그래서 진짜 무서운 사람이라는 생각도 들었지만 말이죠.

김두식, 「윤태호와 '미생' 장그래, 두려움이 닮았다」, 〈한겨레〉, 2013. 1. 25.

연습문제 1

1 | 앞의 인터뷰를 읽고, 인터뷰 기사를 구성하는 요소에 대해 말해 보자.

2 | 평소에 좋아하는 인물의 인터뷰 기사를 찾아서 읽어 보고, 인터뷰 기사에서 다루지 않은 내용과 관련된 질문을 해 보자.

문제 2

1 | 평소에 재미있게 읽었던 웹툰 혹은 만화를 한 편 선정하여 다른 사람에게 소개하는 형식으로 글을 써 보자.

2 | 존경하는 인물 혹은 평소에 만나고 싶었던 사람을 인터뷰 대상으로 선정하여 인터뷰를 한 뒤, 그 내용을 바탕으로 하여 인터뷰 기사를 써 보자.

참고문헌

아르놀트 하우저, 『문학과 예술의 사회사』, 백낙청 역, 창작과비평사, 1999.

최승규, 『서양미술사100장면』, 한명, 2001.

진중권, 『미학오디세이』, 휴머니스트, 2003.

박찬욱, 『박찬욱의 몽타주, 오마주』, 마음산책, 2005.

E. H. 곰브리치, 『서양미술사』, 백승길 이종승 역, 예경, 2013.

Ⅲ
감상적인 글 읽기와 쓰기

1. 시의 이해와 감상

어느 날 고궁(古宮)을 나오면서

김 수 영

왜 나는 조그마한 일에만 분개하는가
저 왕궁(王宮) 대신에 왕궁의 음탕 대신에
오십(五十) 원짜리 갈비가 기름덩어리만 나왔다고 분개하고
옹졸하게 분개하고 설렁탕집 돼지 같은 주인년한테 욕을 하고
옹졸하게 욕을 하고

한 번 정정당당하게
붙잡혀간 소설가를 위해서
언론의 자유를 요구하고 월남(越南)파병에 반대하는
자유를 이행하지 못하고
이십(二十) 원을 받으러 세 번씩 네 번씩
찾아오는 야경꾼들만 증오하고 있는가

옹졸한 나의 전통은 유구하고 이제 내 앞에 정서(情緖)로
가로놓여 있다
이를테면 이런 일이 있었다
부산에 포로수용소의 제사십야전병원(第四十野戰病院)에 있을 때
정보원이 너어스들과 스폰지를 만들고 거즈를
개키고 있는 나를 보고 포로경찰이 되지 않는다고
남자가 뭐 이런 일을 하고 있느냐고 놀린 일이 있었다
너어스들 옆에서

지금도 내가 반항하고 있는 것은 이 스폰지 만들기와
거즈 접고 있는 일과 조금도 다름없다
개의 울음소리를 듣고 그 비명에 지고
머리에 피도 안 마른 애놈의 투정에 진다
떨어지는 은행나무잎도 내가 밟고 가는 가시밭

아무래도 나는 비켜 서 있다 절정(絶頂) 위에는 서 있지
않고 암만해도 조금쯤 옆으로 비켜서있다
그리고 조금쯤 옆에 서 있는 것이 조금쯤
비겁한 것이라고 알고 있다!

그러니까 이렇게 옹졸하게 반항한다
이발쟁이에게
땅주인에게는 못하고 이발쟁이에게
구청직원에게는 못하고 동회직원에게도 못하고
야경꾼에게 이십(二十) 원 때문에 십(十) 원 때문에 일(一) 원 때문에
우습지 않으냐 일(一) 원 때문에

모래야 나는 얼마큼 적으냐
바람아 먼지야 풀아 나는 얼마큼 적으냐
정말 얼마큼 적으냐……

연습문제

1 | 화자의 태도에 대해 이야기해 보자.

2 | 이 시에 등장하는 역사적 사건에 대해 이야기해 보자.

겨울-나무로부터 봄-나무에로

황 지 우

나무는 자기 몸으로
나무이다
자기 온몸으로 나무는 나무가 된다
자기 온몸으로 헐벗고 영하(零下) 십삼도(十三度)
영하(零下) 이십도(二十度) 지상(地上)에
온몸을 뿌리박고 대가리 쳐들고
무방비의 나목(裸木)으로 서서
두 손 올리고 벌받는 자세로 서서
아 벌받은 몸으로, 벌받는 목숨으로 기립(起立)하여, 그러나
이게 아닌데 이게 아닌데
온 혼(魂)으로 애타면서 속으로 몸 속으로 불타면서
버티면서 거부하면서 영하(零下)에서
영상(零上)으로 영상(零上) 오도(五度) 영상(零上) 십삼도(十三度) 지상(地上)으로
밀고 간다, 막 밀고 올라간다
온몸이 으스러지도록
으스러지도록 부르터지면서
터지면서 자기의 뜨거운 혀로 싹을 내밀고
천천히, 서서히, 문득, 푸른 잎이 되고
푸르른 사월 하늘 들이받으면서
나무는 자기의 온몸으로 나무가 된다
아아, 마침내, 끝끝내
꽃피는 나무는 자기 몸으로
꽃피는 나무이다

연습문제

1 | 자연현상을 바라보는 화자의 태도에 대해 이야기해 보자.

2 | 이 시가 가진 리듬과 그 효과에 대해 이야기해 보자.

사평역(沙平驛)에서

곽 재 구

막차는 좀처럼 오지 않았다
대합실 밖에는 밤새 송이눈이 쌓이고
흰 보라 수수꽃 눈시린 유리창마다
톱밥난로가 지펴지고 있었다
그믐처럼 몇은 졸고
몇은 감기에 쿨럭이고
그리웠던 순간들을 생각하며 나는
한줌의 톱밥을 불빛 속에 던져 주었다
내면 깊숙이 할 말들은 가득해도
청색의 손바닥을 불빛 속에 적셔두고
모두들 아무 말도 하지 않았다
산다는 것이 때론 술에 취한 듯
한 두릅의 굴비 한 광주리의 사과를
만지작거리며 귀향하는 기분으로
침묵해야 한다는 것을
모두들 알고 있었다
오래 앓은 기침소리와
쓴 약 같은 입술 담배 연기 속에서
싸륵싸륵 눈꽃은 쌓이고
그래 지금은 모두들
눈꽃의 화음에 귀를 적신다
자정 넘으면
낯설음도 뼈 아픔도 다 설원인데
단풍잎 같은 몇 잎의 차창을 달고
밤열차는 또 어디로 흘러 가는지
그리웠던 순간들을 호명하며 나는
한줌의 눈물을 불빛 속에 던져 주었다.

연습문제

1 | 화자의 태도에 대해 이야기해 보자.

2 | 이 시의 이미지에 대해 이야기해 보자.

3 | 이 시의 공간적 배경을 산문으로 묘사해 보자.

사과를 먹으며

함 민 복

사과를 먹는다
사과나무의 일부를 먹는다
사과꽃에 눈부시던 햇살을 먹는다
사과를 더 푸르게 하던 장마비를 먹는다
사과를 흔들던 소슬바람을 먹는다
사과나무를 감싸던 눈송이를 먹는다
사과 위를 지나던 벌레의 기억을 먹는다
사과나무에서 울던 새소리를 먹는다
사과나무 잎새를 먹는다
사과를 가꾼 사람의 땀방울을 먹는다
사과를 연구한 식물학자의 지식을 먹는다
사과나무 집 딸을 바라보던 하늘을 먹는다
사과에 수액을 공급하던 사과나무 가지를 먹는다
사과나무의 세월, 사과나무 나이테를 먹는다
사과를 지탱해 온 사과나무 뿌리를 먹는다
사과의 씨앗을 먹는다
사과나무의 자양분 흙을 먹는다
사과나무의 흙을 붙잡고 있는 지구의 중력을 먹는다
사과나무가 존재할 수 있게 한 우주를 먹는다
흙으로 빚어진 사과를 먹는다
흙에서 멀리 도망쳐 보려다
흙으로 돌아가고마는
사과를 먹는다
사과가 나를 먹는다

연습문제

1 | 사과에서 시작되어 진행되는 화자의 생각을 정리해 보자.

2 | 사과 외의 다른 사물을 제목으로 한 모방 시를 지어보자.

못 위의 잠

나 희 덕

저 지붕 아래 제비집 너무도 작아
갓 태어난 새끼들만으로도 가득 차고
어미는 둥지를 날개로 덮은 채 간신히 잠들었습니다
바로 그 옆에 누가 박아 놓았을까요, 못 하나를
그 못이 아니었다면
아비는 어디서 밤을 지냈을까요
못 위에 앉아 밤새 꾸벅거리는 제비를
나는 눈이 뜨겁도록 올려다 봅니다
종암동 버스 정류장, 흙바람은 불어 오고
한 사내가 아이 셋을 데리고 마중 나온 모습
수많은 버스를 보내고 나서야
피곤에 지친 한 여자가 내리고, 그 창백함 때문에
반쪽 난 달빛은 또 얼마나 창백했던가요
아이들은 달려가 엄마의 옷자락을 잡고
제자리에 선 채 달빛을 좀 더 바라보던
사내의, 그 마음을 오늘 밤은 알 것도 같습니다
실업의 호주머니에서 만져지던
때 묻은 호두알은 쉽게 깨어지지 않고
그럴듯한 집 한 채 짓는 대신
못 하나 위에서 견디는 것으로 살아온 아비,
거리에선 아직도 흙바람이 몰려오나 봐요
돌아오는 길 희미한 달빛은 그런대로
식구들의 손잡은 그림자를 만들어 주기도 했지만
그러기엔 골목이 너무 좁았고
늘 한 걸음 늦게 따라오던 아버지의 그림자
그 꾸벅거림을 기억나게 하는
못 하나, 그 위의 잠

연습문제

1 | 제비를 보는 화자의 태도에 대해 이야기해 보자.

2 | 주변의 흔한 사물에 새로운 의미를 부여하는 글을 써보자.

가재미

문 태 준

김천의료원 6인실 302호에 산소마스크를 쓰고 암투병중인 그녀가 누워있다
바닥에 바짝 엎드린 가재미처럼 그녀가 누워 있다
나는 그녀의 옆에 나란히 한 마리 가재미로 눕는다
가재미가 가재미에게 눈길을 건네자 그녀가 울컥 눈물을 쏟아낸다
한쪽 눈이 다른 한쪽 눈으로 옮겨 붙은 야윈 그녀가 운다
그녀는 죽음만을 보고 있고 나는 그녀가 살아 온 파랑 같은 날들을 보고 있다
좌우를 흔들며 살던 그녀의 물 속 삶을 나는 떠올린다
그녀의 오솔길이며 그 길에 돋아나던 대낮의 뻐꾸기 소리며
가늘은 국수를 삶던 저녁이며 흙담조차 없었던 그녀 누대의 가계를 떠올린다
두 다리는 서서히 멀어져 가랑이지고
폭설을 견디지 못하는 나뭇가지처럼 등뼈가 구부정해지던 그 겨울 어느 날을 생각한다
그녀의 숨소리가 느릅나무 껍질처럼 점점 거칠어진다
나는 그녀가 죽음 바깥의 세상을 이제 볼 수 없다는 것을 안다
한쪽 눈이 다른 쪽 눈으로 캄캄하게 쏠려버렸다는 것을 안다
나는 다만 좌우를 흔들며 헤엄쳐 가 그녀의 물 속에 나란히 눕는다
산소호흡기로 들어마신 물을 마른 내 몸 위에 그녀가 가만히 적셔준다

연습문제

1 | 시의 제목이 갖는 의미에 대해 이야기해 보자.

2 | 화자가 회상하는 내용이 무엇인지 정리해 보자.

2. 소설의 이해와 감상

서울 1964년 겨울

김 승 옥

1964년 겨울을 서울에서 지냈던 사람이라면 누구나 알고 있겠지만, 밤이 되면 거리에 나타나는 선술집 — 오뎅과 군참새와 세 가지 종류의 술등을 팔고 있고, 얼어붙은 거리를 휩쓸며 부는 차가운 바람이 펄럭거리게 하는 포장을 들치고 안으로 들어서게 되어 있고, 그 안에 들어서면 카바이드 불의 길쭉한 불꽃이 바람에 흔들리고 있고, 염색한 군용(軍用) 잠바를 입고 있는 중년 사내가 술을 따르고 안주를 구워 주고 있는 그러한 선술집에서, 그날 밤, 우리 세 사람은 우연히 만났다. 우리 세 사람이란 나와 도수 높은 안경을 쓴 안(安)이라는 대학원 학생과 정체를 알 수 없었지만 요컨대 가난뱅이라는 것만은 분명하여 그의 정체를 꼭 알고 싶다는 생각은 조금도 나지 않는 서른 대여섯 살짜리 사내를 말한다. 먼저 말을 주고받게 된 것은 나와 대학원생이었는데, 뭐 그렇고 그런 자기 소개가 끝났을 때는 나는 그가 안씨라는 성을 가진 스물다섯 살짜리 대한민국 청년, 대학 구경을 해보지 못한 나로서는 상상이 되지 않는 전공(專攻)을 가진 대학원생, 부잣집 장남이라는 걸 알았고, 그는 내가 스물다섯 살짜리 시골 출신, 고등학교는 나오고 육군 사관학교를 지원했다가 실패하고 나서 군대에 갔다가 임질에 한 번 걸려 본 적이 있고, 지금은 구청 병사계(兵事係)에서 일하고 있다는 것을 아마 알았을 것이다.

자기 소개는 끝났지만, 그러고 나서는 서로 할 얘기가 없었다. 잠시 동안은 조용히 술만 마셨는데, 나는 새카맣게 구워진 참새를 집을 때 할말이 생겼기 때문에 마음속으로 군 참새에게 감사하고 나서 얘기를 시작했다.

"안 형, 파리를 사랑하십니까?"

"아니오. 아직까진…"

그가 말했다.

"김 형은 파리를 사랑하세요?"

"예."

라고 나는 대답했다.

"날 수 있으니까요. 아닙니다. 날 수 있는 것으로서 동시에 내 손에 붙잡힐 수 있는 것이니까요. 날 수 있는 것으로서 손안에 잡아본 것이 있으세요?"

"가만 계셔 보세요."

그는 안경 속에서 나를 멀거니 바라보며 잠시 동안 표정을 꼼지락거리고 있었다. 그리고 말했다.

"없어요. 나도 파리밖에는…"

낮엔 이상스럽게도 날씨가 따뜻했기 때문에 길은 얼음이 녹아서 흙물로 가득했었는데 밤이 되면서부터 다시 기온이 내려가고 흙물은 우리의 발 밑에서 다시 얼어붙기 시작했다. 쇠가죽으로 지어진 내 검정 구두는 얼고 있는 땅바닥에서 올라오고 있는 찬 기운을 충분히 막아내지 못하고 있었다. 사실 이런 술집이란, 집으로 돌아가는 길에 잠깐 한잔하고 싶은 생각이 든 사람이나 들어올 데지, 마시면서 곁에 선 사람과 무슨 얘기를 주고받을 데는 되지 못하는 곳이다. 그런 생각이 문득 들었지만 그 안경쟁이가 때마침 나에게 기특한 질문을 했기 때문에 나는 '이놈 그럴듯하다'고 생각되어 추위 때문에 저려 드는 내 발바닥에 조금만 참으라고 부탁했다.

"김 형, 꿈틀거리는 것을 사랑하십니까?"

하고 그가 내게 물었던 것이다.

"사랑하구 말구요." 나는 갑자기 의기 양양해져서 대답했다. 추억이란 그것이 슬픈 것이든지 기쁜 것이든지 그것을 생각하는 사람을 의기 양양하게 한다. 슬픈 추억일 때는 고즈넉이 의기 양양해지고 기쁜 추억일 때는 소란스럽게 의기 양양해진다.

"사관학교 시험에서 미역국을 먹고 나서도 얼마 동안, 나는 나처럼 대학 입학 시험에 실패한 친구 하나와 미아리에 하숙하고 있었습니다. 서울은 그때가 처음이었죠. 장교가 된다는 꿈이 깨어져서 나는 퍽 실의에 빠져 있었습니다. 그때 영영 실의해 버린 느낌입니다. 아시겠지만 꿈이 크면 클수록 실패가 주는 절망감도

대단한 힘을 발휘하더군요. 그 무렵 재미를 붙인 게 아침의 만원된 버스간이었습니다. 함께 있는 친구와 나는 하숙집의 아침 밥상을 밀어 놓기가 바쁘게 미아리 고개 위에 있는 버스 정류장으로 달려갑니다. 개처럼 숨을 헐떡거리면서 말입니다. 시골에서 처음으로 서울에 올라온 청년들의 눈에 가장 부럽고 신기하게 비치는 게 무언지 아십니까? 부러운 건 뭐니뭐니 해도, 밤이 되면 빌딩들의 창에 켜지는 불빛, 아니 그 불빛 속에서 이리저리 움직이고 있는 사람들이고, 신기한 건 버스간 속에서 일 센티미터도 안 되는 간격을 두고 자기 곁에 예쁜 아가씨가 서 있다는 사실입니다. 때로는 아가씨들과 팔목의 살을 대고 있기도 하고 허벅다리를 비비고서 있을 수도 있어서 그것 때문에 나는 하루 종일 시내 버스를 이것저것 갈아 타면서 보낸 적도 있습니다. 물론 그날 밤에는 너무 피로해서 토했습니다만…."

"잠깐, 무슨 얘기를 하시자는 겁니까?"

"꿈틀거리는 것을 사랑한다는 얘기를 하려던 참이었습니다. 들어보세요. 그 친구와 나는 출근 시간의 만원 버스 속을 스리꾼들처럼 안으로 비집고 들어갑니다. 그리고 자리를 잡고 앉아 있는 젊은 여자 앞에 섭니다. 나는 한 손으로 손잡이를 잡고 나서, 달려오느라고 좀 멍해진 머리를 올리고 있는 손에 기댑니다. 그리고 내 앞에 앉아 있는 여자의 아랫배 쪽으로 천천히 시선을 보냅니다. 그러면 처음엔 얼른 눈에 뜨이지 않지만 시간이 조금 가고 내 시선이 투명해지면서부터 나는 그 여자의 아랫배가 조용히 오르내리는 것을 볼 수 있습니다…."

"오르내린다는 건… 호흡 때문에 그러는 것이겠죠?"

"물론 입니다. 시체의 아랫배는 꿈쩍도 하지 않으니까요. 하여튼… 나는 그 아침의 만원 버스간 속에서 보는 젊은 여자 아랫배의 조용한 움직임을 보고 있으면 왜 그렇게 마음이 편안해지고 맑아지는지 모르겠습니다. 나는 그 움직임을 지독하게 사랑합니다."

"퍽 음탕한 얘기군요."

라고 안은 기묘한 음성으로 말했다. 나는 화가 났다. 그 얘기는, 내가 만일 라디오의 박사 게임 같은 데에 나가게 돼서 '세상에서 가장 신선한 것은?'이라는 질문을 받게 되었을 때, 남들은 상추니 오월의 새벽이니 천사의 이마니 하고 대답하겠지만 나는 그 움직임이 가장 신선한 것이라고 대답하려니 하고 일부러 기억해 두었던 것이었다.

"아니 음탕한 얘기가 아닙니다." 나는 강경한 태도로 말했다. "그 얘기는 정말입니다."

"음탕하지 않다는 것과 정말이라는 것 사이엔 어떤 관계가 있죠?"

"모르겠습니다. 관계 같은 것은 난 모릅니다. 요컨대…"

"그렇지만 그 동작은 '오르내린다'는 것이지 꿈틀거린다는 것은 아니군요. 김 형은 아직 꿈틀거리는 것을 사랑하지 않으시구먼."

우리는 다시 침묵 속으로 떨어져서 술잔만 만지작거리고 있었다. 개새끼, 그게 꿈틀거리는 게 아니라고 해도 괜찮다, 하고 나는 생각하고 있었다. 그런데 잠시 후에 그가 말했다.

"난 지금 생각해 봤는데, 김 형의 그 오르내림도 역시 꿈틀거림의 일종이라는 결론을 얻었습니다."

"그렇죠?"

나는 즐거워졌다. "그것은 틀림없는 꿈틀거림입니다. 난 여자의 아랫배를 가장 사랑합니다. 안 형은 어떤 꿈틀거림을 사랑합니까?"

"어떤 꿈틀거림이 아닙니다. 그냥 꿈틀거리는 거죠. 그냥 말입니다. 예를 들면… 데모도…."

"데모가? 데모를? 그러니까 데모…."

"서울은 모든 욕망의 집결지입니다. 아시겠습니까?"

"모르겠습니다."

라고 나는 할 수 있는 한 깨끗한 음성을 지어서 대답했다.

그 때 우리의 대화는 또 끊어졌다. 이번엔 침묵이 오래 계속되었다. 나는 술잔을 입으로 가져갔다. 내가 잔을 비우고 났을 때 그도 잔을 입에 대고 눈을 감고 마시고 있는 게 보였다. 나는 이젠 자리를 떠나야 할 때가 되었다고 다소 서글픈 기분으로 생각했다. 결국 그렇고 그렇다. 또 한 번 확인된 것에 지나지 않다고 생각하면서, '자 그럼 다음에 또…' 라고 말할까 '재미있었습니다'라고 말할까, 궁리하고 있는데 술잔을 비운 안이 갑자기 한 손으로 내 한쪽 손을 살며시 잡으면서 말했다.

"우리가 거짓말을 하고 있었다고 생각하지 않으십니까?"

"아니오."

나는 좀 귀찮은 생각이 들었다.

"안 형은 거짓말을 했는지 모르지만 내가 한 얘기는 정말이었습니다."

"난 우리가 거짓말을 하고 있었던 것 같은 느낌이 듭니다."

그는 붉어진 눈두덩을 안경 속에서 두어 번 끔벅거리고 나서 말했다. "난 우리 또래의 친구를 새로 알게 되면 꼭 꿈틀거림에 대한 얘기를 하고 싶어집니다. 그래서 얘기를 합니다. 그렇지만 얘기는 오 분도 안 돼서 끝나 버립니다."

나는 그가 무슨 이야기를 하고 있는지 알 듯하기도 했고 모를 것 같기도 했다.

"우리 다른 얘기합시다."

하고 그가 다시 말했다.

나는 심각한 얘기를 좋아하는 이 친구를 골려 주기 위해서, 그리고 한편으로는 자기의 음성을 자기가 들을 수 있는 취한 사람의 특권을 맛보고 싶어서 얘기를 시작했다.

"평화 시장 앞에서 줄지어 선 가로등 중에서 동쪽으로부터 여덟 번째 등은 불이 켜져 있지 않습니다…."

나는 그가 좀 어리둥절해 하는 것을 보자 더욱 신이 나서 얘기를 계속했다.

"…그리고 화신 백화점 육 층의 창들 중에서는 그 중 세 개에서만 불빛이 나오고 있었습니다…."

그러자 이번엔 내가 어리둥절해질 사태가 벌어졌다. 안의 얼굴에 놀라운 기쁨이 발하기 시작했기 때문이다.

그가 빠른 말씨로 얘기하기 시작했다.

"서대문 버스 정류장에는 사람이 서른두 명 있는데 그 중 여자가 열일곱 명이고 어린애는 다섯 명, 젊은이는 스물한 명, 노인이 여섯 명입니다."

"그건 언제 일이지요?"

"오늘 저녁 일곱 시 십오 분 현재입니다."

"아"

하고 나는 잠깐 절망적인 기분이었다. 그 반작용인 듯 굉장히 기분이 좋아져서 털어놓기 시작했다.

"단성사 옆골목의 첫번째 쓰레기통에는 초콜릿 포장지가 두 장 있습니다."

"그건 언제?"

"지난 십사일 저녁 아홉 시 현재입니다."

"적십자 병원 정문 앞에 있는 호도나무의 가지 하나는 부러져 있습니다."

"을지로 삼가에 있는 간판 없는 한 술집에는 미자라는 이름을 가진 색시가 다섯 명 있는데, 그 집에 들어온 순서대로 큰 미자, 둘째 미자, 셋째 미자, 넷째 미자, 막내 미자라고 합니다."

"그렇지만 그건 다른 사람들도 알고 있겠군요. 그 술집에 들어가 본 사람은 꼭 김 형 하나뿐이 아닐 테니까요."

"아 참, 그렇군요. 난 미처 그걸 생각하지 못했는데. 난 그 중에 큰 미자와 하룻저녁 같이 잤는데 그 여자는 다음날 아침 일수(日收)로 물건을 파는 여자가 왔을 때 내게 팬티 하나를 사주었습니다. 그런데 그 여자가 저금통으로 사용하고 있는 한 되들이 빈 술병에는 돈이 백십 원 들어 있었습니다."

"그건 얘기가 됩니다. 그 사실은 완전히 김 형의 소유입니다."

우리의 말투는 점점 서로를 존중해 가고 있었다.

"나는…"

하고 우리는 동시에 말을 시작하기도 했다. 그럴 때는 번갈아서 서로 양보했다.

"나는…"

이번에는 그가 말할 차례였다. "서대문 근처에서 서울역 쪽으로 가는 전차의 트롤리가 내 시야 곳에서 꼭 다섯 번 파란 불꽃을 튀기는 것을 보았습니다. 그건 오늘 밤 일곱 시 십오 분에 거길 지나가는 전차였습니다."

"안 형은 오늘 저녁엔 서대문 근처에서 살고 있었군요."

"예 서대문 근처에서만……."

"난 종로 이가 쪽입니다. 영보 빌딩 안이 있는 변소 문의 손잡이 조금 밑에는 약 이 센티미터 가량의 손톱 자국이 있습니다."

하하하하, 하고 그는 소리 내어 웃었다.

"그건 김 형이 만들어 놓은 자국이겠지요?"

나는 무안했지만 고개를 끄덕이지 않을 수 없었다. 그건 사실이었다.

"어떻게 아세요?"

하고 나는 그에게 물었다.

"나도 그런 경험이 있으니까요."

그가 대답했다.

"그렇지만 별로 기분 좋은 기억이 못 되더군요. 역시 우리는 그냥 바라보고 발견하고 비밀히 간직해 두는 편이 좋겠어요. 그런 짓을 하고 나서는 뒷맛이 좋지 않더군요."

"난 그런 짓을 많이 했습니다만 오히려 기분이 좋았…."

좋았다고 말하려고 했는데, 갑자기 내가 했던 모든 그것에 대한 혐오감이 치밀어서 나는 말을 그치고 그의 의견에 동의하는 고갯짓을 해버렸다.

그러나 그 때 나는 이상스럽다는 생각이 들었다. 내가 약 삼십 분 전에 들은 말이 틀림없다면 지금 내 옆에서 안경을 번쩍이고 앉아 있는 친구는 틀림없는 부잣집 아들이고 높은 공부를 한 청년이다. 그런데 왜 그가 이래야만 되는가?

"안 형이 부잣집 아들이라는 것은 사실이겠지요? 그리고 대학원 학생이라는 것도…." 내가 물었다.

"부동산만 해도 대략 삼천만 원쯤 되면 부자가 아닐까요? 물론 내 아버지 재산이지만 말입니다. 그리고 대학원생이라는 건 여기 학생증이 있으니까…."

그러면서 그는 호주머니를 뒤적거리면서 지갑을 꺼냈다.

"학생증까진 필요 없습니다. 실은 좀 의심스러운 게 있어서요. 안형 같은 사람이 추운 밤에 싸구려 선술집에 앉아서 나 같은 친구나 간직할 만한 일에 대해서 얘기하고 있다는 것이 이상스럽다는 생각이 방금 들었습니다."

"그건… 그건…."

그는 좀 열띤 음성으로 말했다.

"그건… 그렇지만 먼저 물어 보고 싶은 게 있는데요. 김 형이 추운 밤에 밤거리를 다니는 이유는 무엇입니까?"

"습관은 아닙니다. 나 같은 가난뱅이는 호주머니에 돈이 좀 생겨야 밤거리에 나올 수 있으니까요."

"글쎄 밤거리에 나오는 이유는 무엇입니까?"

"하숙방에 들어앉아서 벽이나 쳐다보고 있는 것보다는 나으니까요."

"밤거리에 나오면 뭔가 좀 풍부해지는 느낌이 들지 않습니까?"

"뭐가요?"

"그 뭔가가. 그러니까 생(生)이라고 해도 좋겠지요. 김 형이 왜 그런 질문을 하는지 그 이유를 조금은 알 것 같습니다. 내 대답은 이렇습니다. 밤이 됩니다. 난 집에서 거리로 나옵니다. 난 모든 것에서 해방된 것을 느낍니다. 아니, 실제로는 그렇지 않을지도 모르지만 그렇게 느낀다는 말입니다. 김 형은 그렇게 안 느낍니까?"

"글쎄요."

"나는 사물의 틈에 끼여서가 아니라 사물을 멀리 두고 바라보게 됩니다. 안 그렇습니까?"

"글쎄요. 좀…."

"아니 어렵다고 말하지 마세요. 이를테면 낮엔 그저 스쳐 지나가던 모든 것이 밤이 되면 내 시선 앞에서 자기들의 벌거벗은 몸을 송두리째 드러내 놓고 쩔쩔맨단 말입니다. 그런데 그게 의미가 없는 일일까요? 그런, 사물을 바라보며 즐거워한다는 일이 말입니다."

"의미요? 그게 무슨 의미가 있습니까? 난 무슨 의미가 있기 때문에 종로 이가에 있는 빌딩들의 벽돌 수를 헤아리는 일을 하는 게 아닙니다. 그냥…."

"그렇죠? 무의미한 겁니다. 아니 사실은 의미가 있는지도 모르지만 난 아직 그걸 모릅니다. 김 형도 아직 모르는 모양인데 우리 한번 함께 그거나 찾아볼까요.

일부러 만들어 붙이지는 말고요."

"좀 어리둥절하군요. 그게 안 형의 대답입니까? 난 좀 어리둥절한데요. 갑자기 의미라는 말이 나오니까."

"아 참, 미안합니다. 내 대답은 아마 이렇게 된 것 같군요. 그냥 뭔가 뿌듯해지는 느낌이 들기 때문에 밤거리로 나온다고." 그는 이번엔 목소리를 낮추어서 말했다. "김 형과 나는 서로 다른 길을 걸어서 같은 지점에 온 것 같습니다. 만일 이 지점이 잘못된 지점이라고 해도 우리 탓은 아닐 거예요."

그는 이번엔 쾌활한 음성으로 말했다. "자, 여기서 이럴 게 아니라 어디 따뜻한 데 가서 정식으로 한잔씩 하고 헤어집시다. 난 한 바퀴 돌고 여관으로 갑니다. 가끔 이렇게 밤거리를 쏘다니는 밤엔 꼭 여관에서 자고 갑니다. 여관엘 찾아든다는 프로가 내게는 최고죠."

우리는 각기 계산하기 위해서 호주머니에 손을 넣었다. 그때 한 사내가 우리에게 말을 걸어왔다. 우리 곁에서 술잔을 받아 놓고 연탄불에 손을 쬐고 있던 사내였는데, 술을 마시기 위해서 거기에 들어온 것이 아니라 불이 쬐고 싶어서 잠깐 들렀다는 꼴을 하고 있었다. 제법 깨끗한 코트를 입고 있었고 머리엔 기름도 얌전하게 발라서 카바이드의 불꽃이 너풀댈 때마다 머리칼의 히이라이트가 이리저리 움직이고 있었다. 그러나 어디선지는 분명하지는 않았지만 가난뱅이 냄새가 나는 서른 대여섯 살짜리 사내였다. 아마 빈약하게 생긴 턱 때문이었을까. 아니면 유난히 새빨간 눈시울 때문이었을까. 그 사내가 나나 안(安) 중의 어느 누구에게라고 할 것 없이 그냥 우리 쪽을 향하여 말을 걸어 온 것이다.

"미안하지만 제가 함께 가도 괜찮을까요? 제게 돈은 얼마 있습니다만…"

이라고 그 사내는 힘없는 음성으로 말했다.

그 힘없는 음성으로 봐서는 꼭 끼워 달라는 건 아니라는 것 같았지만, 한편으로는 우리와 함께 가고 싶은 생각이 간절하다는 것 같기도 했다. 나와 안은 잠깐 얼굴을 마주 보고 나서,

"아저씨 술값만 있다면…"

이라고 내가 말했다.

"함께 가시죠."

라고 안도 내 말을 이었다.

"고맙습니다"

하고 그 사내는 여전히 힘없는 음성으로 말하면서 우리를 따라왔다.

안은 일이 좀 이상하게 되었다는 얼굴을 하고 있었고, 나 역시 유쾌한 예감이 들지는 않았다. 술좌석에서 알게 된 사람끼리는 의외로 재미있게 놀게 되는 것을 몇 번의 경험으로 알고 있었지만, 대개의 경우, 이렇게 힘없는 목소리로 끼여드는 양반은 없었다. 즐거움이 넘치고 넘친다는 얼굴로 요란스럽게 끼여들어야만 일이 되는 것이었다. 우리는 갑자기 목적지를 잊은 사람들처럼 사방을 두리번거리면서 느릿느릿 걸어갔다. 전봇대에 붙은 약 광고판 속에서는 예쁜 여자가 춥지만 할 수 있느냐는 듯한 쓸쓸한 미소를 띠고 우리를 내려다보고 있었고, 어떤 빌딩의 옥상에서는 소주 광고의 네온사인이 열심히 명멸하고 있었고, 소주 광고 곁에서는 약 광고의 네온사인이 하마터면 잊어버릴 뻔했다는 듯이 황급히 꺼졌다간 다시 켜져서 오랫동안 빛나고 있었고, 이젠 완전히 얼어붙은 길 위에는 거지가 돌덩이처럼 여기저기 엎드려 있었고, 그 돌덩이 앞을 사람들이 힘껏 웅크리고 빠르게 지나가고 있었다. 종이 한 장이 바람에 쉭 날리어 거리의 저쪽에서 이쪽으로 날아오고 있었다. 그 종잇조각은 내 발밑에 떨어졌다. 나는 그 종잇조각을 집어들었는데 그것은 '미희(美姬) 서비스, 특별 염가(特別廉價)'라는 것을 강조한 어느 비어 홀의 광고지였다.

"지금 몇 시쯤 되었습니까?"

하고 힘없는 아저씨가 안에게 물었다.

"아홉 시 십 분 전입니다."

라고 잠시 후에 안이 대답했다.

"저녁들은 하셨습니까? 난 아직 저녁을 안 했는데, 제가 살 테니까 같이 가시겠어요?"

하고 힘없는 아저씨가 이번엔 나와 안을 번갈아 보며 말했다.

"먹었습니다."

하고 나와 안은 동시에 대답했다.

"혼자서 하시죠."

라고 내가 말했다.

"그만 두겠습니다."

힘없는 아저씨가 대답했다.

"하세요. 따라가 드릴 테니까요."

안이 말했다.

"감사합니다. 그럼……"

우리는 근처의 중국 요릿집으로 들어갔다. 방으로 들어가서 앉았을 때, 아저씨는 또 한 번 간곡하게 우리가 뭘 좀 들 것을 권했다. 우리는 또 한 번 사양했다. 그는 또 권했다.

"아주 비싼 걸 시켜도 괜찮겠습니까?"

라고 나는 그의 권유를 철회시키기 위해서 말했다.

"네, 사양 마시고."

그가 처음으로 힘있는 목소리로 말했다. "돈을 써 버리기로 결심했으니까요."

나는 그 사내에게 어떤 꿍꿍이속이 있는 것만 같은 느낌이 들어서 좀 불안했지만, 통닭과 술을 시켜 달라고 했다. 그는 자기가 주문한 것 외에 내가 말한 것도 사환에게 청했다. 안은 어처구니없는 얼굴로 나를 보았다. 나는 그때 마침 옆방에서 들려 오고 있는 여자의 불그레한 신음 소리를 듣고만 있었다.

"이 형도 뭘 좀 드시죠?"

라고 아저씨가 안에게 말했다.

"아니 전…."

안은 술이 다 깬다는 듯이 펄쩍 뛰고 사양했다.

우리는 조용히 옆방의 다급해져 가는 신음 소리에 귀를 기울이고 있었다. 전차의 끽끽거리는 소리와 홍수 난 강물 소리 같은 자동차들의 달리는 소리도 희미하게 들려 오고 있었고 가까운 곳에선 이따금 초인종 울리는 소리도 들렸다. 우리의 방은 어색한 침묵에 싸여 있었다.

"말씀드리고 싶은 게 있는데요."

마음씨 좋은 아저씨가 말하기 시작했다.

"들어 주시면 고맙겠습니다…. 오늘 낮에 제 아내가 죽었습니다. 세브란스 병원에 입원하고 있었는데…."

그는 이젠 슬프지도 않다는 얼굴로 우리를 빤히 쳐다보며 말하고 있었다.

"네에에."

"그거 안되셨군요."

라고 안과 나는 각각 조의를 표했다. "아내와 나는 참 재미있게 살았습니다. 아내가 어린애를 낳지 못하기 때문에 시간은 몽땅 우리 두 사람의 것이었습니다. 돈은 넉넉하지 못했습니다만 그래도 돈이 생기면 우리는 어디든지 같이 다니면서 재미있게 지냈습니다. 딸기철엔 수원에도 가고, 포도철에 안양에도 가고, 여름이면 대천에도 가고, 가을엔 경주에도 가보고, 밤엔 영화 구경, 쇼 구경하러 열심히 극장에 쫓아다니기도 했습니다…."

"무슨 병환이셨던가요?"

하고 안이 조심스럽게 물었다.

"급성 뇌막염이라고 의사가 그랬습니다. 아내는 옛날에 급성 맹장염 수술을 받은 적도 있고, 급성 폐렴을 앓은 적도 있다고 했습니다만 모두 괜찮았는데 이번의 급성엔 결국 죽고 말았습니다… 죽고 말았습니다."

사내는 고개를 떨구고 한참 동안 무언지 입을 우물거리고 있었다. 안이 손가락으로 내 무릎을 찌르며 우리는 꺼지는 게 어떻겠느냐는 눈짓을 보냈다. 나 역시 동감이었지만 그때 그 사내가 다시 고개를 들고 말을 계속했기 때문에 우리는 눌러 앉아 있을 수밖에 없었다.

"아내와는 재작년에 결혼했습니다. 우연히 알게 되었습니다. 친정이 대구 근처에 있다는 얘기만 했지 한 번도 친정과는 내왕이 없었습니다. 난 처갓집이 어딘지도 모릅니다. 그래서 할 수 없었어요."

그는 다시 고개를 떨구고 입을 우물거렸다.

"뭘 할 수 없었다는 말입니까?"

내가 물었다. 그는 내 말을 못 들은 것 같았다. 그러나 한참 후에 다시 고개를 들고 마치 애원하는 듯한 눈빛으로 말을 이었다.

"아내의 시체를 병원에 팔았습니다. 할 수 없었습니다. 난 서적 외판원에 지나지 않습니다. 할 수 없었습니다. 돈 사천 원을 주더군요. 난 두 분을 만나기 얼마 전까지도 세브란스 병원 울타리 곁에 서 있었습니다. 아내가 누워 있을 시체실이 있는 건물을 알아보려고 했습니다만 어딘지 알 수 없었습니다. 그냥 울타리 곁에 앉아서 병원의 큰 굴뚝에서 나오는 희끄무레한 연기만 바라보고 있었습니다. 아내는 어떻게 될까요? 학생들이 해부 실습하느라고 톱으로 머리를 가르고 칼로 배를 째고 한다는데 정말 그러겠지요?"

우리는 입을 다물고 있을 수밖에 없었다. 사환이 다쿠앙과 양파가 담긴 접시를 갖다 놓고 나갔다.

"기분 나쁜 얘길 해서 미안합니다. 다만 누구에게라도 얘기하지 않고서는 견딜 수 없었습니다. 한 가지만 의논해 보고 싶은데, 이 돈을 어떻게 하면 좋을까요? 저는 오늘 저녁에 다 써버리고 싶은데요."

"쓰십시오."

안이 얼른 대답했다.

"이 돈이 다 없어질 때까지 함께 있어 주시겠어요?"

사내가 말했다. 우리는 얼른 대답하지 못했다.

"함께 있어 주십시오."

사내가 말했다. 우리는 승낙했다.

"멋있게 한번 써 봅시다."라고 사내는 우리와 만나 후 처음으로 웃으면서, 그러나 여전히 힘없는 음성으로 말했다.

중국집에서 거리로 나왔을 때는 우리는 모두 취해 있었고, 돈은 천 원이 없어졌고, 사내는 한쪽 눈으로는 울고 다른 쪽 눈으로는 웃고 있었고, 안은 도망갈 궁리를 하기에도 지쳐 버렸다고 내게 말하고 있었고, 나는 "악센트 찍는 문제를 모두 틀려 버렸단 말야, 악센트 말야"라고 중얼거리고 있었고, 거리는 영화에서 본 식민지의 거리처럼 춥고 한산했고, 그러나 여전히 소주 광고는 부지런히, 약 광고는 게으름을 피우며 반짝이고 있었고, 전봇대의 아가씨는 '그저 그래요'라고 웃고 있었다.

"이제 어디로 갈까?"

하고 아저씨가 말했다.

"어디로 갈까?"

안이 말하고,

"어디로 갈까?"

라고 나도 그들의 말을 흉내 냈다.

아무데도 갈 데가 없었다. 방금 우리가 나온 중국집 곁에 양품점의 쇼윈도가 있었다. 사내가 그쪽을 가리키며 우리를 끌어 당겼다. 우리는 양품점 안으로 들어갔다.

"넥타이를 하나 골라 가져. 내 아내가 사주는 거야."

사내가 호통을 쳤다.

우리는 알록달록한 넥타이를 하나씩 들었고, 돈은 육백 원이 없어져 버렸다. 우리는 양품점에서 나왔다.

"어디로 갈까?"

라고 사내가 말했다.

갈 데는 계속해서 없었다. 양품점의 앞에는 귤장수가 있었다.

"아내는 귤을 좋아했다."

고 외치며 사내는 귤을 벌여 놓은 수레 앞으로 돌진했다. 돈 삼백 원이 없어졌다.

우리는 이빨로 귤껍질을 벗기면서 그 부근에서 서성거렸다.

"택시!"

사내가 고함쳤다.

택시가 우리 앞에서 멎었다. 우리가 차에 오르자마자 사내는,

"세브란스로!"

라고 말했다.

"안 됩니다. 소용없습니다."

안이 재빠르게 외쳤다.

"안 될까?"

사내는 중얼거렸다.

"그럼 어디로?"

아무도 대답하지 않았다.

"어디로 가시는 겁니까?"

라고 운전수가 짜증난 음성으로 말했다.

"갈 데가 없으면 빨리 내리쇼."

우리는 차에서 내렸다. 결국 우리는 중국집에서 스무 발짝도 더 벗어나지 못하고 있었다.

거리의 저쪽 끝에서 요란한 사이렌 소리가 나타나서 점점 가깝게 달려들었다. 소방차 두 대가 우리 앞을 빠르고 시끄럽게 지나쳐 갔다.

"택시!" 사내가 고함쳤다.

택시가 우리 앞에 멎었다. 우리가 차에 오르자마자 사내는,

"저 소방차 뒤를 따라갑시다."

라고 말했다.

나는 귤 껍질 세 개째를 벗기고 있었다.

"지금 불구경하러 가고 있는 겁니까"라고 안이 아저씨에게 말했다.

"안 됩니다. 시간이 없습니다. 벌써 열 시 반인데요. 좀더 재미있게 지내야죠. 돈은 이제 얼마 남았습니까?"

아저씨는 호주머니를 뒤져서 돈을 모두 털어냈다. 그리고 그것을 안에게 건네줬다. 안과 나는 세어 봤다. 천구백 원하고 동전이 몇 개, 십 원짜리가 몇 장이 있었다.

"됐습니다." 안은 다시 돈을 돌려주면서 말했다.

"세상엔 다행히 여자의 특징만 중점적으로 내보이는 여자들이 있습니다."

"내 아내 얘깁니까?"

라고 사내가 슬픈 음성으로 물었다.

"내 아내의 특징은 잘 웃는다는 것이었습니다."

"아닙니다. 종삼(鐘三)으로 가자는 얘기였습니다."

안이 말했다.

사내는 안을 경멸하는 듯한 웃음을 띠며 고개를 돌려 버렸다. 그러는 사이에 우리는 화재가 난 곳에 도착했다. 삼십 원이 없어졌다. 화재가 난 곳은 아래층인 페인트 상점이었는데 지금은 미용 학원 이층에서 불길이 창으로부터 뿜어 나오고 있었다. 경찰들의 호각 소기, 소방차들의 사이렌 소리, 불길 소에서 나는 탁탁 소리, 물줄기가 건물의 벽에 부딪쳐서 나는 소리. 그러나 사람들의 소리는 아무것도 나지 않았다. 사람들은 불빛에 비쳐 무안당한 사람들처럼 붉은 얼굴로 정물처럼 서 있었다.

우리는 발밑에 굴러 있는 페인트 통을 하나씩 궁둥이 밑에 깔고 웅크리고 앉아서 불구경을 했다. 나는 불이 좀더 오래 타기를 바랐다. 미용 학원이라는 간판에 불이 붙고 있었다. '원'자에 불이 붙기 시작했다.

"김 형, 우리 얘기나 합시다." 하고 안이 말했다. "화재 같은 건 아무것도 아닙니다. 내일 아침 신문에서 볼 것을 오늘 밤에 미리 봤다는 차이밖에 없습니다. 저 화재는 김 형의 것도 아니고 내 것도 아니고 이 아저씨 것도 아닙니다. 그렇기 때문에 난 화재엔 흥미가 없습니다. 김 형은 어떻게 생각하십니까?"

"동감입니다."

물줄기 하나가 불타고 있는 '학'으로 달려들고 있었다. 물이 닿는 곳에선 회색 연기가 피어 올랐다. 힘없는 아저씨가 갑자기 힘차게 깡통으로부터 일어섰다.

"내 아냅니다."

하고 사내는 환한 불길 속을 손가락질하며 눈을 크게 뜨고 소리쳤다. "내 아내가 머리를 막 흔들고 있습니다. 골치가 깨질 듯이 아프다고 머리를 막 흔들고 있습니다. 여보…."

"골치가 깨질 듯이 아픈 게 뇌막염의 증세입니다. 그렇지만 저건 바람에 휘날리는 불길입니다. 앉으세요. 불 속에 아주머님이 계실 리가 있습니까?"라고 안이 아저씨를 끌어 앉히며 말했다. 그러고 나서 안은 나에게 나지막하게 속삭였다.

"이 양반, 우릴 웃기는데요."

나는 꺼졌다고 생각하고 있던 '학'에 다시 불이 붙고 있는 것을 보았다. 물줄기가 다시 그곳으로 뻗어 가고 있었다. 그러나 물줄기는 겨냥을 잘 잡지 못하고 이러 저리 흔들리고 있었다. 불은 날쌔게 '용'자를 핥고 있었다. 나는 '미'까지 어서 불붙기를 바라고 있었고 그리고 그 간판에 불이 붙은 과정을 그 많은 불구경꾼들 중에서 나 혼자만 알고 있기를 바랐다. 그러나 그때 문득 나는 불이 생명을 가진 것처럼 생각되어서, 내가 조금 전에 바라고 있던 것을 취소해 버렸다.

무언가 하얀 것이 우리가 웅크리고 앉아 있는 곳에서 불타고 있는 건물 쪽으로 날아가는 것이 보였다. 그 비둘기는 불 속으로 떨어졌다.

"무언이 불 속으로 날아 들어갔지요?"

내가 안을 돌아다보며 물었다.

"예 뭐가 날아갔습니다."

안은 나에게 대답하고 나서 이번엔 아저씨를 돌아다보며, "보셨어요?" 하고 그에게 물었다.

아저씨는 잠자코 앉아 있었다. 그때 순경 한 사람이 우리 쪽으로 달려왔다.

"당신이다."

라고 순경은 아저씨를 한손으로 붙잡으면서 말했다.

"방금 무엇을 불 속에 던졌소?"

"아무것도 안 던졌습니다."

"뭐라구요?"

순경은 때릴 듯한 시늉을 하며 아저씨에게 소리쳤다.

"내가 던지는 걸 봤단 말요. 무얼 불 속에 던졌소?"

"돈입니다."

"돈?"

"돈과 돌을 수건에 싸서 던졌습니다."

"정말이오?"

순경은 우리에게 물었다.

"예, 돈이었습니다. 이 아저씨는 불난 곳에 돈을 던지면 장사가 잘 된다는 이상한 믿음을 가졌답니다. 말하자면 좀 돌았다고 할 수 있는 사람이지만 나쁜 짓을 결코 하지 않는 장사꾼입니다."

안이 대답했다.

"돈은 얼마였소?"

"일 원짜리 동전 한 개였습니다."

안이 다시 대답했다.

순경이 가고 났을 때 안이 사내에게 물었다.

"정말 돈을 던졌습니까?"

"예."

우리는 꽤 오랫동안 불꽃이 튀는 탁탁 소리에 귀를 기울이고 있었다. 한참 후에 안이 사내에게 말했다.

"결국 그 돈은 다 쓴 셈이군요⋯ 자, 이젠 약속이 끝났으니 우린 가겠습니다. 안녕히 계십시오."

라고 나는 아저씨에게 작별 인사를 했다.

안과 나는 돌아서서 걷기 시작했다. 사내가 우리를 쫓아와서 안과 나의 팔을 반쪽씩 붙잡았다.

"나 혼자 있기가 무섭습니다."

그는 벌벌 떨며 말했다.

"곧 통행 금지 시간이 됩니다. 난 여관으로 가서 잘 작정입니다."

안이 말했다.

"난 집으로 갈 겁니다." 내가 말했다.

"함께 갈 수 없겠습니까? 오늘 밤만 같이 지내 주십시오. 부탁합니다. 잠깐만 저를 따라와 주십시오."

사내는 말하고 나서 나를 붙잡고 있는 자기의 팔을 부채질하듯이 흔들었다. 아마 안의 팔에 대해서도 그렇게 했으리라.

"어디로 가자는 겁니까?"

나는 아저씨에게 물었다.

“여관비를 구하러 잠깐 이 근처에 들렀다가 모두 함께 여관으로 갔으면 하는데요.”

“여관에요?”

나는 내 호주머니 속에 든 돈을 손가락으로 계산해 보며 말했다.

“아닙니다. 폐를 끼쳐 드리고 싶지 않습니다. 잠깐만 절 따라와 주십시오.”

“돈을 빌리러 가는 겁니까?”

“아닙니다. 받아야 할 돈이 있습니다.”

“이 근처에요?”

“예, 여기가 남영동이라면.”

“아마 틀림없는 남영동인 것 같군요.”

내가 말했다.

사내가 앞장을 서고 안과 내가 그 뒤를 쫓아서 우리는 화재로부터 멀어져 갔다.

“빚 받으러 가기에는 시간이 너무 늦었습니다.”

안이 사내에게 말했다.

“그렇지만 저는 받아야만 합니다.”

우리는 어느 어두운 골목길로 들어섰다. 골목의 모퉁이를 몇 개인가 돌고 난 뒤에 사내는 대문 앞에 전등이 켜져 있는 집 앞에서 멈췄다. 나와 안은 사내로부터 열 발짝쯤 떨어진 곳에서 멈췄다. 사내가 벨을 눌렀다. 잠시 후에 대문이 열리고, 사내가 대문 앞에 선 사람과 말하는 소리가 들렸다.

“주인 아저씨를 뵙고 싶은데요.”

“주무시는데요.”

“그럼 아주머니는?”

“주무시는데요.”

“꼭 뵈어야겠는데요.”

“기다려 보세요.”

대문이 다시 닫혔다. 안이 달려가서 사내의 팔을 잡아 끌었다.

"그냥 가시죠?"

"괜찮습니다. 받아야 할 돈이니까요."

안이 다시 먼저 서 있던 곳으로 걸어왔다. 대문이 열렸다.

"밤 늦게 죄송합니다."

사내가 대문을 향해 고개를 숙이며 말했다.

"누구시죠?"

대문은 잠에 취한 여자의 음성을 냈다.

"죄송합니다. 이렇게 너무 늦게 찾아와서 실은…."

"누구시죠? 술 취하신 것 같은데…."

"월부 책값 받으러 온 사람입니다."

사내는 비명 같은 높은 소리로 외쳤다.

"월부 책값 받으러 온 사람입니다."

이번엔 사내는 문기둥에 두 손을 짚고 앞으로 뻗은 자기 팔 위에 얼굴을 파묻으며 울음을 터뜨렸다.

"월부 책값 받으러 온 사람입니다. 월부 책값…."

사내는 계속해서 흐느꼈다.

"내일 낮에 오세요."

대문이 탕 닫혔다.

사내는 계속해서 울고 있었다. 사내는 가끔 '여보'라고 중얼거리며 오랫동안 울고 있었다. 우리는 여전히 열 발짝쯤 떨어진 곳에서 그가 울음을 그치기를 기다리고 있었다. 한참 후에 그가 우리 앞으로 비틀비틀 걸어왔다. 우리는 모두 고개를 숙이고 어두운 골목길을 걸어서 거리로 나왔다. 적막한 거리에는 찬바람이 세차게 불고 있었다.

"몹시 춥군요."

라고 사내는 우리를 염려한다는 음성으로 말했다.

"추운데요. 빨리 여관으로 갑시다."

안이 말했다.

"방을 한 사람씩 따로 잡을까요?"

여관에 들어갔을 때 안이 우리에게 말했다.

"그게 좋겠지요?"

"모두 한방에 드는 게 좋겠어요."

라고 나는 아저씨를 생각해서 말했다.

아저씨는 그저 우리 처분만 바란다는 듯한 태도로, 또는 지금 자기가 서 있는 곳이 어딘지도 모른다는 태도로 멍하니 서 있었다. 여관에 들어서자 우리는 모든 프로가 끝나 버린 극장에서 나오는 때처럼 어찌할 바를 모르고 거북스럽기만 했다. 여관에 비한다면 거리가 우리에게 더 좋았던 셈이었다. 벽으로 나누어진 방들, 그것이 우리가 들어가야 할 곳이었다.

"모두 같은 방에 들기로 하는 것이 어떻겠어요?"

내가 다시 말했다.

"난 아주 피곤합니다.."

안이 말했다.

"방은 각각 하나씩 차지하고 자기로 하지요."

"혼자 있기가 싫습니다."

라고 아저씨가 중얼거렸다.

"혼자 주무시는 게 편하실 거예요." 안이 말했다.

우리는 복도에서 헤어져 사환이 지적해 준, 나란히 붙은 방 세 개에 각각 한 사람씩 들어갔다.

"화투라도 사다가 놉시다." 헤어지기 전에 내가 말했지만,

"난 아주 피곤합니다. 하시고 싶으면 두 분이나 하세요."

하고 안은 말하고 나서 자기의 방으로 들어가 버렸다. "나도 피곤해 죽겠습니다. 안녕히 주무세요."

라고 나는 아저씨에게 말하고 나서 내 방으로 들어갔다. 숙박계엔 거짓 이름, 거짓 주소, 거짓 나이, 거짓 직업을 쓰고 나서 사환이 가져다 놓은 자리끼를 마시고 나는 이불을 뒤집어 썼다. 나는 꿈도 안 꾸고 잘 잤다.

다음날 아침 일찍 안이 나를 깨웠다.

"그 양반 역시 죽어 버렸습니다." 안이 내 귀에 입을 대고 그렇게 속삭였다.

"예?" 나는 잠이 깨끗이 깨어 버렸다.

"방금 그 방에 들어가 보았는데 역시 죽어 버렸습니다."

"역시…."

나는 말했다.

"사람들이 알고 있습니까?"

"아직까진 아무도 모르는 것 같습니다. 우선 빨리 도망해 버리는 게 시끄럽지 않을 것 같습니다."

"사실이지요?"

"물론 그렇겠죠."

나는 급하게 옷을 주워 입었다. 개미 한 마리가 방바닥을 내 발이 있는 쪽으로 기어오고 있었다. 그 개미가 내 발을 붙잡으려고 하는 것 같은 느낌이 들어서 나는 얼른 자리를 옮겨 디디었다.

밖의 이른 아침에는 싸락눈이 내리고 있었다. 우리는 할 수 있는 한 빠른 걸음으로 여관에서 멀어져 갔다.

"난 그가 죽으리라는 것을 알고 있었습니다."

안이 말했다.

"난 짐작도 못했습니다."

라고 나는 사실대로 이야기했다.

"난 짐작하고 있었습니다."

그는 코트의 깃을 세우며 말했다.

"그렇지만 어떻게 합니까?"

"그렇지요. 할 수 없지요. 난 짐작도 못 했는데…."

내가 말했다.

"짐작했다고 하면 어떻게 하겠어요?"

그가 내게 물었다.

"씨팔것, 어떻게 합니까? 그 양반 우리더러 어떡하라는 건지…."

"그러게 말입니다. 혼자 놓아두면 죽지 않을 줄 알았습니다. 그게 내가 생각해 본 최선의, 그리고 유일한 방법이었습니다."

"난 그 양반이 죽으리라는 짐작도 못 했으니까요. 씨팔것, 약을 호주머니에 넣고 다녔던 모양이군요."

안은 눈을 맞고 있는 어느 앙상한 가로수 밑에서 멈췄다. 나도 그를 따라가서 멈췄다. 그가 이상하다는 얼굴로 나에게 물었다.

"김 형, 우리는 분명히 스물다섯 살짜리죠?"

"난 분명히 그렇습니다."

"나도 그건 분명합니다." 그는 고개를 한번 기웃했다.

"두려워집니다."

"뭐가요?" 내가 물었다.

"그 뭔가가, 그러니까…."

그가 한숨 같은 음성으로 말했다.

"우리가 너무 늙어 버린 것 같지 않습니까?"

"우린 이제 겨우 스물다섯 살입니다." 나는 말했다.

"하여튼…"

하고 그가 내게 손을 내밀며 말했다.

"자, 여기서 헤어집시다. 재미 많이 보세요."

하고 나도 그의 손을 잡으며 말했다.

우리는 헤어졌다. 나는 마침 버스가 막 도착한 길 건너편의 버스 정류장으로 달려갔다. 버스에 올라서 창으로 내어다 보니 안은 앙상한 나뭇가지 사이로 내리는 눈을 맞으며 무언가 곰곰이 생각하고 서 있었다.

연습문제

1 | 이 소설에 등장하는 인물들의 성격을 정리해 보자.

2 | 소설 결말을 다르게 바꾸어 보자.

문제

3 | 이 소설의 시대적 배경인 1964년의 현실에 대해 이야기해 보자.

4 | '201×년 겨울' 자신을 주인공으로 한 짧은 글을 써보자.

3. 극문학의 이해와 감상

오구

이 윤 택

전체 줄거리

낮잠을 자던 노모는 꿈속에서 저승사자와 죽은 남편을 혼령을 보고 깨어나게 되고, 아들을 불러 극락왕생을 축원하는 산오구굿 한판 벌여 달라 떼를 쓴다. 미신이라 무시하는 아들과 옥신각신하다 결국 굿판을 벌이고, 노모는 "나 갈란다" 화두처럼 한마디 남기고 쓰러진다. 다음은 염습 전통과 초상집 풍경, 장례를 준비하며 벌어지는 해프닝이 코믹하게 연출되고, 새벽닭이 우는 시각 산자들의 싱싱하고 힘찬 배웅을 받으며 노모는 먼 길을 떠난다.

6경. 저승사자–환상의 연극

<전략>

(저승사자들, 사자밥 앞에 앉으면 과수댁이 따끈한 막걸리 주전자와 돼지머리를 잽싸게 가져온다.)

저승사자1 : 아, 이러시면 안 됩니다. 술과 고기는 규정에 어긋나서…….

저승사자2 : 이거 고맙습니다. (저승사자1에게) 그냥 눈 딱 감고 받아먹읍시다. 춥고 배고픈 놈들 규정 지키게 됐소.

저승사자1 : 시끄럽다. 이번에 촌지나 두둑이 줬으면 좋겠다.

(저승사자들이 이러는 사이 산 자들은 저승사자 촌지 문제로 숙의중)

석출 : 준비됐나?

맏아들 : 뭐? 얼마나 주면 되는 거야?

석출 : 원칙적으론 부의금 들어온 건 다 주어야지.

며느리 : 말도 안 돼요. 저승에서 무슨 한국은행권이 필요하단 말예요.

맏아들 : 맞는 말이야. 가만있어 봐라. (부의금 접수대장을 더듬다가) 이게 뭐꼬? 백지잖아. 부의금이 하나도 안 들어왔나? 빈 봉투야!

며느리 : 무슨 소리야. 문상 다녀간 사람이 백 명이 넘는데…….

둘째아들 : 뭘 가지고 떠들어. 내가 다 챙겨 놨는데.

맏아들 : 니가 왜 챙기냐?

둘째아들 : 눈 뜨고 코 베어 먹히는 세상 아니오. 요즘 초상집 부조금 전문털이가 성행한단 소리 못 들었소? (품에서 봉투 하나 달랑 꺼내며) 자, 저승사자 갖다 주이소.

석출 : 니가 갖다 줘라.

둘째아들 : 알았다. 내가 갖다 줄게. (둘째아들, 저승사자에게 엉거주춤 다가선다.) 이렇게 찾아 주셔서 감사합니다.

저승사자2 : 얼마나 수고가 많으십니까?

둘째아들 : 이거 얼마 안 되지만 노잣돈으로…….

저승사자2 : 하 이거 이러시면 안 되는데…….

(저승사자2, 둘째아들아들이 돌아서자 봉투 속을 들여다본다. 천 원짜리 한 장이 뽑혀 나온다.)

저승사자2 : 이거 누구 약 올리나? 인간이 싫다 싫어. 하 세상 참 많이 변했구나. (저승사자1에게) 성님, 인간들이 이래도 되는 거유?

저승사자1 : 상당히 실망했는데.

저승사자2 : 안 되겠수. 저 할미를 관 뚜껑에서 벌떡 일으켜서 깨춤 한번 추게 합시다.

(저승사자2. 춤을 추면서 들어가자 그를 막는 식구들과 문상객들.)

저승사자1 : 야, 사자 체면이 있지 우리는 끝까지 신사적으로 대하자.

(사자들이 사자밥이 놓인 자리로 돌아간다.)

맏아들 : 둘째아들.

둘째아들 : 와?

맏아들 : 내놔라.

둘째아들 : 뭘?

맏아들 : 부조금.

둘째아들 : 째째하게스리

맏아들 : 뭐? 이 도둑놈아!

둘째아들 : 도둑놈이라니?

맏아들 : 내가 모를 줄 아나? 너 어머니 인감도장하고, 자유저축 예금 통장도 챙겼지?

둘째아들 : 내가 가지고 있소. 그런데 집문서는 어디로 빼돌렸소?

맏아들 : 여기 있다 등기대장, 토지대장, 가옥대장 줄줄이 다 챙겨 놓았다. 약오르나?

둘째아들 : 이거 순 도둑 아냐. 울 엄마 집문서를 왜 빼돌려!

맏아들 : (부동산 계약서를 내밀며) 이 누구 작품이고? 죽은 어머니가 언제 살아나서 행복부동산과 매매계약을 했냐. 응? (오촌당숙을 가리키며) 니 저놈하고 짜고 집 팔아 넘기려 했지?

둘째아들 : 왜 그리 머리통이 안 돌아가요. 상속세가 엄청난데 어떻게 하오. 그것도 겨우 사망날짜 이틀 전으로 매매계약서 만든다고 얼마나 고생했…….

맏아들 : 에라, 이 후레자식아! (박치기)

둘째아들 : (넘어지면서) 아이 코야!

맏아들 : (멱살 잡고) 말해라! 이거 누구 작품이야?

둘째아들 : 그거 나 혼자 한 거 아니우. 형수한테 결재 받았소.

며느리 : 아이다! 내 아이다!

(며느리, 달아나고 맏아들, 뒤쫓아가는데…….)

며느리 : 아이고, 사람잡네…….

(처의 비명을 신호로 초상집은 개판이 된다. 산 자들의 아비규환.)

저승사자1 : (먼 산 불 보듯) 저네들 왜 저래?
저승사자2 : 인간세상 개판이군. 물귀신들도 가득하구나.
저승사자3 : (둘째아들을 가리키며) 형님, 저 놈이 나쁜 놈이오. 죽은 할머니를 산 것처럼 속여서 가옥토지 매매계약서를 꾸몄답니다.
저승사자1 : 그래? 그거 저승법 몇 조에 해당되냐?
저승사자2 : 산 자와 죽은 자의 경계 부분 제16장 4절에 해당되는 사문서 위조요.
저승사자1 : 확실하냐?
저승사자2 : 분명하오.
저승사자1 : 출동!
저승사자2, 3 : 출동!

(장엄예불이 일고 공중에 일어서는 백팔나한. 우— 진군해 들어오는 구천 중음신들. 죽었던 어머니가 방문을 열고 들어오자 사람들 비명을 지르며 달아나고 혼절한다.)

문상객들 : 할매다—

(어머니, 성큼성큼 걸어나와 멱살 잡고 싸우는 둘째아들에게 뺨따귀 한 대 올려붙인다.)

아들들 : 엄마다—

(모두 몸을 숙이고 사시나무 떨 듯 떠는데 어머니, 제사상 위에 떡 버티고 앉는다.)

저승사자1 : 여노는 무슨 애로사항이 있어 이렇게 반칙을 범하고 계시오?

(어머니 손가락질로 다가오라는 시늉, 저승사자1, 어머니에게 다가가 귀를 댄다. 알았다는 듯 끄덕거리는 시늉. 저승사자1, 뚜벅뚜벅 걸어와 둘째 아들 멱살을 잡아든다. 번쩍 들리는 둘째아들.)

둘째아들 : 살려주세요!

저승사자1 : 안 되겠다. 어머니가 너하고 저승길 동행해야 되겠단다.

둘째아들 : 아이고, 나는 상주지 자승 갈 사람이 아니오.

저승사자1 : 야, 이 후레자식아! 저승이 제 가고 싶으면 가고, 안 가고 싶으면 여행 취소하는 온천장인 줄 알아?

석출 : 어떻게 편리 좀 봐줄 수 없겠소?

저승사자1 : 무슨 편리?

(석출, 둘째에게서 돈을 받아 저승사자1에게 건넨다. 저승사자 1, 눈을 끔뻑이며 의미심장한 미소. 그러더니 둘째 아들을 놓아준다. 털썩 떨어지는 둘째 아들. 석출, 둘째 아들에게 다가가.)

석출 : 게워내.

둘째아들 : 싫어.

석출 : 몽땅 게워내.

둘째아들 : 싫어.

석출 : 그럼, 니 알아서 해.

둘째아들 : (주위를 둘러보니 황급히 제사상으로 다가가 꿇어앉으며) 엄마—

(어머니, 뺨부터 철썩 올려붙인다. 그리고 내미는 손.)

어머니 : 돈 다 내놔!

(둘째 아들, 옷 속에 꿍쳐둔 부조금을 하나 둘 끄집어내어 제사상 위에 놓으며, 통곡을 한다.)

어머니 : 통장도!

(둘째 아들, 더욱 서러운 곡 놓으며 통장과 인감도장을 제사상 위에 놓는다.)

어머니 : 집문서도!

맏아들 : 아이고, 집문서는 안 됩니다. 그게 어떻게 해서 모은 재산입니까. 엄마가 떡장사해서 뼈빠지게 세운 가문의 터전인데…….

어머니 : 집은 팔고 사는 부동산이 아니다. 요새 인간들이 가옥과 토지를 무슨 증권 거래하듯이 굴리는데 (관객을 향해) 이거, 안 좋아요! 집은 그냥 집이야. 방구들에 눌러앉아 편하게 살자고 세우는 게 집이지 돈 놓고 돈 먹는 빵빵이판이 아니잖아! 알겠냐? 내가 떡장사해서 집을 장만했을 때는 너희들 부동산 투기하라고 헛지랄 했는지 아나? 새새끼 둥지 틀 듯 자손이 이뤄지고, 종손이 집 지키고, 제삿밥 꼬박꼬박 얻어먹자고 세운 집이지. 너거들이 집 팔고 아파트로 이사해 봐라? 내가 어찌 너희들 찾아가냐? 안 그래도 서울 교통이 지옥인데 길 찾아가기 어렵고, 아파트 경비원에게 일일이 신고해야 되고, 그 높은 계단 걸어서 올라갈 군번이냐, 내가!

둘째아들 : 어머니 요새 아파트 엘리베이터 다 있습니다.

어머니 : 혼백이 엘리베이터에 갇혀 봐라. 쥐도 새도 모르게 구천 중음신 신세 된다. (맏아들에게) 빨리 집문서 내놔라!

(맏아들, 하이고 자지러지며 집문서를 제사상 위로 던진다. 며느리와 둘째 아들도 기절할 듯 곡소리— 어머니, 제사상을 더듬어 돈 다발을 줍더니 확 뿌리며.)

어머니 : 자, 용돈이다. 닭 울기 전에 화투판이나 신나게 벌여봐라.

(뿌려지는 돈, 돈 주우려고 아귀다툼하는 상주들.)

합창 : 할미야— 할미야— 쓴 것은 네가 다 먹고 단 것은 자식 밥상 오뉴월 짧은 밤 모기 빈대 뜯을세라 고단한 몸 괴롭다 앓고 살부채 다 떨어질 때까지 자식 몸 위해 주고 동지섣달 설한풍 백설이 휘날리면 자식 몸 추울세라 이부자리 덮어 주며 정에 못 이겨 잠든 허리 부여잡고 탁아 탁아 우리 탁아 청산첩첩 보배 탁아 오색 바다 누벼 바지 적삼 꾸며 놓고 어화둥둥 내 사랑 (작아지면서 흥겹게) 어화둥둥 내 사랑 어화둥둥 내 사랑.

(저승의 문턱에서 손짓하는 어머니. 무대 불 꺼진다.)

문제

1 | 인물의 태도와 사건의 흐름에 대해 정리해 보자.

2 | 극문학의 언어적 특성에 대해 생각해 보자.

3 | 이 희곡을 각색한 시나리오를 찾아 읽고 비교해 보자.

햄릿[1]

셰익스피어

[장] 제5막 제2장

(궁중의 홀 햄릿과 호레이쇼 등장)

호레이쇼 : 왕자님은 왜 영국으로 못가시고 되돌아 오셨나요?

햄릿 : 글쎄. 나를 영국으로 보내는 게 반드시 무슨 복선이 있는 것 같아서 영국으로 가는 배에서 그들이 맡아가지고 가는 친서를 내가 몰래 뜯어보지 않았겠는가? 아니나 다를까? 호레이쇼, 영국의 왕이라는 자의 간악한 흉계를 보게 덴마크를 위해서나 영국을 위해서 나를 살려둠은 위험천만…….

편지를 보는 즉시로 일각 지체 말고 내 목을 베어 버리라는 게 그 편지 내용이 아니겠는가?

호레이쇼 : 원 천하에…….

햄릿 : 이것이 바로 그 친서. 그러나 그 뒷일이 또 기막히지.

호레이쇼 : 더 들려주십시오.

햄릿 : 나는 선실 한구석에 숨어 앉아 다른 친서를 한 장 위조하지 않았겠는가. 왕의 필적을 그럴싸하게 모방해서…….

호레이쇼 : 그 위조하신 친서의 내용은?

햄릿 : 영국과의 외교적 수사를 잔뜩 늘어놓은 다음 끝에 가서 이 친서를 읽는 즉시로 시각을 지체 말고 이 편지를 가지고 간 두 사람의 사신을 사형에 처하되 참회의 여유도 주지 말라고 해 두었지. 사신이란 알다시피 로젠크란쓰와 길덴스턴, 이 두 사람이지.

호레이쇼 : 봉인은 어떻게?

햄릿 : 마침 내 주머니에 간직하고 있던 선왕의 옥쇄로 찍었지. 그것이 바로 현

1) 이 희곡은 셰익스피어 원작을 공연을 위해 축약하여 각색한 희곡의 일부이다.

왕의 옥쇄의 원형이니 영국에서는 감쪽같이 속을 밖에.

호레이쇼 : 그럼 길덴스턴과 로젠크랜쓰는?

햄릿 : 갈 데로 가고 말았지. 그자들도 협력해서 나를 죽이려 했었으니까 나로서는 양심의 가책은 없어. 그게 바로 간신의 말로라는 거야.

호레이쇼 : 참 지독한 왕도 있군요.

햄릿 : 이렇게 된 마당엔 난들 더 참을 수 없지 않는가? 선왕을 살해하고 왕비를 간통한 자가 내가 계승할 왕위를 가로 채고서도 내 목숨마저 앗아갈 흉계를 썼으니…….

호레이쇼 : 영국왕은 곧 그 길덴스텐과 로젠크란쓰를 처단한 전말의 보고가 있을 터인데요.

햄릿 : 그럴 테지. 그러나 그때까지는 내 시간이며 사람의 목숨 하나 없애는 덴 충분한 여유가 있으니까 걱정 없지. 허나 호레이쇼, 레어티즈에겐 이만저만 미안한 것이 아니야. 내가 그의 부친을 죽이다니……. 그리고 오필리어의 장지에서 다투었으니……. 내가 너무 흥분해서 지나친 실수를 했지. 내 신상을 미루어 보아 누이동생마저 잃은 그의 심정 이해하고도 남음이 있어. 용서를 빌테야.

호레이쇼 : 쉿, 누가 옵니다. (오즈릭 등장)

오즈릭 : (깊이 허리를 굽혀 절을 하며) 왕자님 귀국을 삼가 축하하나이다.

햄릿 : 황송한 말씀. (호레이쇼에게) 이 쇠파리가 웬일일까?

호레이쇼 : 모르겠는데요.

오즈릭 : 황송한 말씀이오나 왕의 분부 아뢰어도 좋을는지요?

햄릿 : 아, 듣고말고 여부가 있나.

오즈릭 : 실은 이번에 재상 폴로니어스의 아드님 레어티즈가 귀국하였는데 그는 완전무결의 신사. 남이 우러러 볼만한 미덕을 두루 겸비하고 있으며 풍채도 빠지지 않으며…….

햄릿 : 그 신사 이야기는 대관절 무슨 까닭에?

오즈릭 : 그분에 대해 소신이 말씀 드리고서 하는 바는 실은 그 무술이옵니다.

칼을 쓰는데 있어선 천하무적이라 하옵는데 왕자님과의 검술 시합을 한번…….

햄릿 : 그 칼은 뭘 쓰는데?

오즈릭 : 장검과 단검이라 하옵니다.

햄릿 : 양도를 쓴다. 그래서?

오즈릭 : 왕께옵서 왕자님을 위해 바바리 말 여섯 필을 거시겠다고 하셨더니 레어티즈는 프랑스제 장 단검 각 여섯 자루, 혁대 고리 등 부속품 일체를 걸겠다고 하였답니다.

햄릿 : (웃으면서) 덴마크 대 프랑스의 대전이로군.

오즈릭 : 이 레어티즈의 도전, 왕자님께서 응하시겠는지?

햄릿 : 왕의 처분대로 하시라지. 어차피 나도 운동할 시간이 되었고, 그와 화해하려든 참이었소. 시합할 칼을 가져오게 하오. 왕을 위해 이겨 드리도록 하겠소. 잘못하다가 도리어 망신을 당할는지 모르지만…….

오즈릭 : (절하며) 소인은 왕자님의 편인 줄 아옵소서.

햄릿 : 이거 영광이오! (또 한번 절하고 오즈릭 퇴장)

호레이쇼 : 이번 승부 불리하실 것 같소이다.

햄릿 : 그렇게는 생각지 않아. 레어티즈가 프랑스에 가 있는 동안 나도 줄곧 연습을 해왔으니까. 허나 어쩐지 가슴이 설레어 이상야릇한 기분이로군. 허지만 상관없어.

호레이쇼 : 아니올시다. 그래서는.

햄릿 : 아니야, 부녀자나 마음에 둘 그런 하찮은 불안이야.

호레이쇼 : 마음이 조금이라도 내키지 않으시거든 무리하게 마십시오. 미리 제가 가서 왕자님의 기분이 좋지 않으시다고 여쭙겠습니다.

햄릿 : 아니 그럴 것 없네. 참새 한 마리 떨어지는데도 하늘의 섭리가 있는 법. 올 것이야 언제 오든 안 오겠나? 지금 오면 장차 안 올 것이고, 장차 올 것이면 지금 안 올 따름이야. 공수래공수거, 하루 일찍 떠난다고 무엇이 아쉬우리. 될 대로 밖에는 더 안 되는 세상인 걸.

(왕, 왕비, 시종 등 등장. 끝으로 시합 옷을 입은 레어티즈 등장)

왕 : 자, 햄릿 여기 와서 악수하라. (왕, 레어티즈의 손을 햄릿 손에 쥐어 준다)

햄릿 : 레어티즈, 무례한 짓이 많았었네. 용서하게. 그것은 나의 심한 신경병의 탓이었네. 여러분 앞에서 충정을 토로하니 너그러운 그대 마음으로 접어 생각해 주게나.

레어티즈 : 오죽하면 내가 원수를 갚으려 했겠소만 왕자님 말씀 들으니 이제 마음이 풀리오. 그러나 아비를 여윈 자식의 도리……. 체면은 체면이니 이대로 물러설 수는 없소.

햄릿 : 그 솔직한 말 나도 거짓 없이 받겠네. 그럼 형제 사이처럼 이 시합 깨끗이 다루어 보지. 자 칼을 다오. (두 사람 시합한다)

레어티즈 : 자 내게도 하나.

햄릿 : 그대의 수완이 한결 드높이 드러나 칠야의 별같이 빛나게 될 발판이 되어 드리리다.

레어티즈 : 농담이시요.

램리트 : 천만에.

왕 : 내기 건 것을 아느냐.

햄릿 : 잘 압니다. 약한 편에 무거운 내기를 거셨다고요.

왕 : 두 사람의 역량을 잘 아니까 그렇게는 생각하지 않는다. 그러나 레어티즈가 많이 나졌다니까 몇 점 주게 한 것이다.

레어티즈 : 이것은 너무 무겁소. 다른 칼을 보여주오.

햄릿 : 나는 이 칼이 좋군. 경기용 칼은 모두 길이가 한가지겠지.

오즈릭 : 그러하옵니다. (두 사람 경기 차비를 한다)

왕 : 저기 탁자위에 술병을 갖추어라. 만일 햄릿이 첫 번이나 두 번째 점수를 얻던지 세 번째 상대의 점수를 빼앗거든 모든 포루에서 축포를 놓게 하고 왕이 햄릿의 미래를 축복하여 축배를 들 것이요, 그리고 그 술잔에는 사대 덴마크 왕이 왕관에 박았든 것보다도 더 훌륭한 큰 진주를 떨구어 넣을 것이니……. 술잔을 이리 가져오너라. 왕이 술잔을 든다는 것을 북을 울려

나팔수에게 전하고 나팔로 하여금 궁전 밖에 포수에게 알리고 대포소리 구천에 사무치게 하여 다시금 그 소리 땅에 진동케 하여라. 자 시작해라. 그리고 너희들 심판관들은 정신을 차리고 지키렸다.

햄릿 : 자 어서…….

레어티즈 : 자. (두 사람 칼싸움을 시작한다)

햄릿 : 한대.

레어티즈 : 천만에.

햄릿 : 심판?

오즈릭 : 한대, 정통이오! (북소리, 나팔소리, 대포소리)

레어티즈 : 자, 다시 한 번.

왕 : 잠깐만, 술을 부어라. 햄릿 이 진주는 햄릿의 것이다. 자 축배다. 이 잔을 왕자에게 주어라.

햄릿 : 승부를 먼저 끝내겠소. 잠시 두어둬. 자. (시합한다) 또 한대! 어떤가?

레어티즈 : 스쳤소. 정말 약간.

왕 : 햄릿이 이길 것 같은데.

왕비 : 숨이 가쁜 모양이군. 자 햄릿, 이 수건으로 이마를 닦아라. (수건을 주고 탁자로 가서 햄릿의 술잔을 든다) 햄릿, 너의 행운을 빌어 내가 축배를 들겠다.

햄릿 : 어머니 고맙습니다.

왕 : 여보, 그것은 안 돼.

왕비 : 아니오. 마시게 해주오. (좀 마시고 그 잔을 햄릿에게 준다)

왕 : (방백) 저건 독을 넣은 잔인데. 이미 늦었구나.

햄릿 : 뒀다 마시겠습니다.

왕비 : 자, 네 얼굴을 씻어주마. (햄릿의 얼굴에 땀을 씻어준다)

레어티즈 : (왕을 보고) 이번에야 말로 꼭 한대 먹입니다.

왕 : 잘 될 것 같지 않구나.

레어티즈 : (방백) 암만해도 양심에 걸리는데!

햄릿 : 자, 레어티즈, 삼회전이다. 자넨 일부러 힘을 빼는 같군 그래. 힘껏 찔러 봐. 날 애송이 취급하지 말고!

레어티즈 : 그러시다면, 자. (두 사람 시합한다. 삼회전이다)

오즈릭 : 무승부. (양인 떨어져 선다)

레어티즈 : (느닷없이) 자, 한대 받아라! (한 눈 파는 틈을 노려 햄릿에게 상처를 입힌다. 상대방의 비겁함에 햄릿 격분. 혼전 끝에 두 사람 우연히 칼을 바꾸게 된다)

왕 : 뜯어 말려라. 둘이 다 흥분하고 있다.

햄릿 : (흥분) 자, 들어간다. (왕비 쓰러진다)

오즈릭 : 앗, 왕비님께서. (햄릿 레어티즈를 깊이 찌른다)

호레이쇼 : 두 분 다 피를! 아니 웬일이시오. 왕자님!

오즈릭 : 웬 일이시오. 레어티즈?

레어티즈 : 이 보게나. 오즈릭 왜가리마냥 제 덫에 치었네. 내 꾀에 내가 넘어가게 되니 이게 천벌 아닌가?

햄릿 : 어머니, 어떻게 되셨소.

왕 : 피를 보고 기절한 것이다.

왕비 : 아니다. 저 술, 술 때문이다. 아, 햄릿 저 술, 술, 술에 독이……. (죽는다)

햄릿 : 음모다! 에잇! 문을 잠가라. 역모다. 살인자를 찾아내라.

레어티즈 : 음모한 자는 여기 있어. 왕자님, 왕자님도 반시간을 못 견디십니다. 왕자님 손에 쥐인 그 칼, 뾰족해진 그 칼끝에 독이, 독이 칠해져 있습니다.

햄릿 : 칼끝에 독까지…….

레어티즈 : …… 내가 꾸민 흉계가 결국 이 몸에게 되돌아 왔어요. 두 번 다시 태어나지 못하는 놈. 왕비님도 결국 독살 당하셨소. 저, 왕 저 왕이 장본인입니다.

햄릿 : 그렇다면 네놈도 이 독 맛을 보아라! (왕을 찌른다)

왕 : 앗 날? 날 살려다오. 상처는 대단치 않다.

햄릿 : 이 천하에 둘도 없는 살인자 강간범, 옜다! 이 독약마저 마셔라! 네놈의 진주라는 것이 이것이냐? (왕 절명한다)

레오티즈 : 제 손으로 탄 독을 제가 마셨으니……. 천벌이다. 우리 서로 죄를 용서 합시다. 왕자님. 이놈의 죽음도 아버지의 죽음도 당신의 탓이 아닌 것을 알았소. 당신의 죽음도 부디 이 몸의 탓이 아님을 알아주십시오. (죽는다)

햄릿 : 하늘은 그대를 용서할 걸세. 불운한 어머니 안녕히 가십시오. (진군의 나팔소리, 대포소리) 저 늠름한 소리.

오즈릭 : 노르웨이의 왕자, 포틴브라스가 폴란드를 정복하고 개선하여 돌아가는 길에 여기에 들르시는 것입니다.

호레이쇼 : 왕자님.

햄릿 : 북소리가 가까워 온다. (포틴브라스 등장)

포틴브라스 : 이 어찌된 일이요.

햄릿 : 포틴브라스.

포틴브라스 : 햄릿 왕자.

햄릿 : (호레이쇼에게) 노르웨이 왕자 포틴브라스님을 다음 국왕 선출에 우리 덴마크 왕으로 추대하도록 해주게……. (절명)

포틴브라스 : 햄릿 왕자.

호레이쇼 : 햄릿 왕자.

포틴브라스 : 애통한 마음 금할 수 없다. 왕자님이 유언도 있고 나도 이 나라에 인연이 없지는 아니하니 만일 내가 덴마크의 왕에 추대된다면 이 기회에 내 뜻을 이루어 보겠소.

호레이쇼 : 고맙소. 햄릿 왕자께서 얼마나 만족하시겠소.

포틴브라스 : 부대장들 햄릿 왕자를 삼가 단상으로 모셔라. 때만 있었던들 백세의 영주가 되었을 분……. 그 서거를 애도하여 국악과 조포를 울려라. (나팔소리, 장송곡) (포성)

－막－

문제

1 | 연출자가 되어 각 장면의 배경을 설명해보자.

2 | 인물들의 행동을 지시해보자.

3 | 셰익스피어 원작을 찾아보고 차이점에 대해 이야기해보자.

4 | 다음 작가들의 작품을 찾아 읽어보자.

소포클레스, 이오네스코, 뷔히터

Ⅳ

실용적 글쓰기

1. 이력서 쓰기

(1) 이력서란?

요즘은 취업하기 위해서 원서를 쓸 때, 회사에서 이력서와 자기소개서를 요구하는 경우가 많다. 자기소개서가 자신의 일상에서 있었던 내용들을 에세이 형식으로 작성해 보여주는 것이라면, 이력서는 정해진 항목에 따라서 자신이 살아온 과정을 요약적으로 기술하는 것이라고 할 수 있다. 만일 이력서만을 요구하는 경우가 있다면, 이력서는 자기소개서를 대신하는 역할을 하기 때문에, 자신을 판단하는 데 있어서 가장 중요한 기초적인 자료가 되기도 한다. 그만큼 이력서를 통해서 자신의 경력을 가장 객관적이고 신빙성 있게 보여주려는 노력이 필요하다.

(2) 이력서의 종류

이력서의 기본적인 양식은 아래와 같다. 아래와 같은 경우에는 자신의 살아온 과정을 시간적 순서에 따라 적고, 경력 및 자격증 등을 구분해서 보여주는 방식이다.

<table>
<tr><td colspan="3" rowspan="6">사 진
(3×4)</td><td colspan="4">이 력 서</td></tr>
<tr><td rowspan="2">성 명</td><td colspan="2" rowspan="2">이상명(李祥明)</td><td>주 민 등 록 번 호</td></tr>
<tr><td>0000-00000</td></tr>
<tr><td>생년월일</td><td colspan="3">0000년 00월 00일생 (만 00세)</td></tr>
<tr><td rowspan="2">연락처</td><td>(자 택)</td><td rowspan="2">E-mail</td><td rowspan="2"></td></tr>
<tr><td>(핸드폰)</td></tr>
<tr><td colspan="3">주 소</td><td colspan="4">충남 천안시 동남구 상명대길 31</td></tr>
<tr><td>년</td><td>월</td><td>일</td><td colspan="3">학력 및 경력 사항</td><td>발 령 청</td></tr>
<tr><td>0000</td><td>00</td><td>00</td><td colspan="3">경기 ○○고등학교 졸업</td><td></td></tr>
<tr><td>0000</td><td>00</td><td>00</td><td colspan="3">상명대학교 ○○대학 ○○학과 입학</td><td></td></tr>
<tr><td>0000</td><td>00</td><td>00</td><td colspan="3">육군 현역 입대(○○사단 ○○여단 ○○대대)</td><td></td></tr>
<tr><td>0000</td><td>00</td><td>00</td><td colspan="3">육군 병장 만기 제대</td><td></td></tr>
<tr><td>0000</td><td>00</td><td>00</td><td colspan="3">상명대학교 ○○대학 ○○학과 3학년 복학</td><td></td></tr>
<tr><td>0000</td><td>00</td><td>00</td><td colspan="3">상명대학교 ○○대학 ○○학과 졸업</td><td></td></tr>
<tr><td></td><td></td><td></td><td colspan="3">- 경력 사항 -</td><td></td></tr>
<tr><td></td><td></td><td></td><td colspan="3">- 자격증 사항 -</td><td></td></tr>
<tr><td></td><td></td><td></td><td colspan="3">- 수상 경력 -</td><td></td></tr>
<tr><td></td><td></td><td></td><td colspan="3">- 특기 사항 -</td><td></td></tr>
</table>

이력서의 기재 내용은 사실과 다름없이 작성하였습니다.
0000년 00월 00일
작성자 : 이상명 (인)

〈표 1-1〉 이력서 양식의 예

위의 양식처럼 학력·경력·자격증·수상경력·특기사항의 항목을 한 번에 보여줄 경우, 자신에 대하여 종합적으로 판단할 수 있게 하는 장점이 있으나, 한 페이지를 넘어갈 경우 산만해질 수 있다는 단점이 있다. 따라서 자신의 이력사항을 효율적으로 정리하려는 노력이 필요하다.

다음으로 입사지원서에서 자주 쓰이는 이력서 양식이다. 이러한 경우에는 회사마다 이력서를 구성하는 방식이 다르기는 하지만, 항목별로 구체화된 사항들을 기재하는 방식이 많다.

희망직무		이 력 서(입사지원서)			
■ 기본 인적사항					
성 명	한 글				사 진
	한 자				
	영 문		연령	만 세	
주민등록번호	–		성별	○ 남 ○ 여	
현 주소					
전화번호		휴대폰			
E-mail					

■ 학력사항					
기 간	학 교 명	학 과	학과성적	졸업여부	비 고
~					
교내외 활동경력					

■ 경력사항			
경 력 기 간	근 무 처 명	근 무 부 서	직 위
~			

■ PC 사용능력	
능력정도	○ 상 ○ 중 ○ 하

■ 외국어 능력				
영 어	회 화	상중하	독 해	상중하
( )어	회 화	상중하	독 해	상중하
( )어	회 화	상중하	독 해	상중하
공인된 자격 / 평가기록	TOEIC	점	TOEFL	점
	기타외국어	( ) 점		
	기타외국어	( ) 점		

■ 해외유학 연수경험					
국가명		기관(학교)명		연수기간	년 개월

■ 병역사항			
복 무 기 간	군별	계급	비고(면제 사유)
~			

■ 자격 · 면허			
자 격 명	등급	취득일자	발 행 처
		년 월 일	

■ 가족관계						
관계	성 명	연령	최종학력	직장(학교)명	직위	비고

■ 기타사항					
신장	cm	체중	kg	보훈대상	○보훈 ○비대상
취미		특기		종교	
지원서의 기재 내용은 사실과 다름없이 작성하였음. 0000년 00월 00일 작성자 : 이상명 (인)					

〈표 1-2〉 입사지원서 양식의 예

앞에서 제시한 이력서 항목 중에서, 인적사항 · 학력사항 · 자격 및 교육사항 · 경력사항은 필수항목이라고 할 수 있으나 신체사항 · 병역사항(성별에 따라 생략 가능) · 해외연수 · 상벌사항 · PC활용정도 · 외국어 능력은 경우에 따라서 생략 가능하다.

(3) 이력서 작성 시 유의사항

이력서는 자신의 살아온 과정을 자유롭게 기재하는 것이 아니라, 정해진 격식에 맞게 정확히 작성해야 한다. 즉, 공적으로 쓰이는 공용문서에 해당하기 때문이다. 그만큼 낱글자부터 안에 들어가는 내용 하나하나까지 확인하는 신중한 자세가 필요하다.

이력서 작성은 한글이나 MS워드로 작성하는 것을 원칙으로 한다. 글자 크기는 10.5에서 11포인트 정도가 적당하며, 자신이 강조하고 싶은 항목이 있으면 진하게 표시한다거나 색깔을 집어넣는 것도 좋다. 아울러 맞춤법이나 문장부호를 정확히 사용했는지 확인해야 한다.

필수항목인 인적사항 · 학력사항 · 자격 및 교육사항 · 경력사항은 각 항목에 포함되는 내용을 정확히 작성해야 한다. 자신의 한글 · 한자 성명을 정확히 작성하고, 각각의 증명서 날짜를 확인해서 틀리게 기재해서는 안 된다. 또한 신체사항 · 병역사항(성별에 따라 생략가능) · 해외연수 · 상벌사항 · PC활용정도 · 외국어 능력 등의 사항을 기재할 때도 각각의 증명서의 내용과 기재한 사실이 동일한지를 확인해야 한다.

이력서에 들어가는 사진에도 유의해야 한다. 사진은 정장이나 셔츠 차림의 복장으로 찍은 사진을 붙이도록 한다. 최근에는 온라인으로 이력서를 작성해서 올리는 경우가 많기 때문에, 사진관에서 받은 원본 사진을 편집해서 올리면 된다. 그러나 사진의 모습과 본인의 모습이 너무 달라질 정도로 편집하면 곤란하다. 사진은 첫 이미지이기 때문에, 되도록이면 전문사진관에서 찍도록 한다.

이력서 작성 시 점검사항
■ 기재한 목록 중에서 빠진 것이 없는가?
■ 각종 증명 사항이 실재 사실과 동일한가?
■ 워드 작성 시 정서법에 맞게 작성하였는가?
■ 증명사진의 규격과 사진에 나온 복장이 적절한가?
■ 발송할 전자우편에 첨부 파일 이름이나 내용은 정확한가?

〈표 1-3〉 이력서 작성 시 점검 사항 예시

(4) 이력서 발송

이력서는 작성과정을 잘 지켜서 완성하는 것만큼이나 어떻게 전달할 것인가도 역시 중요하다. 이력서를 직접 전달하는 경우에는 봉투에 자신의 이름을 쓴 뒤에 문서를 담아서 전해주면 된다. 요즘에는 직접 전달하기보다는 전자우편을 통해 접수하는 경우가 많다. 그렇기 때문에 문서파일을 기재할 때도 역시 신경을 써야 한다.

전자우편은 제목과 내용을 적고, 그리고 문서를 첨부해야 한다. 제목에는 어떠한 목적으로 전자우편을 발송하는지에 대한 내용이 들어가야 한다. 전자우편을 받는 입장에서 그 내용을 명확히 확인할 수 있도록 해야 한다. 전자우편의 내용은 인사와 함께 자신에 대한 간단한 소개를 적고, 발송 날짜와 담당자의 이름이나 부서명을 기재한다. 끝으로 문서파일은 자신의 이름과 현재의 소속, 문서의 성격, 받는 사람이나 부서명, 날짜를 기재한다.

제목 : ○○분야에 지원하는 ○○대학교 이○○입니다.
○○담당자님께. 안녕하세요. ○○분야에 지원하는 ○○대학교 이○○입니다. ○○분야에 지원과 관련하여 이력서를 첨부하였습니다. 확인해 주시기 바랍니다. 2013년 8월 17일 이○○ 드림.
첨부파일 : 이○○_○○대학교_○○분야 이력서_20130817.hwp

〈표 1-4〉 이력서 전자우편 발송의 예

2. 자기소개서 쓰기

(1) 자기소개서란?

자기소개서는 다른 사람들에게 자신의 살아온 과정을 에세이 형식으로 보여주는 글이다. 여기에는 자신의 가족과 관련된 사항, 학교생활, 여행과 같은 개인적인 경험 등이 포함될 수 있다. 이러한 사항들은 지금 혹은 앞으로 자신의 모습을 형성하는 데 영향을 주는 요소들이기 때문에, 각각의 사항들에 대하여 평상시에 정리하는 습관이 필요하다. 즉, 시간적으로 삶을 재구성해 보고, 갖가지 사건으로부터 얻게 된 교훈이 자신의 가치관에 어떠한 영향을 주었는지에 대하여 생각해 보는 것이 중요하다.

한편으로 요즘에는 취업하기 위한 하나의 방법으로써 자기소개서가 중요하게 다루어지고 있다. 취업지원서에는 이력서와 함께 자기소개서가 포함되어 있으며, 회사마다 요구하는 자기소개서의 내용이 다르다. 대체적으로 자신의 성장과정이나 가치관, 혹은 자신의 장점이나 단점, 입사 후 포부 등을 기술하는 경우가 많다. 요즘과 같이 구직자들이 많은 현실 속에서 취업지원서 안에 있는 자기소개서의 중요도는 계속 높아질 것이다.

(2) 자기소개서의 종류

자기소개서는 자신의 삶을 되돌아보는 자기 성찰적 형태와 취업을 위한 전략적 형태로 구분할 수 있다. 전자는 지금까지의 생활을 시간적 순서대로 정리하여 자신을 성찰해 보는 데 목적이 있다. 반면에 후자는 전자의 결과를 바탕으로 하여 지원하는 회사의 특성에 맞춰 쓰는 데 목적이 있다.

(가) 자기 성찰적 형태의 자기소개서

자기 성찰적 형태의 자기소개서는 자신의 성장과정을 솔직하게 기술하는 것부터 시작한다. 즉, 부모님의 직업과 그에 따른 집안 분위기, 가훈, 자신의 좌우명,

초·중·고등학교 시절의 모습 등과 같은 이야기 요소들을 통해서 자신의 모습을 진정성 있게 보여주는 것이다. 고등학교를 갓 졸업한 대학교 새내기들의 경우, 이러한 형태의 자기소개서를 통해서 학과 혹은 동아리 인원들에게 자신을 알린다면 효과적일 수 있다.

사례 ①

저는 19○○년 ○월 ○일 2남의 막내아들로 ○○에서 태어났습니다. 부모님은 12년 째 세탁소를 운영하시면서 저와 우리 형을 대학교에 보냈습니다. 친구들이 부모님께서 세탁소를 운영하시기 때문에 빨래 할 일이 없어서 좋겠다는 부러움을 사기도 했습니다.

학창시절 저는 공부보다는 영화감상에 관심이 많았습니다. 제한된 가정 형편 속에서 조금은 사치스러운 취미로 여겼지만 그것을 즐겼습니다. 영화 속에서 벌어지는 '온갖 세상 이야기'와 '갖가지 사건'들에 제 자신을 대입시켜가며 울고 웃고 했던 기억이 납니다. 그래서 자연스럽게 이러한 영화에 대한 관심이 '학과'에 대한 선택으로 이어지지 않았나합니다.

사례 ②

저의 좌우명은 '자기관리'입니다. '자기관리'는 말 그대로 자기 자신을 스스로 관리하는 것을 말합니다. 제가 중학교에 입학했을 때, 학교 교문을 지나자마자 '自己管理'라는 한자가 새겨진 비석이 보였습니다. 처음에는 저 말이 무슨 말인지 잘 몰랐습니다. 중학교에 들어와서 처음으로 하는 조회 시간에 교장선생님께서 비석에 새겨진 '자기관리'라는 말의 의미를 설명해 주셨습니다. 즉, '나는 누구인가'를 알고 '나의 처지는 어떠한가.'를 알아서, '무엇을 어떻게 할 것인가.'라는 답을 찾아야 한다고 하였습니다. 여기에 전제되는 것이 바로 '자리관리'라는 것입니다. 처음에는 귀로 흘려들었습니다. 그러나 사춘기 시절 방황할 때, 문득 이 말을 되새기면서 철이 들었던 것 같습니다. …(후략)….

자기 성찰적 자기소개서 사례 1

사례 ①은 대학교 새내기들이 학과 혹은 동아리 선배들에게 자신을 소개할 때 자주 쓰는 방식이고, 사례 ②는 자신의 좌우명을 주변 사람들에게 소개할 때 주로 사용한다. 이러한 사례는 다른 사람들에게 자신을 이해시키기 위해 많은 정보를 제공하는 데 목적이 있다. 그러나 다른 한편으로 성장과정의 정리를 통해서 나름대로의 보완점을 찾아내기도 해야 한다.

성장과정(사실)	변화	보완한 점
유년시절 유별나게 산만했고 낙서를 많이 해서 부모님께 혼난 적이 많다.	⇨	산만함은 세계에 대한 관심이 있었고, 낙서가 아니라 창의력과 풍부한 자신이었다.
의욕이 앞서 여러 가지 일을 한꺼번에 하려고 하여 그르치는 경우가 많았다.		그 후 목표에 따른 우선순위를 정하고 일을 진행하기 위해서 다이어리에 스케줄을 기록하고 맞춰 생활하려는 노력을 하였다.
저는 성격이 내성적이어서 나서기보다는 뒤에서 다른 사람들의 말을 듣는 경우가 많았다.		이러한 성격에 변화가 필요하다고 생각하여 보이스카우트에 참여하였으며, 적극적인 활동으로 학교 대표인 영조장으로 뽑히기도 하였다.

자기 성찰적 자기소개서 사례 2

위의 내용은 자신의 단점을 보완해 나가는 과정을 보여주고 있다. 이러한 과정을 통해서 시간이 지날수록 발전해 나가는 자신의 모습을 확인할 수 있다. 다른 사람들 역시 '나'에 대하여 입체적으로 이해할 수 있다. 이러한 자신에 대한 입체적인 이해는 다양한 상황설정을 통해서도 가능하다. 예를 들어, 자신의 유언장이나 부고문을 써 본다든지 나의 이미지, 혹은 내가 좋아하는 것들을 정리해 보는 것이다.

(나) 전략적 형태의 자기소개서

전략적 형태의 자기소개서는 취업 혹은 진학 등을 위해서 작성하게 되는 모든 형태의 자기소개서를 말한다. 대학 졸업 후에, 기업에 취직하거나 대학원 진학을 하게 되는 경우에는, 그 목적에 맞게 자신을 전략적으로 드러낼 필요가 있다. 단순히 성장과정만을 나열하는 소개보다는, 자신이 가고자 하는 곳에 꼭 맞는 사람임을 강조한다. 이렇게 하기 위해서는, 대학생활을 하면서 자신이 그동안 어떠한 활동(동아리, 공모전 활동, 해외연수 등)을 했는지 가지런히 정리할 필요가 있다. 또한 이러한 활동의 목적이 단순히 개인의 흥미보다는 미래를 준비하는 연장선상에 있었다는 것을 강조해야 한다. 아래의 사례는 '이상명'이라는 학생이 ○○텔레콤 S/W분야를 지원하기 위해서 기업분석을 한 결과와 자신의 활동사항을 간략하게 정리한 것이다.

〈사례 ①〉 OO텔레콤 S/W 분야를 준비하는 대학교 4학년 이상명

	강 점	약 점	기 회	위 협
준비과정 (분석)	• 수익구조의 견실함 • 통화품질의 우수 • 멤버십 제도의 만족도가 높음 • 사용자들의 브랜드 충성도가 높음	• 가입자 수의 포화로 수익성의 한계가 있음 • 글로벌 시장으로 사업 영역을 확대하기 어려움	• 인터넷 TV의 시장 활동이 기회창출의 돌파구가 될 수 있음	• 경쟁사들의 합병으로 인한 시장 방어에 어려움이 있을 수 있음
활동사항	• 상명대학교 공과대학 컴퓨터소프트웨어공학과 졸업 예정 • 학과 학생회 활동(홍보부장) • 광고 동아리 활동 –○○ 공모전 참가(2011년) / ○○ 공모전 참가(2012년) • 봉사 단체 가입하여 2년 동안 활동함 • 2학년 여름방학 3학년 여름방학에 어학연수 및 정보획득을 위한 해외 연수 –외국어 구사능력 향상(토익 ○○○점 / 토플 ○○○점)			

전략적 형태의 자기소개서 사례 2. / 문상식(2011) 참고.

다음은 해당 기업의 자기소개서 항목 안에 있는 내용이다.

자기 소개서 기술 사항(900자 이내)
1. 가장 도전적인 목표를 세우고 성취를 이룬 과정을 기술하시오.
2. 창의적인 생각으로 문제를 해결하거나 개선한 경험이 있으면 기술하시오.
3. 팀워크를 통해 자신이 속한 단체를 개선시킨 경험이 있으면 기술하시오.
4. OO텔레콤을 지원한 동기와 희망직무, 선택 이유를 본인의 장·단점과 연계하여 기술하시오.

전략적 형태의 자기소개서 문항 예시 / 문상식(2011) 참고.

위의 내용에 맞게 자기소개서를 작성하기 위해서는 다음과 같은 내용을 기술해도 좋다.

자기 소개서 기술 사항에 포함 될 수 있는 사항(900자 이내)
1. 가장 도전적인 목표를 세우고 성취를 이룬 과정을 기술하시오. • 학과 전공 공부 혹은 S/W 완성을 위해 집중한 내용 • '공학인증'을 획득하기 위해서 자기관리를 행한 내용 • 견문을 넓히고 외국어 향상을 위해서 해외연수를 갔던 내용
2. 창의적인 생각으로 문제를 해결하거나 개선한 경험이 있으면 기술하시오. • 학과 홍보를 통한 교내 인지도 개선과 같은 활동 • 학과 학생들의 학과 활동 참여도를 높이기 위한 홍보 활동
3. 팀워크를 통해 자신이 속한 단체를 개선시킨 경험이 있으면 기술하시오. • 광고 동아리 공모전 활동에서 얻을 수 있었던 경험을 정리 • 봉사 단체에서 얻을 수 있었던 경험을 정리
4. ○○텔레콤을 지원한 동기와 희망직무, 선택 이유를 본인의 장·단점과 연계하여 기술하시오. • 기업분석을 통해서 나온 결과를 바탕으로 기술 • 기업분석에서 강점은 자신이 기업을 선택한 이유에 중점을 두고 기술 • 기업분석에서 약점 및 위협은 기업이 현재 처한 상황에 중점을 두고 기술 • 기업분석에서 기회는 기업의 Vision을 언급하는 부분에 기술

전략적 형태의 자기소개서 기술사항 예시 / 문상식(2011) 참고.

(3) 자기소개서 작성 시 주의할 점

자기소개서는 제출하는 곳의 성격에 따라서 쓰는 방식을 달리해야 한다. 대학교 신입생의 경우, 학과나 동아리 활동을 하면서 자신의 성장과정이나 성격과 같은 몇몇 사항을 단순히 소개해도 문제되지 않는다. 그러나 대학을 졸업하고 취업을 해야 하는 취업준비생의 경우에는 상황이 다르다고 할 수 있다. 자신이 만약 후자와 같은 상황에 처했다고 한다면, 각 기업의 취업지원서에 맞추어서 자신만의 스토리를 가지고 체계적으로 기술해야 한다. 여기에서는 취업지원서의 자기소개서 항목들 중에서 자주 나오는 몇 가지를 선정하여 작성 시 주의할 점에 대하여 알아보도록 하겠다.[2)]

(가) 성장과정

성장과정은 자신이 태어난 날부터 지금에 이르기까지의 내용을 기술하는 것이

2) 여기에서 제시된 예시 문의 일부는, Jun's 취업연구소(2012) ; 곽경호 저(2001) ; 이동하 외 공저(2009) ; 조용진·조용기 공저(2012)에 게재된 내용을 참고하여 수정한 것임을 밝혀 둔다.

다. 즉 생년월일, 가족사항, 초・중・고・대학교(군대생활)・대학교 이후 활동까지를 포함할 수 있다. 이러한 사항들을 단순히 시간적 순서대로 나열하듯이 작성하게 되면 사람들의 시선을 끌기 어렵다. 다음의 사례는 일반적으로 많이 쓰게 되는 성장과정과 관련된 내용이다.

사례 ①

저는 19○○년 ○월 ○일 성북동 산기슭에서 가을비가 추적추적 내리는 10월달에 2남 1녀 중 장남으로 태어났습니다. 출판사를 경영하시던 아버지는 대중의 문화전달자라는 신념으로 집안일보다는 책을 소중히 여긴 분이셨습니다.

사례 ②

저는 충남 ○○에서 태어나 어린 시절부터 자연과 함께 생활하였습니다. 초・중등학교 때는 ○○에서 지내다가 고등학교부터는 경기도 ○○에서 살기 시작하였습니다. 대학교는 충남 ○○에 있는 ○○대학교에 진학하였습니다.

성장과정 작성 예시 1.

사례 ①과 사례 ②는 자신의 성장 배경에 대하여 단순한 나열식으로 서술하였다. 특히 사례 ①은 출생과 관련하여 감상적으로 서술하고 있다. 이러한 사례는 자신만의 특색을 드러낼 수 없기 때문에, 사람 이름만 다르게 적어 놓으면 누구나 적용이 가능하다는 문제가 있다. 성장과정과 관련해서 자기소개서를 작성할 때는 '자신에 대한 인상'이나 '속담이나 격언' 그리고 '가훈・부모님의 교육철학' 등에 대하여 언급한 뒤에 자신의 가족사항이나 출생에 대하여 잠깐 언급하는 것이 효과적이다.

사례 ①

'산다는 자체가 여행'이라는 말이 있습니다. 또한 인생을 여정에다 비유하기도 합니다. 어쩌면 제 인생의 키워드가 여행이 아닐까 하는 생각이 듭니다. 여행을 좋아하시는 부모님 덕택으로 저는 어릴 때부터 여행길에 오를 수가 있었습니다. 경주 시내에서 사진관을 하시는 아버지와 어머니 사이에서 하나뿐인 아들인 저는 어릴 때부터 부모님의 즐거운 동반자 노릇을 했던 것 같습니다.

성장과정 작성 예시 2.

(나) 성격의 장단점

개인의 성격과 관련된 부분은 자신에 대한 성찰로부터 시작된다고 할 수 있다. 아울러 자신의 성격과 관련하여 스스로도 잘 알지 못하는 부분에 있어서는 친구나 선후배 혹은 학교 선생님 등 조언을 해줄 수 있는 이들에게 적극적으로 도움을 청해야 한다. 자기소개에서는 성격의 장단점을 작성할 때도 몇 가지에 주의해야 한다. 장점을 기술할 때는 최대한 부각시켜야 하지만, 자신이 지원하는 분야와 접목시켜 어떠한 장점이 있는지 사례를 통하여 명확하게 보여주어야 한다. 한편으로 단점을 서술할 때는 솔직히 보여주되 자신의 단점을 극복하기 위해서 어떠한 노력을 했고, 지금은 어떻게 변화했는지도 구체적으로 드러내야 한다. 다음의 사례는 자주 쓰게 되는 성격의 장단점과 관련된 내용이다.

사례 ①

저의 성격은 명랑하면서도 다정다감하지만 냉철하고 정확한 면이 있습니다. 그래서 친구들이 공과 사를 잘 구분한다는 말을 자주하곤 합니다. 이러한 성격 때문인지 선·후배 관계도 좋고 학생회 활동을 하면서도 좋은 평가를 받았습니다.

사례 ②

저의 단점은 융통성이 부족하다는 것입니다. 한 번 결정한 일에 있어서는 잘 바꾸지 못해서 변화에 잘 대처하지 못해 만족할 만한 결과를 얻지 못하는 경우가 종종 있었습니다. 간혹 좋은 기회라고 생각하는 일도 그냥 보면서 지나치다가 놓치는 경우가 많습니다.

성격의 장단점 작성 예시 1.

사례 ①은 자신의 장점을 단순하게 나열하여 산만한 느낌이 있다. 여기에서는 성격에 대한 주변사람들의 추상적인 언급보다는, 이러한 성격적 장점이 지원하려는 업무와 어떠한 연관성이 있는지 구체적으로 보여줄 필요가 있다. 사례 ②는 개인의 단점만을 언급했을 뿐, 이러한 성격을 개선하기 위한 언급이 전혀 없다. 여기에서는 자신의 단점을 개선하려는 노력뿐만 아니라 앞으로 어떻게 생활할 것인지에 대하여 자세히 드러내야 한다. 다음의 사례가 여기에 해당된다고 할 수 있다.

사례 ①

저는 붙임성만큼은 누구에게도 뒤지지 않습니다. 이런 붙임성 때문에 대학시절 새로운 과목을 수강할 때도 10~20명 정도의 친구들이 휴대폰 목록에 들어오게 되었고, 꾸준히 연락도 하여 관계유지를 위해 노력하였습니다. 제가 지원한 영업분야는 사람들과의 유대관계가 중요하다고 생각합니다. 저의 이러한 붙임성이라는 장점을 활용한다면 고객 유치와 관리에 도움이 될 것입니다.

사례 ②

저의 단점은 융통성이 부족하다는 것입니다. 한 번 결정한 일에 있어서는 잘 바꾸지 못해서 변화에 잘 대처하지 못해 만족할 만한 결과를 얻지 못하는 경우가 종종 있었습니다. 이러한 단점을 보완하기 위해서 다른 사람들의 말에 좀 더 귀를 기울여 유연한 의사결정을 하도록 노력하고 있습니다. 일을 실행하는 과정에서 여러 가지 변수가 발생할 수 있다는 생각을 하면서 의사결정의 폭을 넓히려고 노력하고 있습니다. 앞으로 열린 사고방식으로 업무상에 일어날 수 있는 일에 대하여 생각하고, 다른 사람들의 의견을 경청하면서 최상의 결정을 내릴 수 있는 사람이 되도록 하겠습니다.

성격의 장단점 작성 예시 2.

(다) 학교생활

학교는 자신이 원하는 일을 지원하기 이전에 가장 많은 시간을 보내는 공간이다. 학교에 다니는 중에 경험하는 학과활동 · 동아리활동 · 공모전참여 · 근로활동 · 아르바이트 · 인턴생활 등은 자신만의 이야기를 구성하는 데 있어서 매우 중요하다. 여기에서도 역시 활동한 사실을 단순하게 나열하기보다는 그 안에서 자신의 역할이 무엇이었고, 또한 얻을 수 있었던 가치가 무엇이었는지에 대한 내용이 들어가야 한다. 학교생활과 관련된 내용들은 시간이 지난 뒤에 기억을 되살린다고 해서 쓸 수 있는 것이 아니다. 만일 학과활동 · 동아리활동 · 공모전참여 · 근로활동 · 아르바이트 · 인턴생활 등과 같은 일에 참여하게 된다면, 자신의 역할과 일의 진행과정 혹은 사후강평을 통해서 보완해야 할 점 등을 나름대로 정리하는 습관을 들여야 한다. 그래야만이 정작 자신이 필요할 때 이러한 내용들을 활용할 수 있게 된다.

사례 ①

저는 학교를 다니면서 옛날이야기를 채록하는 ○○동아리에 가입하였습니다. 방학이 되면 학교 주변지역이나 인접 시 · 군의 특정 지역을 방문하여 어르신들을 뵙고 옛날이야기를 들을 수 있어서 참 좋았습니다.

사례 ②

저는 대학시절 왕복 3시간의 거리를 통학해야 했습니다. 집과 학교와의 거리가 멀어서 자취를 할까도 생각했지만 가정 형편상 쉬운 일이 아니었습니다. 그래서 학점을 잘 관리해서 기숙사에도 들어가려고 했지만, 통학하는 거리나 경제적으로 어려워 아르바이트를 해야 했기 때문에 학과 공부에 매진할 수 없었습니다.

학교생활 작성 예시 1.

사례 ①은 동아리 활동을 정리하여 서술한 것이다. 내용상으로 동아리활동에 가입한 사실과 단편적인 활동과 생각이 나열되어 있다. 이러한 서술보다는 동아리활동을 하면서 겪게 된 내용 중 하나를 선정하여 구체적으로 기술하고, 여기에서 얻을 수 있었던 것은 무엇이었는지에 대한 자신의 생각을 나타낼 필요가 있다. 사례 ②는 지방으로 통학해야 하는 특별한 상황을 정리하여 서술하였다. 사례와 같이 변명하는 식의 내용보다는 어려운 여건 속에서도 시간 관리를 어떻게 효율적으로 하려고 했는지에 대한 언급이 구체적으로 기술이 된다면 효과적일 수 있다.

다음은 학교생활을 하면서 경험한 사항에 대하여 구체적으로 언급한 사례이다.

사례 ①

저는 학과 학생회에서 홍보부장을 담당했습니다. 학과 행사가 있을 때마다 학생들에게 소식을 전하거나, 학교 내에서 우리 학과의 모습을 알리는 역할이었습니다. 2학년 겨울 방학에 있었던 신입생 O.T 때의 일입니다. 신입생들에게 우리 학과를 어떻게 소개할 것인가에 대하여 부원들과 논의를 하면서, 우리 학과를 선택한 후배들에게 자부심을 갖게 하자는 쪽으로 의견의 일치를 보았습니다. …(중략)…. 다른 학과와는 차별되는 학과 내의 활동을 UCC로 제작하고, 졸업하신 선배님들께 연락을 드려서 강연을 요청하기로 하였습니다. …(중략)…. 부원들이 추운 날씨에 밖에서 UCC 동영상을 촬영하고 선배님들의 일정을 조정하느라 힘들었던 점도 있었으나, 학과 신입생들의 환호를 받으면서 성공적으로 마칠 수 있었습니다. 그 결과 다른 학과 학생회나 선생님들의 많은 관심을 받게 되었고, 다음 번 신입생 O.T에서는 저희가 했던 방식을 모방한 학과들이 많이 보였습니다. …(중략)…. 처음에는 정보나 시간의 부족으로 어려움이 있었지만, 부원들과 계속 논의하고 보완해 가는 과정을 통해서 성공적으로 일을 마친 경험은 저에게 큰 자산으로 남았습니다.

사례 ②

저는 대학시절 왕복 3시간의 거리를 통학해야 했습니다. 학과 공부나 취업 준비를 위해서 자취를 할 생각도 했으나 집안 사정이 여의치 못했습니다. 그래서 이러한 여건을 극복하기 위해서는 시간을 효율적으로 관리해야겠다는 생각을 했습니다. 주중에는 수업시간과 동아리 및 학생회 활동 시간을 제외한 나머지 시간을 요일별로 나누어 관리하고, 주말 역시 특별한 상황이 아니면 자신을 위해서 외국어 학습에 시간을 투자하였습니다. 학교를 오가는 통학버스 안에서도 잠을 자기보다는 책을 읽으면서 예습을 하거나 교양을 쌓으려고 하였습니다. 그 결과 학생회 활동을 하면서도 성적을 놓치지 않았으며, 어려운 여건 속에서 시간을 관리하는 나름대로의 노하우를 터득할 수 있었습니다. 가장 중요한 것은 부모님의 신뢰를 얻었다는 점입니다. 이렇게 얻은 자기관리 방법을 회사 업무에서도 활용하여 회사뿐만 아니라 저에게도 도움이 되겠습니다.

학교생활 작성 예시 2.

(라) 지원동기

지원 동기는, '○○회사에 들어가고 싶다.'라고 하는 단순한 희망을 써 넣는 것이 아니라, 들어가 싶은 회사에 대한 철저한 분석을 통하여 '왜 내가 이 회사에 들어가야 하는가.'라는 질문에 답을 하는 것이다. 이러한 질문에 답을 하기 위해서는 앞에서 살펴보았듯이, 해당기업의 기업문화와 이념 혹은 추구하는 인재상, 그리고 기업이 가지고 있는 강점·단점·기회 요소·위협 요소 등을 나름대로 분석한 결과를 가지고 있어야 한다. 이를 통해서 개인이 단순한 관심에서 기업을 선택한 것이 아니라 평소부터 기업에 대한 관심을 가지고 있었으며, 또한 어떠한 노력을 하고 있었는지를 확실히 보여줄 수 있다. 다만 우연히 들은 소문을 바탕으로 글을 작성하거나, 회사의 방향과는 다르게 자신의 생각만을 드러내는 경우, 그리고 업무에 대하여 막연하게 기술하는 것은 주의해야 한다.

사례 ①

○○기업에 대한 저의 인상은 급여 조건이 좋고, 휴일이 많아서 언제나 선망의 대상이었습니다. 그래서 과연 일류기업은 다르구나 하는 생각을 하게 되었습니다. 이번에 ○○기업의 채용공고를 보고 난 뒤, 바로 지원하였습니다.

사례 ②

○○기업의 제품을 고등학교시절부터 줄곧 사용해 왔습니다. 제품의 품질뿐만 아니라 A/S까지 매우 만족하였습니다. 그 결과 꼭 ○○기업에 들어가고 싶다는 생각을 갖게 되었습니다.

지원동기 작성 예시 1.

사례 ①과 사례 ②는 기업에 대한 분석 없이, 개인의 단편적인 생각을 언급하고 있다. 전자는 '급여 조건'이나 '휴일 문화'는 개인의 편의성에만 초점이 맞추어져 있고, 회사를 위해서 자신이 어떠한 부분에 기여할 수 있다는 내용이 없다. 후자도 역시 기업에 대한 분석 없이 기업의 제품을 사용하고 만족하고 있다는 단순한 감상에 젖어 지원했다는 인상을 주기 쉽다. 다음은 지원 동기에 대하여 구체적으로 언급한 사례이다.

사례 ①

○○기업의 직영점을 방문한 적이 있었는데, 꼭 입사하고 싶다는 생각을 하게 되었습니다. 방문한 곳은 ○○점과 ××점, ●●점 이었는데 타사의 직영점과 비교해서 많은 차이점을 발견할 수 있었습니다. 이와 관련된 사항은 다음과 같습니다. …중략(기업분석 내용)…. 입사 후에는 이 보고서를 바탕으로 △△△분야에 응용해볼 생각입니다.

사례 ②

○○은행 하면 떠오르는 이미지는 약동하는 이미지입니다. 가장 안전한 은행, 고객을 위해 헌신하는 은행, 고객의 이익을 최우선 가치로 여기는 은행, 이러한 수식어를 얻을 수 있는 은행이 바로 ○○은행입니다. …(중략)…. 그러나 누구나 근무하고 싶은 은행이지만 아쉬운 점도 존재합니다. …(중략)…. 최근의 금융위기는 모든 은행들의 시련이지만, 한편으로 새롭게 도약할 수 있는 기회이기도 합니다. …(중략)…. 금융위기가 지나고 나면 재정 건전성이 확보되어 은행의 체질이 강화될 것으로 전망합니다. …(중략)… 저는 이러한 상황 속에서 고객의 자산관리에 신경을 쓸 수 있도록 지식을 쌓고, 이탈하는 고객이 없도록 고객들과의 유대에 신경 쓰는 사원이 되도록 하겠습니다.

지원동기 작성 예시 2.

(마) 입사 후 포부

입사 후 포부는 '지원동기'에서 분석한 기업의 내용을 바탕으로 향후 어떻게 회사에 기여할 것인지, 어떠한 사원이 될 것인지에 대하여 작성하는 것이다. 이를 통해서 자신이 얼마나 많은 잠재역량을 지닌 사람인가를 드러낼 필요가 있다. 기업의 특성과 중·장기 계획, 그리고 인재활용 계획 등을 꼼꼼히 분석하여, 자신이 회사가 추구하는 방향과 일치하는 사람임을 강조해야 한다.

사례 ①

저는 인정받는 보험FC가 되겠습니다. 입사 후에 업무에 적응하기까지 1년 정도는 걸릴 것입니다. 2~3년 정도 되면, 다양한 사례들을 경험하면서 견문이 넓어지고 후배들에게 조언을 해줄 정도의 업무 능력이 되리라 생각됩니다. 4~5년 뒤에는 전문성을 바탕으로 제 업무에 승부를 걸 수 있을 정도로 자신감이 생길 것이라 생각하고, 그렇게 되도록 노력하겠습니다.

입사 후 포부 작성 예시 1.

위의 사례는 단계적으로 기술하기는 하였지만, 그 내용에 있어서 문제를 발견할 수 있다. 기업은 입사 후 바로 활용할 수 있는 사원을 뽑으려고 하지 시간을 두고 기다려주지 않는다는 점이다. 그리고 입사 후 5년 뒤의 목표가 구체적으로 제시되어 있지 않다. 다음은 입사 후 포부를 구체적으로 작성한 사례이다.

사례 ①

저는 행복을 줄 수 있는 보험FC가 되겠습니다. 동료들과 고객들에게 항상 웃는 얼굴로 따뜻함을 전하고, 특히 보험 고객들에게는 회사의 좋은 제도와 프로그램으로 어려움이 있을 때마다 항상 만족을 줄 수 있는 사람이 되겠습니다. …(중략)…. 제가 추구하는 행복함은 고객들에게 항상 힘이 되는 것을 말합니다. 우리나라는 사회의 노령화로 그 어느 때보다도 보험의 수요가 늘고 그 혜택에 대한 관심이 늘어가고 있습니다. 이와 관련하여 퇴직 연금 상품과 노년을 편하게 보장받을 수 있는 상품들이 중요해지고 있습니다. 저는 이를 바탕으로 노년의 고객들에게 보험 상품을 제안하고 행복한 삶을 살 수 있도록 힘을 보태고자 합니다. 아울러 회사의 안정성에도 기여하고 저와 회사가 동시에 발전할 수 있도록 큰 힘이 되겠습니다.

입사 후 포부 작성 예시 2.

3. 프레젠테이션(presentation)

(1) 프레젠테이션이란?

프레젠테이션은 '제출하다'와 '다양한 방식을 이용하여 보여주기' 그리고 '신제품 · 작품 등에 대한 발표'라는 사전적 의미를 가지고 있다. 최근 들어 '테드닷컴(Ted.com)'이나 각종 지상파 혹은 케이블 방송에서 강연 프로그램들이 등장하고 있다. 이러한 강연 방송에서 강연자들은 자신의 경험을 이야기 혹은 시각자료, 영상자료를 통해서 시청자들이나 청중들에게 전달한다. 즉, 다양한 방식을 통해서 청중들에게 전달하여 이해시키거나 설득시키는 행위 모두를 프레젠테이션이라고 할 수 있다. 프레젠테이션은 학교 · 회사 · 관공서 등에서 광범위하게 이루어지고 있으며, 최근에는 학생들이 수업시간에 발표하는 과정에도 자주 사용된다.

프레젠테이션에서는 시각자료나 영상자료를 잘 활용하는 것도 중요하지만, 기본적으로 텍스트를 어떻게 정리하고 구성할 것인가부터 고민을 해야 한다. 이후에 추가적으로 시각자료 혹은 영상자료를 보조적인 수단으로 어떻게 활용할 것인지 생각해야 한다. 여기에서는 프레젠테이션을 구성할 때, 기본적으로 필요한 사항부터 알아보도록 하겠다.[3)]

(2) 프레젠테이션의 작성

(가) 제목은 명사형으로 하고 텍스트 상자 안의 내용은 요약된 형태로 제시한다.

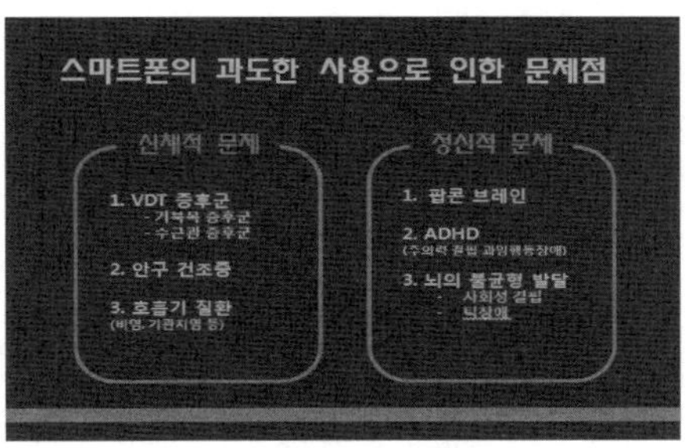

〈그림 3-1〉 프레젠테이션 작성 예시 1.

3) 여기에서 제시된 예시 자료는 상명대학교 사고와 표현 수업(2010년 2학기 ; 2013년 1학기)에서 학생들이 실제 발표한 사례를 정리한 것이다.

(나) 사진 자료를 활용할 때는 글자의 수를 28자 내외로 제한해서 사용한다.

〈그림 3-2〉 프레젠테이션 작성 예시 2.

(다) 내용은 순서도나 관계도를 그려서 단순화한다.

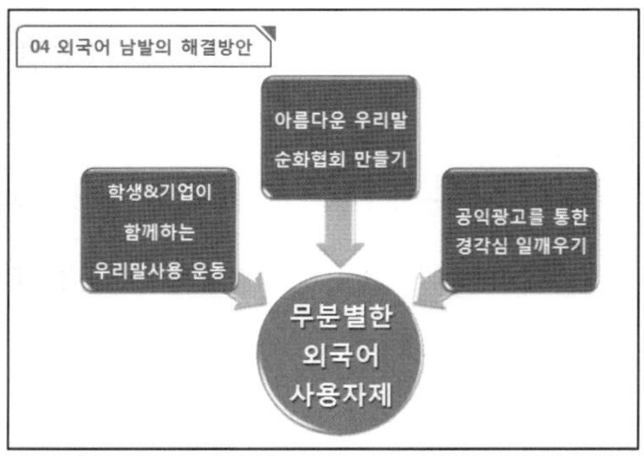

〈그림 3-3〉 프레젠테이션 작성 예시 3.

(라) 통계자료 이용 시에는 출처를 밝히고 그래프나 원형차트 등의 방식을 사용한다.

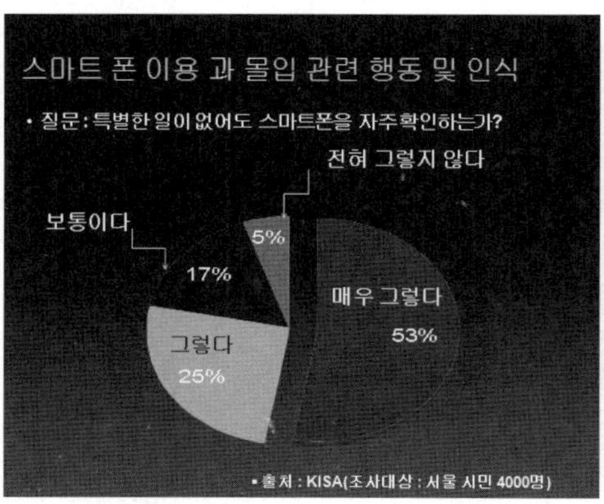

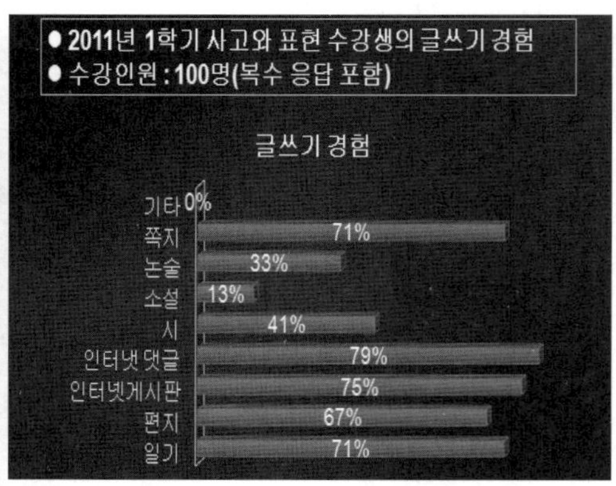

〈그림 3-4〉 프레젠테이션 작성 예시 4.

(마) 자료에서 강조하고자 하는 부분은 별도의 표시를 한다.

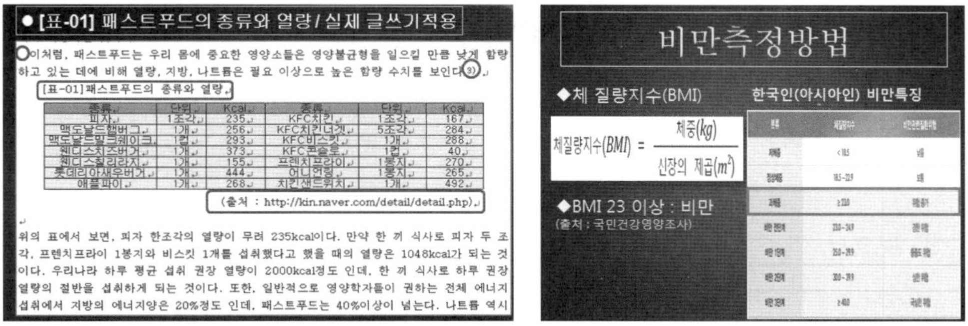

〈그림 3-5〉 프레젠테이션 작성 예시 5.

(바) 참고한 자료를 제시한다.

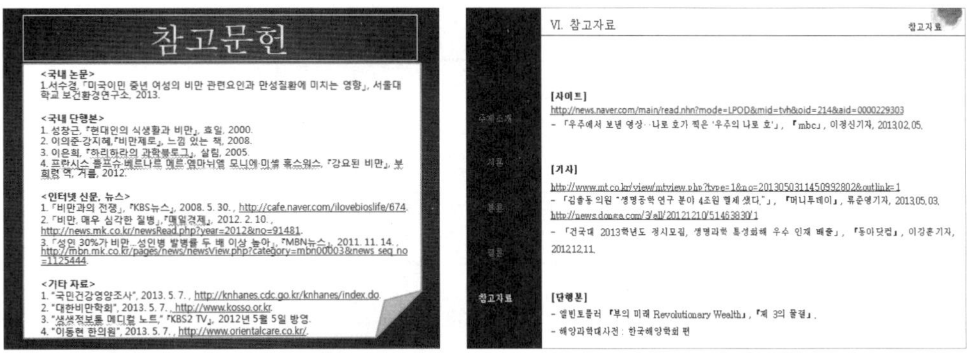

〈그림 3-6〉 프레젠테이션 작성 예시 6.

(3) 프레젠테이션 작성의 실제

여기에서는 완성된 보고서를 어떻게 프레젠테이션으로 변환하는지에 대하여 알아보도록 하겠다. 보고서는 글의 형태로 되어 있기 때문에, 작성자가 특별한 경우를 제외하고는 내용에 대하여 직접 설명하지는 않는다. 그러나 프레젠테이션은 발표자 자신이 작성한 내용을 직접 구두로 전달하면서 청중들을 이해시켜야 하기 때문에, 내용을 어떻게 프레젠테이션 슬라이드 안에 구성할 것인지 고민할 수밖에 없다. 학생이 만든 프레젠테이션의 실제 사례를 통해서 구체적으로 살펴보도록 하겠다.

(가) 서두 부분

이 학생은 "Design or Resign"라는 제목으로 보고서를 작성하였다. 시대의 변화는 'Design'의 개념을 바꾸고 있으며, 즉 단순히 개인을 위한 것이 아닌 사람들에게 도움이 되면서 이익을 낼 수 있어야 한다는 내용이다.

① 보고서

Design or Resign

○○○○학과

20○○○○○○ 박 ○ ○

목 차

1. What is Design?

디자인이란 '설계하다', '계획하다', '밑그림을 그리다'라는 뜻을 가지고 있다. 디자인은 이러한 디자인 행위개념 외에 스케치·시안·계획·모형 등 디자인 과정의 결과를 가리키기도 하며, 디자인의 도움으로 생산된 제품의 전체 모양이나 형태 등을 의미하기도 한다. ○○혁명 이전 디자인은 미술적인 요소를 ○○에 응용한다는 초기의 응용미술 개념이었다.

디자인은 ○○시대 이후 응용미술이라는 개념에서 ○○생산과 판매증진을 위한 ○○생산제품의 형태로 변천되었다.

보고서 서두 부분 예시

② 프레젠테이션 변환

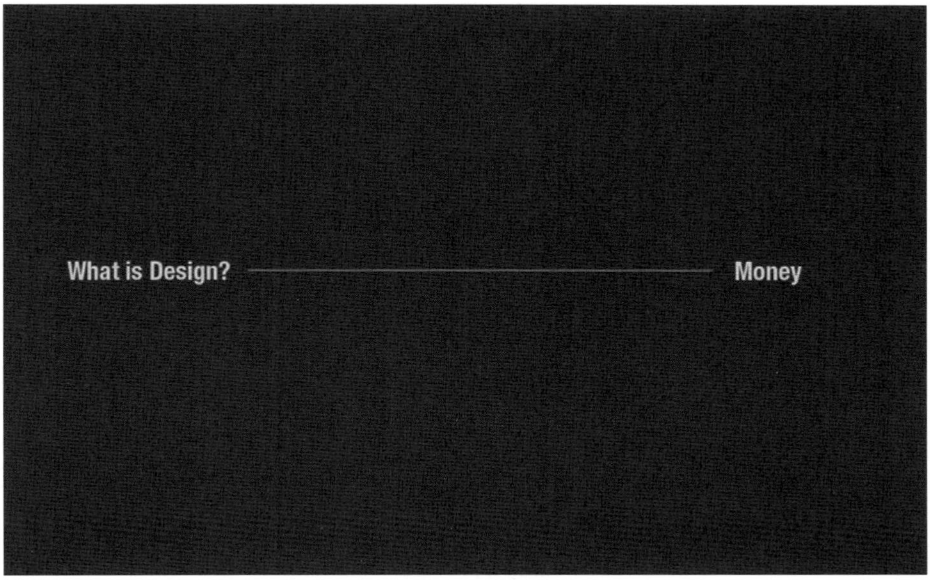

〈그림 3-7〉 서두 부분 프레젠테이션 작성 예시

위의 프레젠테이션을 보면, 서두에서 말하고자 하는 핵심을 그대로 드러내고 있다. ‘디자인’이라는 개념이 ‘돈’이라고 하는 상업성에 맞닿아 있다는 것을 ‘선’을 이어서 핵심적으로 보여주고 있다.

(나) 본문 첫 번째 부분

① 보고서

2. ‘상품’과 ‘작품’의 차이

‘상품’과 ‘작품’의 차이는 무엇일까? 기본적으로 기술의 가치에 중점을 두고 대량 생산된 것을 ‘상품’이라 하고, 작가가 혼이나 정성을 다해 만들면 ‘작품’이라 한다. 상품은 대량생산 가능성에 초점을 맞추고 있고, 반면 작품은 소량생산을 목표로 하여 희소가치 있는 작품을 만드는 것을 목표로 한다. 또한 상품이 기술의 가치에 중점을 두었다면 작품은 인격의 가치에 중점을 두었다고 할 수 있다. 이처럼 ‘상품’과 ‘작품’에는 큰 차이점이 있다. 여기서 디자인을 전공하는 학생들이 놓치고 있는 점을 몇 가지 찾아볼 수 있다.

첫째, 디자인은 지극히 상업성을 띄는 분야이다. 디자이너는 디자이너이지 작가가 아니다. 자신의 가치관을 상품에 담아 표현하는 것이 아니라 대중들의 보편적인 가치관을 담아야하는 것이 디자인이다.

둘째, 디자이너는 다양한 분야의 폭넓은 지식이 필요하다. 평범한 상품이라면 몰라도 가치를 중심에 놓는 디자인이라면 타깃은 단순한 소비자가 아니라 가치를 수용하는 수용자가 된다. 만약 어떠한 가치가 디자인의 중심에 놓인다면 디자인은 시장논리보다는 문화논리에 더욱 부합하게 디자인되어야한다. 하나의 상품은 사회 전반적으로 큰 파급효과를 가져올 수 있다. 총이 잘 팔린다고 해서 좋은 디자인은 아닐 것이다. 디자이너는 자신의 상품이 사회에 미칠 파급효과까지 예측을 해야 하는 직업이다. 그러므로 디자이너는 폭넓은 지식을 필요로 하는 직업이라고 말하는 것이다.

셋째, 디자이너는 훈련된 감각과 미학적 태도가 필요한 직업이다. 디자인을 보자마자 좋다 나쁘다고 판단해 버리는 것은 마치 사람의 외모만 보고 그 사람을 평가하는 것과 같다. 디자이너는 형태적 아름다움을 보는 눈과 보이지 않는 가치를 보는 눈이 필요한 직업이다.

하지만 대부분의 디자인을 공부하는 학생들은 소비자가 아닌 자신이 원하는 제품을 디자인하길 원하고 교양공부보단 자신의 전공공부에만 더욱 치중하여 공부하며, 때로는 타인의 디자인을 근거 없이 비판하는 실수를 범한다.

보고서 본문 작성 예시 1.

② 프레젠테이션 변환

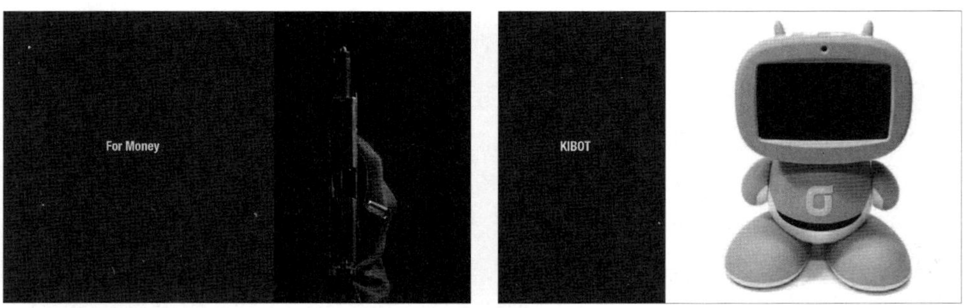

〈그림 3-8〉 본문 부분 프레젠테이션 작성 예시 1.

'상품'과 '작품'의 차이를 설명하기 위해서 'For Money'와 'Kibot'을 예로 들어 설명하고 있다. 발표자는 간략한 어휘와 실제 사례를 통해서 자신의 생각을 실증적으로 전달하고 있는 것을 확인할 수 있다. 프레젠테이션에서 문구로 드러나지 않는 부분은 발표하는 과정에서 말로 설명하면 된다.

(다) 본문 두 번째 부분

① 보고서

3. 성공한 디자이너

Limited Edition Hyundai Black Master Card, 2001

이 세상에는 수많은 디자인이 있으며, 이중 극소수만 사용자에게 지속적인 사랑을 받을 수 있다. 지속적으로 사랑받는 제품이 있다면, 그 제품을 디자인한 디자이너가 있기 마련이다. 카림 라시드는 ○○디자이너들 중에서 개성이 가장 두드러지는 스타디자이너이다. 대부분의 디자인 아이디어를 비행기 안에서 얻는다고 할 정도로 그는 오늘도 전 세계를 누비며 왕성하게 활동 하고 있다. 대부분의 유명디자이너들이 그런 것처럼 카림 라시드 역시 수많은 사람들을 감동시킬 만한 매력적인 개성을 가지고 있다. 그것은 개성이라기 보단 고부가가치를 창출할 수 있는 능력이기도 하다. 카림 라시드는 현대의 신용카드를 디자인한 적이 있다. 신용카드를 보면 마치 도심지 밤하늘에 번뜩이는 네온사인처럼 휘황찬란해 보인다.

이러한 디자인은 단순히 감각에만 의존해서 나온 것은 아니다. 그가 평범한 디자이너였더라면 자신의 감각에만 의존하여 디자인 하였을 것이다. 하지만 그는 사람들과 소통하며 사용자의 보이지 않는 needs를 파악하여 디자인에 반영했다. 겉으로 보기엔 화려한 색상과 패턴만 보이지만 그 바탕에는 안정적이면서 유기적인 형태가 뒷받침되어 소비자의 마음을 더욱 사로잡을 수 있었다.

다른 예로 내가 가장 존경하는 디자이너 중 한명이며 세계적으로 오래도록 사랑받은 스타디자이너 중 한명인 '알렉산드로 맨디니'라는 이탈리아의 ○○디자이너가 있다. 그는 오랜 세월 활동해 온 디자이너 임에도 불구하고 나이가 들수록 디자인의 맨 앞줄에 나와 오히려 후배들을 압도하는 디자이너이기도 하다. 그의 대표작인 프루스트 소파는 고전적인 형태위에 강한 색채를 가미한 것으로 알렉산드로 맨디니만 가지고 있는 이미지이다. 그의 디자인 또한 단순한 감각만으로 디자인 되지 않았다.

포스트모던한 강렬한 색상과 기하학적 형태를 기반으로 사람들의 이목을 사로잡고 있다. 일상생활에서 사용자에게 즐거움을 주자는 그의 디자인 가치관이 잘 반영된 제품이라고 생각한다. 기존의 식상한 제품들을 외면하거나 식상함을 느끼는 현대의 사용자들의 성향을 파악하여 새로운 형태의 디자인을 제안하여 소비자의 마음을 사로잡고 있다.

보고서 본문 작성 예시 2.

② 프레젠테이션 변환

〈그림 3-9〉 본문 부분 프레젠테이션 작성 예시 2.

(라) 마무리 부분

① 보고서

4. Be Designer!

디자이너가 되기 위해선 위에서 언급한 것 이외에도 갖춰야할 것들은 더욱 많이 있을 것이다. 하지만 많은 디자인을 전공하는 학생들은 이러한 기본적으로 디자이너가 갖춰야할 것들을 망각하고 학교생활을 하다가 졸업을 앞두고 깨닫거나 자신의 전공과 관련 없는 다른 직종의 일을 뒤늦게 선택하기도 한다.

디자이너는 자신의 디자인 안에 담는 가치를 말로 다 표현 할 수는 없다. 디자인을 하는 과정은 논리적이면서도 직관적이기 때문이다. 직관적이란 말은 말로 표현할 수 없다는 뜻이지 생각을 하지 않고 한다는 뜻은 아니다.

디자인은 궁극적으로 창조행위이다. 창조란 이 세상에 없는 것을 만드는 것이다. 한 분야에만 머물러 있어서는 새로운 것을 만들기 힘들다. 끊임없이 외부와 교섭하고 다른 것과 상호작용을 해야 한다. 디자이너의 철학이나 개성 같은 요소는 디자인이란 테두리 안에만 머물러서는 해결할 수 없다. 광범위한 문화예술 분야와의 교류, 튼튼한 교양이 바탕이 돼야 한다. 디자인은 일차적으로 창조활동이며 대중의 오감과 마음을 사로잡아야 하는 일이다. 그러므로 다른 분야를 이해하고 그것을 디자인에 활용해야 한다.

또한, 디자인의 중심은 디자이너가 아니라 그 제품을 사용하는 사용자이다. 디자인을 하는 능력은 사람마다 쌓은 교양과 교육수준에 따라 달라지기 마련이다. '나는 이것이 좋아' 라고 할 때 그것은 자신의 주관이기도 하지만 그 사람의 교양수준이기도 하다. 이러한 자신의 주관을 집어넣는 것이 아니라 제품을 디자인 할 때에는 제품에 객관성을 띄게 하는 것이 보다 대중성 있는 디자인이며, 오래도록 사랑받을 수 있는 디자인이다. 예를 들어 모바일을 디자인 할 때 만드는 사람 입장에서 볼 때와 받아들이는 사람의 입장에서 볼 때는 전혀 다른 사물이 된다. 만드는 사람이 볼 때는 부가가치를 위한 중요한 도구로 보이겠지만, 받아들이는 사람이 볼 때 디자인은 자신의 눈과 마음을 충족시켜줄 대상이다. 대중의 마음을 먼저 읽는 디자이너가 대중이 열광하는 제품도 디자인할 수 있다. 이러한 디자이너가 갖추어야할 마음가짐과 일련의 훈련들을 학생시절부터 해나가야 한다고 생각한다.

5. 참고문헌

단행본 :

1) 김상규, 『디자인론』, 서울 : 누하, 2013.

2) 하라켄야 저, 『디자인의 디자인』, 민병걸 역, 서울 : 안그라픽스, 2007.

3) 최경원, 『디자인 읽는 CEO』, 서울 : 21세기 북스, 2010.

인터넷 자료 :

1) www.fi.co.kr 알렉산드로 멘디니의 프루스트 소파.

2) www.pinterest.com 카림라시드가 디자인한 현대카드

보고서 마무리 부분 작성 예시

② 프레젠테이션 변환

〈그림 3-10〉 마무리 부분 프레젠테이션 작성 예시

마무리 부분은 '디자이너'가 되기 위해서는 세상에 대한 시야를 넓히고, 사람들의 마음을 읽을 수 있도록 끊임없이 노력해야 한다는 내용이다. 여기에서도 역시 요약한 어휘로 자신의 생각을 확실히 드러내었다.

이 학생의 프레젠테이션은 목차와 참고문헌 슬라이드를 작성하지 않아서 미흡하긴 하지만, 최소화된 문구와 이해를 도울 수 있는 시각자료를 적절히 이용했다는 점에서 좋은 평가를 받을 수 있다. 이처럼 프레젠테이션은 내용에 대한 단순한 요약이 아닌 핵심적인 어휘를 선택하여 자신의 생각을 청중들에게 확실히 각인시켜야 한다.

(4) 프레젠테이션(Presentation) 발표

프레젠테이션(Presentation)의 도입부와 본론 부분, 그리고 결론 부분이 완성되었다면, 이러한 내용을 가지고 청중들에게 전달해야 한다. 청중들은 요약된 형태의 화면을 보고 있기 때문에, 발표자의 발표 능력에 따라서 내용에 대한 이해 정도가 달라질 수 있다. 여기에서는 프레젠테이션 발표와 관련된 전반적인 사항에 대하여 발표 전·중·후로 나누어 알아보도록 하겠다.

(가) 발표 전

① 내용과 구성에 대하여 다시 한 번 확인한다.

내용적인 면에서는 주제와 소재의 적절성, 혹은 정서법에 맞게 작성했는지 여부를 중심으로 살펴본다. 구성적인 면에서는 글씨의 크기, 사진과 내용의 적절성, 슬라이드 배열의 적절성, 애니메이션 구성 등을 중심으로 확인한다.

② 리허설을 하면서 필요한 사항들을 점검한다.

프레젠테이션 발표는 짧게는 3분에서 길게는 20분 정도까지 하는 경우가 대부분이다. 그렇기 때문에 발표 시간에 맞추어 사전에 충분한 리허설을 가져야 한다. 우선, 발표자는 발표 시간에 적절한 슬라이드를 구성했는지부터 확인해야 한다. 각각의 슬라이드에 얼마의 시간을 할애할 것인지에 대한 세밀함이 요구된다. 예를 들어, 7분의 발표 시간에 슬라이드를 14개 정도를 만들었다고 한다면, 산술적으로 각 슬라이드를 30초 안에 설명해야 하는 부담감이 있게 된다. 처음 발표를 준비하게 되면 지정된 시간 안에 마치는 것은 쉬운 일이 아니다. 발표자는 발표하게 될 내용에 대하여 시나리오를 작성하여 계속 수정해 나가는 작업을 해야 한다. 리허설의 과정을 통해서 불필요한 내용을 삭제하고, 필요한 부분은 보충해서 완성된 시나리오를 가지고 있어야 한다.

각 슬라이드의 내용을 숙지해야 한다. 대체적으로 발표가 이루어지는 과정을 보게 되면, 도표나 시각적 자료 혹은 중점적으로 전달해야 하는 내용을 제외하고 화면에 전적으로 의지하면서 발표하는 경우는 거의 없다. 그렇기 때문에 발표자가 사전에 슬라이드의 내용과 구성, 그리고 애니메이션 기능을 명확하게 알고 있어야 한다. 이와 관련한 방법으로는 슬라이드를 출력하여 벽에 붙여 놓고 연습하는 방법이 있다.

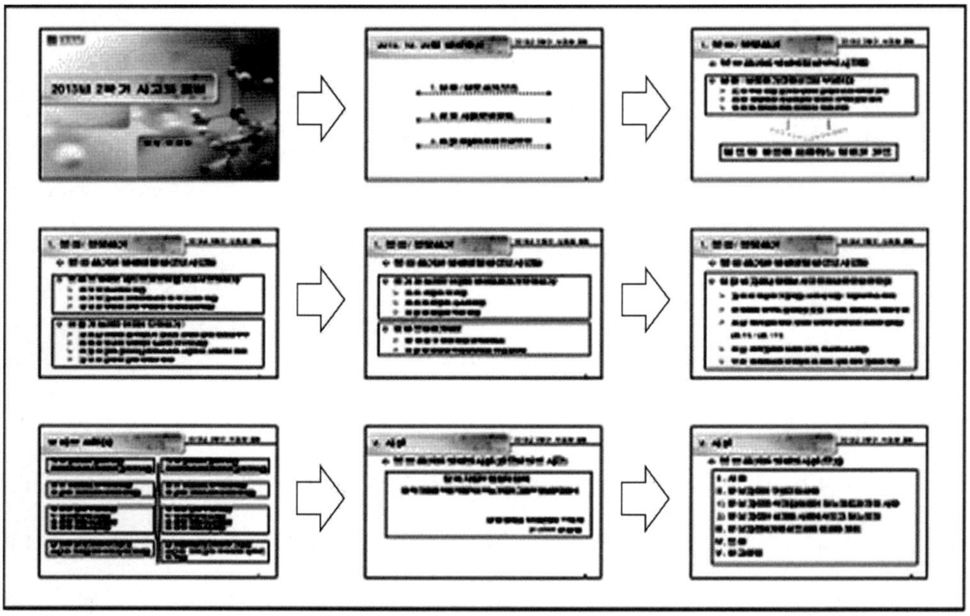

〈그림 3-11〉 리허설 순서도 예시

위에 있는 것처럼 벽 혹은 칠판에 슬라이드를 붙여서 연습을 하게 되면, 내용 및 구성에 대한 사항이 한눈에 들어온다는 장점이 있다. 하나하나 짚어 가면서 슬라이드의 내용이 입에서 자연스럽게 나올 때까지 계속 연습한다.

발표하면서 사용하게 되는 각종 기자재에 익숙해야 한다. 리허설은 발표자가 발표할 장소에 직접 가서 하는 것이 가장 좋다. 사전에 발표가 이루어지는 장소의 분위기와 장비에 익숙해져야 심리적 안정을 찾을 수 있다. 또한 문제가 발생할 때 어떻게 해결할 것인지에 대한 사전 정보도 파악하는 것이 중요하다. 요즘은 프레젠테이션을 하면서 포인터 기능이 있는 리모컨을 많이 사용한다. 복잡한 기능이 많이 탑재된 리모컨보다는 단순하게 앞뒤로 넘길 수 있는 제품을 사용하는 것이 좋다. 이러한 기자재를 사용하게 되면, 슬라이드를 넘길 때마다 발표가 순간 정지되는 단점을 보완할 수 있다.

발표하는 내용에 대하여 예상되는 질문과 답을 작성한다. 프레젠테이션 발표에서는 요약된 형태로 내용이 전달되기 때문에, 구체적인 사항에 대해서 질문을 받는 경우가 많다. 발표에서 제외되었지만, 내용상으로 중요한 사항들에 대하여 질문할 가능성이 높다. 따라서 자신의 발표와 관련된 내용에 대하여 청중의 입장에서 생각해 보고 예상되는 질문을 생각해 보는 것은 중요하다.

(나) 발표 상황

① 발표 직전에는 리허설에 했던 것들을 다시 한 번 확인한다.

발표하기 직전에 필요한 시간을 확보하여 장비가 잘 작동하는지 살펴보고, 프레젠테이션 슬라이드 구성, 애니메이션 작동 여부, 시나리오 점검 등을 통해서 완벽한 발표가 되도록 준비한다. 또한 목소리, 표정, 옷차림 등과 같이 청중들에 보이는 자신의 외적인 모습까지도 확인해야 한다.

② 슬라이드의 구성 순서에 따라서 발표한다.

〈도입부 발표〉

도입부에서는 발표자에 대한 소개와 발표순서, 그리고 프레젠테이션의 목적과 같은 것들을 말한다. 대체로 보고서의 서론 부분에 해당하기 때문에, 프레젠테이션의 전체적인 윤곽을 잡아 준다는 생각으로 발표한다.

〈사례 ①〉 슬라이드

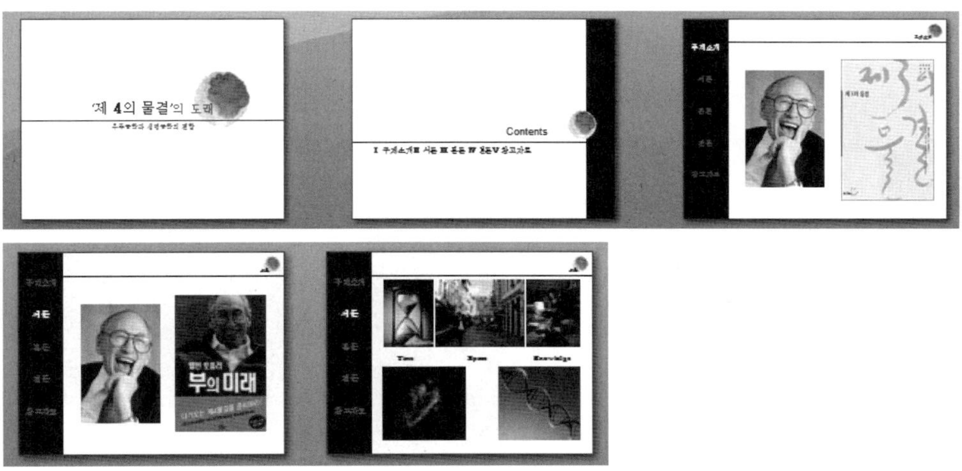

〈그림 3-12〉 도입부 슬라이드 예시

〈사례 ①〉 시나리오

1. 안녕하세요. ○○○○학과 ○○학번 ○○○입니다. 발표 시작하겠습니다.
2. 발표순서는 주제를 소개하고 서론, 본론, 결론, 참고자료 순서로 소개하겠습니다.
3. 제가 선정한 주제는 '제 4의 물결'입니다. / 엘빈토플러라는 학자가 소개했던 / 제 3의 물결에 대해 생각하다가 제 4의 물결에 대해 알게 되어 선정하게 되었습니다.
4. 엘빈토플러는 그의 저서 '부의 미래'에서 / 제4의 물결에 대해 소개했습니다.
5. 책에서는 미래의 부는 / '시간, 공간, 지식.'이라는 세 가지 심층기반이 어우러져 이루어진다고 설명합니다. / 그리고 우주공학과 생명공학의 결합이 이것들을 만족시킬 수 있고, 제4의 물결은 이들의 결합에 의해 이루어진다고 설명하고 있습니다.

도입부 시나리오 작성 예시

〈본문 발표〉

본문 부분은 프레젠테이션의 핵심 부분이라고 할 수 있다. 발표자의 주된 생각을 전달하는 곳이다. 각종 시각자료나 도표, 내용의 세밀한 부분까지 확실히 이해하고 있어야 한다. 특히 자료를 설명하는 부분은 간단하면서도 명확하게 해야 청중들의 관심을 끌 수 있다. 발표자의 주제에 대한 이해와 상식적인 면이 많이 드러나기 때문에, 리허설을 통해 반복 연습해야 한다.

〈사례 ①〉 슬라이드 / 시나리오

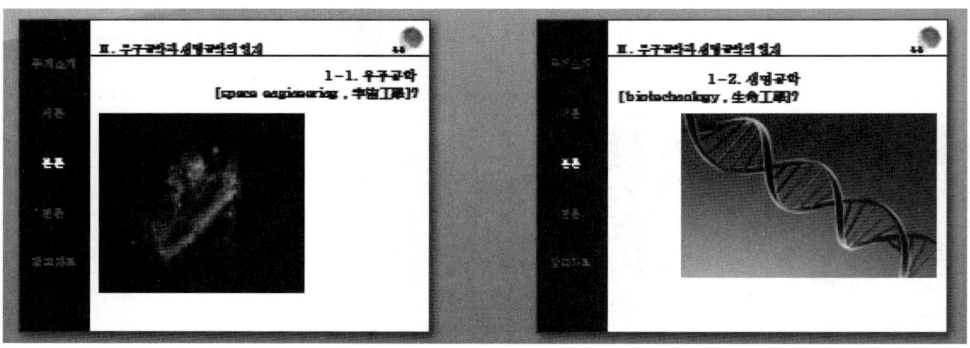

본문 부분 슬라이드 예시 1.

6. 먼저, 우주공학이란 우주비행을 여러 분야에서 연구하는 분야입니다. 심리학 등을 연구하는 분야도 있지만 주로 로켓이나 인공위성 등을 연구하는 전자공학으로 분류됩니다.
7. 생명공학은 다양한 기술을 통해 생명체의 특성을 유용하게 이용하는 것을 말합니다. 우리가 흔히 알고 있는 유전공학, 발효공학 등 광범위한 내용을 포괄하고 있습니다.

〈표 3-6〉 본문 발표 시나리오 작성 예시 1.

〈사례 ②〉 슬라이드 / 시나리오

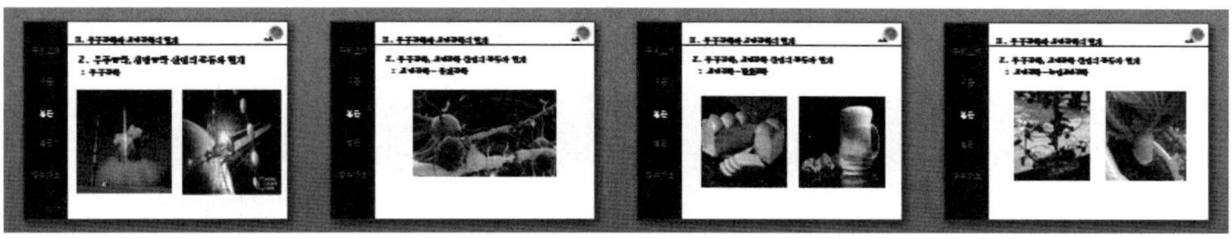

〈그림 3-14〉 본문 부분 슬라이드 예시 2.

8. 이들의 현재 산업의 종류는 일단, 우주공학은 우주와 관련된 전자공학으로 종류가 무궁무진 합니다. 예를 들면, 뭔지 아시죠? 얼마 전 발사에 성공하여 주목을 받은 나로호입니다. 이런 종류도 있고, / 우주 도시 등을 위해 연구 중인 자기력을 이용한 우주개발 등도 있습니다. 이번엔 나로호에 관한 동영상 보여드리겠습니다.
9. 생명공학 역시 종류가 아주 다양합니다. 대표적으로 '유전공학'이 있는데, 예로는 황우석 박사에 의해 주목을 받았던 '줄기세포' 등이 있습니다.
10. 또 발효공학이 있는데, 자주 끼니를 때우는 빵이나 저희가 대학에 와서 정말 지겹도록 먹었던 술도 발효공학을 이용한 것입니다.
11. 그리고 중학교 때 배웠던 토감이나 무추 등도 농업생명공학으로 생명공학의 한 분야입니다.

본문 발표 시나리오 작성 예시 2.

〈사례 ③〉 슬라이드 / 시나리오

〈그림 3-15〉 본문 부분 슬라이드 예시 3.

12. 그리고 앞으로의 발전 가능성은 우주공학은 세계가 발전하면서 지구가 오염되고 망가지다 보니 사람들이 지구가 멸망한다, 그런 말들 많이 하잖아요? 그래서 사람이 살 수 있는 다른 행성에도 관심이 많고, / 우주 도시 등에도 관심이 쏠리고 있습니다. 그렇게 언젠간 필요하기 때문에 우주공학 산업의 발전 가능성은 무궁무진 하다고 할 수 있습니다.
13. 그리고 생명공학은 옛날에 시행되었던 1995~2005 산업별 성장률 전망 조사에서 생명공학이 1위를 했었고, / 건국대학교에서는 / 바이오 분야 학과를 따로 모아 '생명특성화대학'을 신설할 만큼 생명공학에 공을 들이고 있습니다. 이뿐만 아니라 다양한 대학에서 구체적인 생명공학 학과들을 설립하고 있습니다. 이렇게 대학들의 행보만 보아도 앞으로 생명공학의 미래가 기대할 만 하다는 것을 알 수 있습니다.
14. 이미 우주공학이나 생명공학에 많은 투자가 이루어지고는 있고, 더 많은 투자를 하여야 한다는 목소리가 높지만, 투자에 비해 수준이 미흡한 것을 부정하기는 힘듭니다. 한 기사에서 김을동 의원이 "생명공학 분야에 아무런 계획 없이 연구개발비가 투입되고 있다." 라며 세금이 쓸데없이 새는 것을 지적했습니다. 이처럼 투자가 중요하지만, 정부는 / '돈'을 투자하는 것이 아닌 '연구'를 투자하는 방향으로 나가야 합니다. 그리고 국민들이 그런 정부를 뒷받침 해줘야 합니다.
15. 예상되는 제4의 물결은, 고도로 발달된 기술들을 바탕으로 이루어집니다. 그것들이 인간의 삶을 더욱 행복하게 해 줄지도 모릅니다. 하지만 제3의 물결에서 일어났던 가족해체, 가치관붕괴처럼 제4의 물결에서 일어날 부작용도 무시할 수는 없습니다. 지금 지구가 그러하듯 우주 또한 무차별 개발에 의해 망가질 수도 있습니다. 물론 불가능할 것 같지만 우리는 그 과거의 불가능들을 지금 가능으로 바꿔왔기 때문에 불가능이란 것은 의미가 없는 것 같습니다. / 생명공학에선 최초의 복제 양, '돌리'처럼 동물 복제가 이뤄지듯 곧 사람이 복제가 되고, 그것이

보편화되기 시작하면, 좋은 목적으로도 쓰이겠지만, 분명 악용되는 경우가 생길 수도 있습니다. 하지만 어쨌든 기술들은 발전하고 있고, 긍정적인 측면도 무시할 수 없기 때문에 올바른 발전을 지향하자는 것입니다. 물론 양심에 맡기고 발전시킨다면 좋겠지만, 그것을 기대하는 것도 우스우니 겉으로라도 법적 제약을 두고 발전시켜야 할 것입니다.

본문 발표 시나리오 작성 예시 3.

〈결론 및 참고문헌〉

결론 및 참고문헌 부분은 발표를 마무리하는 단계이다. 앞에서 언급했던 사항에 대하여 요약·정리하고, 강조하고자 하는 내용은 반복해서 청중들에게 전달한다. 또한 청중들에게 마무리 인사를 한다.

〈사례 ①〉 슬라이드 / 시나리오

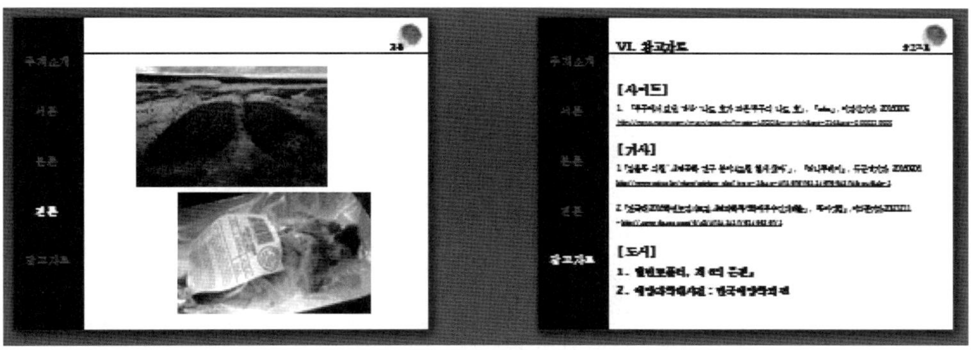

〈그림 3-16〉 결론 및 참고문헌 부분 슬라이드 예시

16. 지금까지 제 4의 물결로 기대되는 우주공학과 생명공학에 대해 알아봤는데, 지루했죠? 죄송합니다. 이 지루한 주제로 제가 전하고 싶었던 것은 우리가 살고 있는 세상에 언젠가는 도래할 제 4의 물결을 잘 알아야 올바른 게 무엇인지도 생각해 볼 수 있다고 생각합니다. 따라서 이런 분야에도 관심을 가져보는 것이 미래에 도움이 된다고 생각해서 이런 주제를 선정했습니다. 환경과 생명의 윤리에 대해 잘 생각해보고 올바른 판단을 하며 앞으로의 미래에 좋은 일들을 해 주시길 바랍니다.

17. 이건 자료의 출처이고요. 감사합니다.

결론 및 참고문헌 부분 시나리오 작성 예시

(다) 발표 후 검토

발표에서는 기획 단계나 발표과정도 중요하지만, 발표가 끝난 뒤에 부족한 점이 무엇인가를 확인하는 것도 중요하다. 모든 발표가 자신이 의도했던 것과 같이 100% 완벽하게 하는 경우는 많지 않기 때문이다. 따라서 발표하기 전부터 점검했던 사항들에 대하여 하나씩 따져가면서 부족한 점과 앞으로 보완해야 할 점들에 대하여 알아보는 것은 자신을 위해서 매우 중요하다. 다음과 같은 사항을 점검해 보는 것이 좋다.

구 분	점 검 사 항
과 정	1. 발표 방식은 적절하였는가? 2. 발표 순서를 잘 숙지하였는가? 3. 시나리오를 잘 숙지하였는가? 4. 기자재 사용에 문제는 없었는가?
태 도	1. 바른 자세를 유지하는가? 2. 불필요한 동작은 없는가? 3. 시선 처리는 적절한가?
목 소 리	1. 발성은 적절했는가? 2. 발음은 정확했는가?
소 통	1. 청중과 시선을 마주하는가? 2. 청중의 반응은 긍정적인가? 3. 청중의 질문에 적절한 답변을 해 주었는가?
예 의	1. 복장은 적절한가? 2. 진지한 자세를 유지하는가? 3. 경어를 사용하였는가?
시 간	1. 발표 시간을 준수하였는가? 2. 슬라이드별 시간을 준수하였는가?
주 제	1. 주제는 적절한가? 2. 주제는 잘 이해되었는가? 3. 발표방식은 적절한가?
재 미	1. 흥미로운 주제를 선정하였는가? 2. 주제 전달의 재미가 있었는가?

〈표 3-10〉 발표 후 점검사항 예시

(라) 프레젠테이션 관련 참고할 만한 사이트(Facebook.com 커뮤니티 "책벌레" 참고)

① 정보

- 파워포인트전문가클럽(http://cafe.naver.com/powerpoint)
- 파사모(www.seri.org/forum/pasamo)
- PT 스퀘어(http://cafe.naver.com/papo)
- 닥치고 파포(http://blog.naver.com/shinpro_mail...)
- 우석진 인포그래픽(www.wooseokjin.com)
- PowerPoint FAQ(www.pptfaq.com)

② 템플릿과 백그라운드

- 테마갤러리(www.themegallery.co.kr)
- 피피티샵(www.pptshop.co.kr)
- 피피티코리아(www.pptkorea.com)

③ 강좌

- 파워포인트 2000 강좌(www.officetutor.com/lesson/powerpoint/pomenu.htm)
- 파워포인트 활용팁 강좌(www.dcmcafe.co.kr/bbs/board.php?bo_table=dcm_pds2&wr_id=122)
- 의사와 과학자를 위한(PPT : http://anatomy.yonsei.ac.kr/PPLec/PPT_Home.htm)

4. 안내장

안내장은 사람들에게 행사에 올 수 있도록 일시와 장소, 그리고 일정 및 약도와 같은 정보를 제공하는 문서이다. 안내장은 회사・학회・동문회 등에서 주최하는 모임이나 세미나와 같은 행사를 알리고 사람들의 참여를 유도하는 데 목적이 있다. 여기에는 특정한 지역의 명소나 문화를 소개하는 브로슈어도 포함될 수 있다.

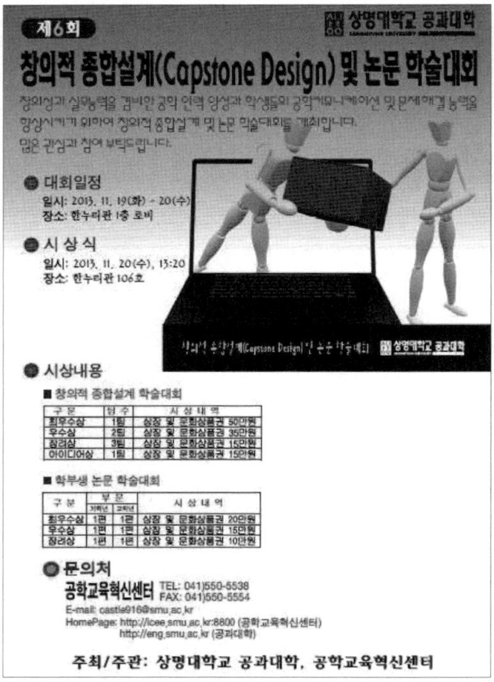

〈그림 4-1〉 안내 포스터 예시

5. 초대장

초대장은 사람들에게 직접적인 참여를 요청하는 문서이다. 여기에는 안내장과 마찬가지로 초대하는 문구(모시는 글)와 일시 · 장소 · 일정 · 약도와 같은 정보가 제공되어야 한다. 이러한 초대장은 회사 · 학회 · 동문회뿐만 아니라 결혼식 · 돌잔치 · 개업식 등과 같은 행사에도 쓰인다.

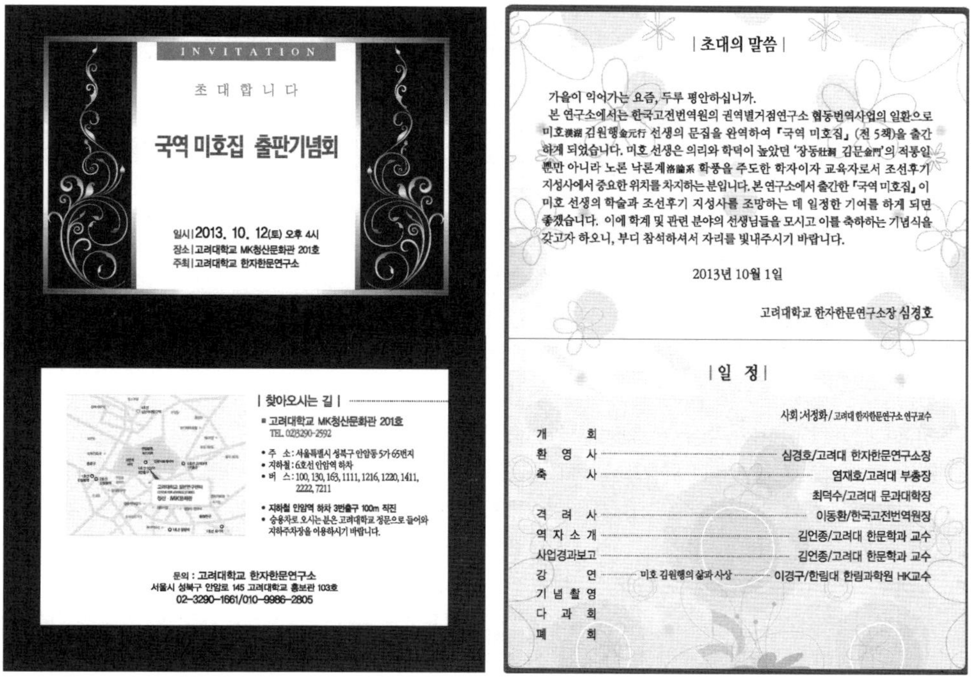

〈그림 5-1〉 초대장 예시 1

〈그림 5-2〉 초대장 예시 2.

첨부 ①

이력서 / 자기소개서 체크리스트

- 질이 좋은 A4 용지를 사용했습니까? (별도서류 제출 요청시)
- 컴퓨터로 이력서를 작성할 경우, 프린터의 인쇄 질이 좋은지 확인했습니까? (별도 서류 제출 요청 시)
- 맞춤법에 어긋난 것이 없는지 확인했습니까?
- 문법에 맞고, 문장이 매끄러운지 확인했습니까?
- 꼭 필요하거나 강조하고자 하는 부분에만 한자를 사용했습니까?
- 한자나 외래어를 사용할 경우, 확인한 후 정확하게 사용했습니까?
- 호칭, 종결어미, 존칭어 등에 주의해서 일관된 표현을 썼습니까?
- 맨 위에 당신의 이름, 주소, 전화번호를 썼습니까?
- 만약 주소나 전화번호가 바뀌었다면 최신의 것으로 바꾸었습니까?
- 구인자의 관심을 끌 수 있도록 이 회사에 대해 무엇을 알고 있고, 어떻게 회사에 공헌할 수 있는 지에 대해 언급했습니까?
- 구직 분야에 대해 언급할 때, 원하는 직업과 관련하여 포괄적으로 표현했습니까?
- 포괄적인 명칭(예 : 상품관리 분야)을 사용하면, 제한적인 직업명칭(예 : 재고관리, 제품운반 담당)을 사용할 때보다 더 폭넓게 고려될 수도 있습니다.
- 특정 직업을 구하고 있다면, 정확한 직업 명칭을 사용했습니까?
- 구하는 일자리에 잘 맞고 업무 수행에 도움이 될 만한 경력(포상 경력 포함)이나 능력, 그리고 업적들을 구체적으로 기술했습니까?
- 지원한 분야와 관련 있는 자격증(어학, 기술 자격증, 취미 등과 관련된 자격증)을 첨부했습니까?
- 지원 분야와 관련 있는 자격증을 언급할 경우, 공신력을 주기 위해 자격증의 번호, 관리단체 등을 포함시켰습니까?
- 지원하는 일자리와 관련되는 교육 및 훈련 내용을 포함시켰습니까?
- 지원하는 일자리와 관련되는 포상이나 단체 및 사회 활동들에 대해 언급하였습니까?
- 지원 분야와 무관한 실무경력은 삭제했습니까?
- 불필요한 오해나 사회적으로 논란이 될 만한 활동들 또는 그와 관련된 사항들을 삭제하였습니까?
- 이전의 직장 상사나 동료, 혹은 학교 선생님, 선후배에 대해 지나치게 부정적으로 말하는 것을 피했습니까?
- 주변에서 업무수행에 대해 긍정적으로 평가했던 내용을 포함시켰습니까?
- 장점과 함께 단점을 기록하는 경우, 객관적으로 파악하여 기록하고, 이를 극복하기 위해 자신이 기울였던 노력을 언급했습니까?
- 자신의 성과들을 겸손한 나머지 과소평가하거나 과대선전하기보다는 있는 그대로 기술했습니까?
- 추천인이 있는 경우, 추천인의 동의를 받아 추천인의 이름을 기재했습니까?
- 추천인을 언급하는 경우, 추천인과의 관련성보다는 추천인의 전문성을 더 강조했습니까?
- 추천인이 칭찬했던 내용을 구체적으로 기술했습니까?

※ 출처 : 상명대학교 취업진로팀

참고문헌

Jun's 취업연구소(2012), 취업 자기소개서 작성비법, 에듀크라운.
강현규 · 김용태 지음(2012), 뽑고 싶어 안달 나게 하는 프레젠테이션 / 토론면접법, 나비의 활주로.
건국대학교 글쓰기연구회(2008), 글쓰기의 기술 : 문화편, 도서출판 파미르.
곽경호 저(2001), 골라 쓰면 되는 자기소개서, 행법사.
교양글쓰기 교재편찬위원회(2009), 교양 글쓰기, 계명대학교 출판부.
국어작문교재편찬위원회(2009), 사고와 표현, 충남대학교 출판부.
문상식 저(2011), 인사담당자를 사로잡는 자기소개서 & 면접, 박문각.
윌리엄 장 지음(2008), 100일 만에 프레젠테이션 전문가 되기, 무한.
이동하 외 공저(2009), 헤드헌터들이 직접 쓴 자기소개서에 배팅하라, 책과 사람들.
이상임 외 공저(2010), 상상과 창조의 글쓰기, 경희대학교 출판문화원.
장원길 · 최경호 · 박인성 · 박정미 지음(2010), 매혹적인 말하기와 프레젠테이션, 글누림.
전남대학교 교육발전연구센터(2005), 글쓰기 인문학편, 전남대학교 출판부.
정희모 외 공저(2008), 대학 글쓰기, 삼인
제레미 도노반 지음(2012), TED 프레젠테이션, 김지향 옮김 · 송상은 해제, 인사이트앤뷰.
조용진 · 조용기 공저(2012), 인문학적 성찰 중심의 자기소개서 인성면접, 나비의 활주로
최상민 외 공저(2005), 인문 · 사회 계열 글쓰기 : 과정과 전략 중심, 태학사.

V

보고서 작성법

1. 보고서의 개념과 필요성

보고서는 보고하는 글이나 문서를 이르는 말로, 그 대상이나 목적에 따라 유형이 매우 다양하다. 실례로 직장에서 업무와 관련하여 작성하는 업무 보고서, 연구기관에서 연구 결과와 관련하여 작성하는 연구 보고서, 대학에서 수업과 관련하여 작성하는 수업 보고서 등이 있다. 수업 보고서는 감상평이나 서평, 요약문 등 단순한 형태의 과제와 조사, 답사, 관찰, 실험, 실습 등을 통해 얻어진 자료를 정리하여 제출하는 조사 보고서, 실험 보고서 등으로 나눌 수 있다. 일반적으로 수업 보고서는 리포트(report)라고 한다.

보고서를 제대로 작성하기 위해서는 보고서를 작성하는 일반 원칙을 알아야 한다. 보고서는 특별한 제약이 따르지 않는 일반적인 성격의 글과 달리 학문적 윤리를 준수해야 하는 제약이 있기 때문이다. 아울러 그 목적이 학생 스스로 문제를 해결하는 연구 능력을 기르는 데 있기 때문에 주제 설정, 자료의 조사 및 정리, 내용 기술이라는 일련의 과정을 배우고 익혀야 한다. 이것은 대학생에게 요구되는 가장 기본적인 소양이라고 할 수 있다.

졸업을 앞두고 학교에 제출하는 졸업논문은 학기 중에 강의 담당 교수에게 제출하는 수업 보고서와 달리 지도교수의 지도를 받아 작성한다는 점에서 내용적인 측면이나 형식적인 측면에서 좀 더 전문성을 갖춘 형태로 작성된다. 전공에 따라 실험 보고서, 졸업 전시회, 졸업 연주회 등의 형태로 대체되기도 하지만, 일반적으로 졸업논문은 전공 지식을 집대성한 것으로 자신의 주장을 서론, 본론, 결론의 형태로 구성해야 한다.

본질적으로 수업 보고서나 졸업논문은 대학생에게 요구되는 기본적인 문서 작성 능력과 과제 해결 능력의 신장을 목적으로 한다는 점에서 크게 다르지 않다. 따라서 기본적인 수업 보고서 작성법을 제대로 배우고 익힌다면 졸업논문을 작성하는 데 어려움을 느끼지 않을 것이다. 이와 관련하여 이 장에서는 수업 보고서 작성법을 구체적으로 살펴보기로 한다.

2. 보고서의 구성

보고서는 '표지, 제목, 차례, 본문, 참고문헌' 등의 요소로 구성된다. 보고서 구성 요소를 구체적으로 살펴보면 다음과 같다.

(1) 표지

보고서 표지는 보고서를 제출하는 학생의 얼굴과 같기 때문에 가능한 한 깔끔하게 작성해야 한다. 보고서 표지를 지나치게 화려하게 꾸미거나 표지에 기본적인 학습자 정보를 불성실하게 표시하는 것은 바람직하지 않으며, 학교 로고와 'REPORT'라는 글자만 눈에 들어오게 표시하는 것도 좋은 방법은 아니다.

보고서 표지에서 가장 중요한 정보는 보고서 제목이다. 따라서 제목을 가장 큰 글자로 표시해야 한다. 그 다음으로는 과목명과 담당 교수 이름, 과제 제출일, 제출자 기본 정보(학교, 학과, 학번, 이름) 등을 상세하게 표시해야 한다. 간혹 학번이나 이름만을 간단하게 표시하는 학생이 있는데, 이는 과제를 제출하는 사람의 입장만 고려한 행위이다.

〈사고와 표현〉 기말과제

방송 언어의 사용 실태
－예능 프로그램의 자막 오류를 중심으로－

유관순(한국어문학과, 201300001)

보고서에 반드시 표시해야 하는 정보

참고로 담당 교수의 요구가 있거나 과제의 성격상 표지가 필요 없다고 판단될 경우라도 리포트 첫 장의 맨 위에 반드시 보고서 제목을 쓰고, 그 아래 오른쪽에 과제 작성자의 기본 정보를 표시하는 것이 좋다. 표지를 따로 만든 경우에도 표지를 제외한 리포트 첫 번째 장은 위와 같이 표시해야 한다.

(2) 제목

보고서의 제목은 지나치게 범위가 넓거나 문학적으로 정하는 것보다 보고서의 내용을 정확하게 이해할 수 있도록 구체적으로 정하는 것이 좋다. 보고서의 제목이 문학적일 경우 연구 내용을 정확하게 알 수 없으며, 범위가 넓을 경우 깊이 있는 연구가 불가능하기 때문이다. 따라서 보고서 제목이 범위가 넓거나 문학적이라면 부제를 붙여서 의미를 한정할 필요가 있다. 다음은 보고서의 제목을 제시한 것이다.

① 한류의 현재와 미래
② 방송 언어의 사용 실태－예능 프로그램의 자막 오류를 중심으로
③ 스마트폰 중독이 대학생의 학업 성적에 미치는 영향 분석

예문 ①은 보고서 제목이 제법 그럴 듯하지만 한류의 대상이 드라마, KPOP, 음식 등 매우 다양함을 고려할 때, 그 범위가 넓다는 문제점이 있다. 이러한 경우에는 부제를 사용하여 연구 범위를 한정하는 것이 좋다. 반면에 예문 ②는 부제를 사용하여 연구 범위를 좁혔고, 예문 ③은 부제를 사용하지 않았지만 연구 범위가 한정되어 있다는 점에서 긍정적인 평가를 받을 수 있다.

(3) 차례

차례란 보고서의 내용을 장, 절, 항, 목으로 구분하여 구성한 것이다. 차례를 제시하는 방법에는 두 가지가 있는데, 첫째는 연구 목적, 연구 대상, 자료의 분석 및 결과 등 포괄적인 내용을 기술하는 방법이고, 둘째는 '스마트폰 사용의 장점', '스마트폰 사용의 단점' 등 구체적인 내용을 기술하는 방법이다.

차례에서 장은 "1.", "2."의 형태로, 절은 "1.1.", "1.2."의 형태로, 항은 "1.1.1.", "1.1.2."의 형태로, 목은 "1.1.1.1.", "1.1.1.2."의 형태로 각각 표시한다. 보고서 분량이 적을 때는 '장'과 '절'만으로 차례를 구성하고, 보고서 분량이 많을 때는 '항'과 '목'을 포함하여 차례를 구성한다. 차례는 문장 표현보다 구절 표현으로 작성하는 것이 좋다. 만약 "1."장의 하위 절이 "1.1"밖에 없을 때는 굳이 "1.1."절을 사용하지 않는다.

차 례

1. 서론
2. 신문 광고 텍스트의 설득전략
   2.1. 반어법
   2.2. 중의법
   … (중략) …
3. 결론

참고문헌

분량이 많지 않은 보고서의 차례

차례에서 "1."장의 이름은 '서론'으로, "3."장의 이름은 '결론'으로 정할 수 있지만, "2."장의 이름은 '본론'으로 정하지 말고 구체적으로 정하는 것이 좋다. 서론과 결론의 기능은 제한적이지만 본론은 그렇지 않기 때문이다. 보고서 분량이 많을 때는 본론의 '절'을 2~3개의 장으로 나누어 구성할 수 있지만, 분량이 많지 않을 때는 '절'을 지나치게 세분하지 않은 것이 좋다. 참고문헌에는 따로 장 표시를 하지 않으며, "※"이나 "・" 등의 기호도 사용하지 않는다.

(4) 본문

보고서의 본문은 서론, 본론, 결론으로 나누되, 그 분량은 서론 15%, 본론 70%, 결론 15% 비율로 구성한다. 이때 주의할 점은 본론을 50% 이하로 구성해서는 안 된다는 것이다. 본론을 2~3개의 '절'로 세분할 경우, 각각의 '절'을 비슷한 비율로 구성하는 것이 중요하다.

보고서 본론을 전개할 때 주의할 점은 적절한 인용과 예시, 표, 그림 등을 활용해야 한다는 것이다. 이때 인용문에는 반드시 주석을 달아야 하고, 예시와 표, 그림에는 번호를 붙여야 한다. 예시문의 번호는 (1), (2), (3)의 형식을 사용하고, 표나 그림의 번호는 <표 1>, <표 2>, <표 3>, <그림 1>, <그림 2>, <그림 3>의 형식을 사용한다.

간혹 본론에서 문제점을 제시하고, 결론에서 해결책을 제시하는 경우가 있는데, 문제점과 해결책은 본론에서 다루어야 한다. 서론, 본론, 결론의 기능에 대해서는 보고서 작성 절차에서 보다 자세하게 다루기로 한다.

(5) 참고문헌

참고문헌은 보고서를 작성하는 과정에서 도움을 받은 자료를 의미한다. 참고문헌은 보고서의 논리적인 근거일 뿐만 아니라 동일한 주제에 관심을 두고 있는 연구자에게 정보를 제공하는 역할을 한다. 따라서 구체적으로 작성하는 것이 좋다.

흔히 학생들이 제출하는 보고서에 참고문헌이 생략되어 있는 경우가 많은데, 이는 보고서 구성 요건을 충족시키지 못한 것으로 볼 수 있다.

참고문헌을 기입하는 방법은 전공에 따라 차이가 있지만 대체로 '저자명'을 비롯하여 '제목', '출판사명', '출판 연도', '전체 쪽수' 등을 적으면 된다. 자료의 종류에 따라 표기하는 순서나 방식을 살펴보면 다음과 같다.

① 단행본 : 저자명. 책 제목. 출판사, 출판 연도.
김상명. 방송 언어의 이해. 상명출판사, 2013.
Cook, Guy. The Discourse of Advertising. London : Routledge, 1992.

② 연구 논문 : 저자명. 논문 제목. 학술지 권호. 학회명. 출판 연도, 전체 쪽수.
박상명. 신문 광고 어휘의 품사별 · 어종별 분포 양상. 『한글』 294. 한글학회. 2013, 125~160쪽.

③ 학위 논문 : 저자명. 논문 제목. 학교명과 학위 구분, 제출 연도.
김성호. 광고어 분석 연구. 중앙대학교 석사학위논문, 1993.

참고문헌의 순서와 방식은 자료의 유형에 따라 다르다. 이때 주의할 점은 어떠한 순서나 방식을 따르든 일관되게 기입해야 한다는 것이다. 또한 참고문헌 표기 방식이나 순서는 전공에 따라 다소 차이가 있으므로 자신의 전공 분야에서 사용하는 참고문헌 작성법을 알아둘 필요가 있다. 간혹 인터넷 사이트나 신문 기사를 참고문헌에 포함할 경우, 인터넷 사이트는 사이트 주소와 검색일 등을 기입해야 하고, 신문 기사는 기자명, 신문사명, 발행 혹은 입력 연월일을 기입해야 한다.

참고문헌은 동양문헌을 서양문헌보다 먼저 제시하고, 저자 이름을 가나다순으로 정렬하되, 동일 저자의 경우 연도순으로 배열한다.

3. 보고서의 작성 절차

(1) 주제와 제목 정하기

보고서를 작성하기 위해서는 무엇보다 자신이 작성할 보고서의 성격을 정확하게 파악하는 것이 중요하다. 대학이나 대학원에서 담당 교수가 요구하는 보고서는 구체적인 주제가 제시되기도 하지만 대체로 포괄적인 주제가 제시되는 경우가 많다. 이 경우 학생은 스스로 주제의 범위를 한정하여 보고서를 작성해야 한다. 이때 보고서를 제시한 교수의 구체적인 의도가 무엇인지 고려해야 한다. 이는 앞으로 보고서를 작성할 때 자신의 관심 영역, 자료 찾기, 보고서 작성 등과 관련이 있기 때문이다.

보고서 작성에서 일차적으로 고민해야 할 부분은 주제를 어떻게 정할 것인가에 대한 문제이다. 이외에도 주제의 범위, 자료 수집, 그리고 집필 과정이나 일정 등을 어떻게 정할 것인가는 보고서 작성 과정에서 기본적으로 살펴야 할 부분이다. 주제의 설정은 단순히 주제의 범위를 한정하는 것으로부터 시작하기보다 관련 자료를 탐색하고 읽는 과정에서 이루어질 수 있다. 일차적으로 주어진 주제에 대해 가주제를 설정하고 그와 관련된 자료의 탐색을 통하여 주제의 범위를 좁혀야 한다.

(2) 자료의 수집과 정리

(가) 자료의 수집

흔히 보고서의 반은 자료라는 말이 있다. 한마디로 말해 자료가 보고서의 질을 좌우하기 때문이다. 좋은 자료를 만나면 좋은 보고서가 나오고, 좋지 않은 자료를 만나면 좋지 않은 보고서가 나오는 법이다. 따라서 주제와 관련된 자료를 수집하고 선별하여 이를 토대로 보고서를 작성하는 과정에서 자료 수집이야말로 가장 중요한 단계라고 해도 과언이 아니다. 일반적으로 자료를 모두 수집한 후에 보고서를 작성하기 시작하지만, 보고서를 작성하는 과정에 자료를 다시 보완하는 경우도 있다.

자료 수집은 대학 도서관에 있는 자료를 검색하는 것이 가장 쉽고 효율적인데, 이때 키워드 검색을 어떻게 하느냐에 따라 자료 수집 결과가 달라진다. 즉, 보고서 작성에 필요한 자료 검색을 위해서는 주제와 관련된 다양한 키워드를 잘 선택하여 검색해야 한다.

최근 들어 대학 도서관에 소장되어 있는 논문이나 단행본을 참고하기보다 다양한 원문 제공 사이트를 이용하여 자료를 검색하고 다운받는 일이 일상이 되었다. 따라서 자료를 수집할 수 있는 원문 제공 사이트를 참고할 필요가 있다.

학교 도서관 홈페이지에는 국회도서관과 국립중앙도서관을 비롯하여 한국학술정보(KISS), 한국교육학술정보(RISS), 누리미디어(DBPIA) 등의 원문 제공 서비스를 이용할 수 있으므로 학교 밖에서도 도서관에 로그인하여 자유롭게 자료를 검색하고 다운받을 수 있다. 다음은 논문의 원문을 제공하는 사이트 주소이다.

상명대학교 천안도서관(libnt.smuc.ac.kr)
국립중앙도서관(http://www.nl.go.kr)
국회도서관(http://www.nanet.go.kr)
한국학술정보(http://kiss.kstudy.com)
학술연구정보서비스(http://www.riss.kr)
누리미디어(http://www.dbpia.co.kr)

〈그림 3-1〉 상명대학교 천안캠퍼스 도서관

인터넷에서 개인 블로그나 카페 등에 올라와 있는 자료는 신뢰성에 문제가 있으므로 가능한 한 참고하지 않는 것을 원칙으로 한다. 참고문헌이나 자료는 공신력이 있는 사이트를 통해 찾는 것이 바람직하다.

(나) 자료의 정리

자료를 검색하여 참고문헌을 정리해 둔다. 자료의 정리는 첫째, 주제와 관련하여 검색한 자료의 목록을 참고문헌 작성 방법에 맞게 정리한다. 둘째, 1차로 작성된 참고문헌 목록 가운데 보고서 작성에 직접적으로 관련되는 자료를 다시 목록화한다. 셋째, 보고서 작성과 관련하여 본문에 인용할 내용이 있는 자료는 개별 자료의 서지 정보를 구체적으로 입력하고, 관련된 내용의 쪽수를 넣어서 정리한다. 자료를 정리하는 과정에 관련된 자료를 탐색하는 과정이 병행되어야 한다. 즉, 1차 목록에서는 전체 자료의 제목과 목차, 서론, 결론의 윤곽을 정한다. 이 과정에서 2차 자료의 선별 기준이 결정된다.

(3) 집필 단계

(가) 서론

서론에서는 연구 목적과 연구 대상, 연구 방법 등을 기술하면 된다. 연구 목적은 왜 이 연구가 필요한지 사회적인 의미를 부여하는 것이 중요하고, 연구 대상은 "왜" 그리고 "어떻게" 대상을 선정하였는지 객관적인 기준을 제시하는 것이 중요하다. 연구 방법은 연구 대상을 분석하고 평가하는 이론적 토대로서 이론적 배경을 의미한다.

아울러 선행 연구자들의 연구 결과를 간략하게 기술하기도 하는데, 이를 통해 자신의 보고서에서 어떤 점을 살필 것인지 구체화시킬 수 있다. 끝으로 서론을 마무리하면서 앞으로 본론에서 어떤 내용을 다룰 것인지 소개하면 된다.

(나) 본론

본론에서는 서론에서 다루겠다고 제기한 문제들을 구체적으로 기술하면 된다. 문제가 되는 현상과 관련된 예문을 먼저 제시한 다음, 그 예문을 설명하는 식으로 전개하면 되는데, 이 과정에서 전문가의 말을 인용하여 자신의 주장을 뒷받침하게 된다. 그런데 인용이 많으면 제 목소리를 잃을 수 있고, 인용이 적으면 객관성을 잃을 수 있으므로 주의해야 한다.

본론에 '표'나 '그림'을 삽입할 경우, 표 번호와 그림 번호를 부여하되, 반드시 자료의 내용을 이해하기 쉽게 제목을 붙여야 한다. 표 번호나 그림 번호는 예시 번호와 구분하여 별도로 표시해야 하는데, <표 1>, <표 2>, <표 3>의 형태로 적는 방법과 <표 1-1>, <표 1-2>, <표 1-3>의 형태로 적는 방법이 있다. 후자는 '장' 번호를 앞에 쓰고, 표 번호를 뒤에 쓴 형태이다. 리포트와 달리 졸업논문에서는 표 목차와 그림 목차를 제시해야 한다.

(다) 결론

결론에서는 본론에서 살핀 내용을 요약하면 된다. 흔히 결론에서 새로운 주장을 하거나 개론적인 내용을 다시 기술하는 경우가 있는데 이는 바람직한 방법이 아니다. 아울러 결론에서는 연구 성과를 정리하면서 의의와 한계, 연구 과제 등을 밝히기도 한다. 흔히 보고서를 작성할 때, 선행 연구를 참고하는 까닭은 선행 연구의 결론에서 연구 주제를 취할 수 있기 때문이다.

(라) 인용과 주석

① 인용의 개념과 방법

기본적으로 보고서는 논증의 성격을 띠고 있는 글이므로 다른 사람의 말이나 글을 참고하는 것이 일반적이다. 이를 인용(引用)이라고 하는데, 인용할 때에는 몇 가지 주의사항이 있다. 이를 제대로 지키지 않을 경우에는 '표절'로 평가될 수 있으므로 주의해야 한다.

인용의 방법에는 직접 인용과 간접 인용이 있다. 직접 인용은 참고한 자료의 원문 표현을 그대로 빌려오는 경우로 인용문의 시작과 끝 부분에 큰 따옴표를 붙이고 주석 표시를 해야 한다. 원문의 표현이 중요하거나 원문의 표현을 수정하기 어려울 때 주로 사용한다. 간접 인용은 원문의 표현을 자신의 표현으로 수정한 경우로 큰 따옴표를 붙일 필요는 없지만 주석 표시는 해야 한다. 이때 원문의 표현과 3어절 이상 중복될 경우에는 표절로 간주된다.

예를 들어 제이 스키리브너(Jay Scrivener)가 쓴 'Joe Blow : his life and times'이라는 책은 2001년에 뉴욕의 랜덤하우스(Random House) 출판사를 통해 출간되었는데, 이 책의 33쪽에 있는 내용 중에 "Joe Blow was a happy man, who often walked down the road whistling and singing(조 블로는 행복한 남자다. 길을 걸을 때, 자주 휘파람과 노래를 부르곤 했다)."라는 문장을 인용하고자 한다. 어떻게 표기해야 할까?

직접인용	간접인용
"Joe Blow was an anxious man, who often ran down the road."[1]	Joe appeared happy and enjoyed whistling and singing to himself.[1]

〈표 3-1〉 직접인용과 간접인용의 방법

직접인용과 간접인용의 가장 큰 차이는 원문의 내용과 얼마나 유사하냐에 달려 있고, 큰 따옴표의 유무에 있다. 하지만 그 어떤 경우라도 주석을 생략해서는 안 된다. 만약 간접인용을 한 문장에서 주석이 빠진다면 표절이 된다.

② 주석의 종류와 방법

주석(註釋)의 종류는 기능과 위치에 따라 '참고주', '내용주', '내주', '각주' 등으로 구분할 수 있다. 우선 '기능'을 중심으로 인용한 자료의 출처를 밝힐 때 사용하는 '참고주'가 있고, 본문에서 다루는 내용을 보완할 때 사용하는 '내용주'가 있다. 간혹 내용주를 낱말 뜻풀이에만 사용하는 경우가 있는데, 학기 중에 제출하는 리포트에는 사용하지 않는 것이 예의이다. 왜냐하면 리포트의 독자는 담당 과목의 교수가 유일하기 때문이다. 다음 예문에서 1번 각주는 참고주이고, 2번 각주는 내용주이다.

광고 조사 방법은 다음과 같다. 첫째, 동일한 신문에 같은 내용의 광고가 1회 이상 게재된 경우 하나만 자료로 삼는다. 다만, 내용이 달라진 경우는 조사 대상에 포함한다. 둘째, 개화기 광고에 등장하는 개인 광고는 제외한다.[1] 셋째, 제품의 가격 정보만 제시하거나 '새해 인사'로만 구성된 광고는 현대 광고에서 제외한다.[2]

---

1) 서은아(2011ㄴ : 130).
2) 현대 광고의 표본 조사가 2000년부터 2011년까지 매년 1월 1일자이므로 시기적인 특성이 광고에 반영된 결과로 '새해'와 관련된 어휘나 '새해 복 많이 받으세요.'와 같은 내용이 광고에 포함된 경우가 있다. 따라서 이러한 표현은 광고 분석에서 제외한다.

주석은 '위치'를 중심으로 본문에 표시하는 '내주'가 있고, 본문 아래에 표시하는 '각주', 본문 맨 뒤에 따로 표시하는 '미주'가 있다. 이 가운데 내주의 가독성이 가장 높고, 미주의 가독성이 가장 떨어진다. 실제로 미주는 리포트에 거의 사용하지 않는다.

주석에 표시해야 하는 최소 정보는 저자명과 출판 연도, 인용한 쪽수이다. 책 제목과 출판사명을 굳이 주석에 밝히지 않아도 되는 까닭은 참고문헌에 전체 서지사항이 있기 때문이다. 간혹 주석에 표시된 자료가 참고문헌에 누락되는 경우가 있는데, 이를 표절로 보기는 어렵지만 재인용을 했거나 실수한 것으로 간주할 수 있다.

4. 보고서 작성법 실행 계획

보고서 작성법은 보고서 집필 전 단계, 보고서 집필 단계, 보고서 집필 후 단계로 나누어 다음 <표 4-1>과 같이 단계별로 진행할 수 있다. 보고서 집필 전 단계에서는 보고서의 주제와 제목 정하기, 자료 조사와 정리가 진행된다. 보고서 집필 단계에서는 자료를 중심으로 서론, 본론, 결론으로 이어지는 단계별 집필 과정을 진행한다. 마지막으로 마무리 단계에서는 보고서의 내용과 형식적인 측면에서 수정할 부분이 있는지 전체 내용을 검토한다. 이러한 3단계 구성을 학생들의 활동에 따라 다시 세분할 수 있다. 다음은 각 단계별 수업 내용과 활동 내용, 점검 사항으로 나누어 살펴본 것이다.

단계	주제	수업 정보	활동 사항
보고서 집필 전 단계	보고서의 개념과 구성 요소	보고서에 대한 기본적인 정보 제시	보고서의 필요성과 구성 요소에 대한 이해
	보고서 주제 및 제목 정하기	좋은 주제와 나쁜 주제, 좋은 제목과 나쁜 제목 구별하는 방법 제시	① 주제 찾기/정하기 연습 ② 제목 정하기 연습
	자료 조사와 정리하기	자료 조사 방법과 정리 방법 제시	참고문헌 목록 단계별 작성하기
	보고서 개요 짜기	개요 짜기 제시	개요 짜기 연습
보고서 집필 단계	보고서 서론쓰기	서론 쓰기 방법 제시	서론 쓰기 연습
	보고서 본론쓰기	본론 쓰기 방법 제시	본론 쓰기 연습
	보고서 결론쓰기	결론 쓰기 방법 제시	결론 쓰기 연습
보고서 집필 후 단계	보고서 형식 검토	보고서 형식 검토 항목 제시	보고서 형식 검토하기
	보고서 내용 검토	보고서 내용 검토 항목 제시	보고서 내용 검토하기

〈표 4-1〉 보고서 작성법 실행 단계

5. 글쓰기의 윤리

학생들이 제출한 보고서를 검토하다 보면 비슷한 내용의 보고서를 여럿 발견하고 놀라게 된다. 더 놀라운 것은 거의 남의 글을 완전하게 베껴 쓴 것 같은 느낌을 받을 때가 있다. 이러한 보고서를 제출한 학생은 자신이 다른 사람의 글을 도둑질했다는 것을 알고 있을까라는 궁금증이 생긴다.

앞서 살펴본 것처럼 한 편의 보고서를 작성하기 위해서는 무엇보다 주제에 적절한 자료를 찾고 정리하여 자신의 보고서에 인용하는 일련의 과정을 거쳐야 한다. 하지만 이러한 과정을 거치기 위해서는 시간과 품이 많이 들기 때문에 대부분은 인터넷을 활용하여 검색된 자료를 손쉽게 활용하기도 한다. 이렇게 검색된 자료를 자신의 보고서에 사용하는 것은 흔히 '표절'이라고 한다.

표절은 남의 아이디어, 그림, 도표, 연구 내용과 결과 등을 정당한 방법으로 사용하지 않고 몰래 사용하는 것을 의미한다. 흔히 글이나 자료에 국한해서 표절로 생각하지만, 그림이나 사진, 음악 등 모든 형태의 창작물을 포함한다. 그런데 표절은 우리 생활과 밀접하게 관련되어 있다. 즉, 인기 있던 대중가요가 어느 날 남의 곡을 표절한 것이라고 밝혀짐에 따라 노래의 인기는 물론 가수에게도 대중의 따가운 질타가 이어지는 것을 볼 수 있다.

가장 빈번하게 발견할 수 있는 표절은 남의 글을 인용하고도 그 출처를 밝히지 않는 것이다. 이는 인터넷에서 떠돌아다니는 문서를 참고하여 보고서를 작성할 때 흔히 나타난다.

표절하지 않고 보고서를 작성하기 위해서는 무엇보다 표절이 곧 남의 것을 도둑질한다는 것을 인식할 필요가 있다. 보고서 작성의 절차에서 자료를 수집하고 정리하는 과정을 꼼꼼하게 익혀 정확하게 출처를 밝히는 연습을 해야 할 것이다.

1 | '광고 언어의 언어학적 특징'이라는 제목으로 리포트를 제출한 학생이 있다. 이 리포트 제목의 문제점은 무엇일까?

2 | 다음 예문을 이정복(2003)이 쓴 〈대통령 연설문의 경어법 분석〉(배달말 33, 배달말학회, 213~237)에서 발췌하였다. 이를 인용할 때, 주의할 점은 무엇인가?

> 역대 대통령 취임사를 분석한 박경현(2003)에 따르면 대통령 연설문에서 경어법 사용의 독특함이 나타나는 것으로 밝혀졌다.[2] 대통령 자신을 이르는 말로서 이승만 대통령은 '나', '이 몸'을 사용하였고, 박정희 대통령은 '나'를 사용하였으며 최규하 대통령과 전두환 대통령은 '본인'을 사용하였다고 지적하였다. 이와 관련하여 대통령 자신을 '겨레의 충성스런 공복', '국민의 동행자' 등으로 표현하면서 '본인'이나 '나'라는 말을 쓰는 것은 관료적이고 권위적인 느낌을 주는 점에서 앞뒤가 맞지 않다고 보았다. 또 대통령이 국민을 가리키는 말로 초기에는 '백성', '일반 평민', '피치자인 국민'과 같이 봉건 사회에서 쓰던 말들이 사용되었다고 하였다. "국민 여러분에게 깊은 사의를 표하고자 합니다"와 같이 높임 조사 '께' 대신 '에게'를 쓴 점도 국민을 대하는 자세가 철저하지 못함을 보이는 것이라 하였다. 대통령의 연설문에서 일반 화자들과는 다른 경어법 사용 방식이 있음을 확인하게 된다.

연습문제

3 | 다음 문장을 직접인용과 간접인용의 방식으로 인용한 다음 내주와 각주의 형태로 주석 표시를 하시오.

"그런가 하면 '–에 관한'이라는 표현을 남발해도 글이 지저분해집니다. 가령 a book on gardening은 '원예에 관한 책'이라고 장황하게 적기보다는 그냥 '원예서'라고 하면 됩니다."

출처 : 이희재. 번역의 탄생. 교양인, 2009. p.197.

참고문헌

강성숙・김주현・김혜정. 2011. 생각을 키우는 글쓰기. 인제대학교 출판부.

건국대학교 글쓰기 연구회. 2006. 글쓰기의 기술-실용편. 파미르.

건국대학교 글쓰기 연구회. 2012. 창의적 글쓰기의 기법-실용편. 조율.

권경근 외 편저. 2011. 창의적 사고와 글쓰기. 부산대학교 출판부.

김경훤・김미란・김성수. 2012. 창의적 사고 소통의 글쓰기. 성균관대 출판부.

김형주・이정아 공역. 2008. 정직한 글쓰기. 멘트로.

이상임・김수이・고인환・김동건・김진해. 2010. 상상과 창조의 글쓰기. 경희대 출판문화원.

이화여자대학교 교양국어 편찬위원회 엮음. 2009. 우리말과 글쓰기. 이화여자대학교 출판부.

집필진 소개

김한식 | 고려대학교 국어국문학과를 졸업하고 현재 상명대학교 한국언어문화학과에 재직하고 있다. 저서에 『현대문학사와 민족이라는 이념』, 『문학의 해부』, 『소설의 시대』, 『서정시의 운명』 등이 있다.

서은아 | 건국대에서 문학박사학위를 받았다. 연세대학교 언어정보연구원 연구교수를 역임했으며 현재 상명대학교 교양학부 교수로 재직하고 있다. 저서로는 『신문 광고와 언어』, 『네티즌 언어』, 『이민자를 위한 한국 사회 이해』, 『한국어 정서법과 교열』 등이 있다.

곽승숙 | 한성대학교 국문과 및 고려대학교 대학원 국문과를 졸업하고 문학박사 학위를 받았다. 현재 고려대학교, 한성대학교, 상명대학교 강사로 있다. 논문으로 〈강신재, 오정희, 최윤 소설에 나타난 여성성 연구〉, 〈1970년대 신문연재소설의 여성 인물과 '연애' 양상 연구〉, 〈김유정 소설의 '아내'와 열린 구조〉 등이 있다.

문선영 | 고려대학교 국어국문학과 대학원에서 문학박사 학위를 받았고, 현재 고려대학교, 상명대학교에 출강하고 있다. 주요 저서는 『새로운 공연예술의 미래』(공저), 『기억의 여신 므네모시네, 영화관에 들어서다』(공저), 『대중서사 장르의 모든 것4-코미디-』(공저) 등이 있다.

유승현 | 고려대학교 국어국문학과 및 대학원 박사 과정을 마치고 박상륭 논문으로 학위를 받았다. 현재 고려대학교, 상명대학교에서 강의하고 있다.

이희영 | 상명대학교 어문대학 한국어문학과를 졸업하고 고려대학교 대학원 국어국문학과 박사과정을 수료하였다. 현재 상명대학교에서 강의하고 있다.